VERLAG ANTON PUSTET

Wilfried Haertl, langjähriger Geschäftsführer der „Heimat Österreich"

Widmung
Stephan Gröger/Karl Huber

Als Wilfried Haertl am 22. November 1990 die Geschäftsführung der „Heimat Österreich" übernahm, war dies der Beginn einer neuen und beispiellosen Ära, geprägt von Fortschritt, Veränderungen und Zusammenarbeit. Unter seiner Führung entwickelte sich das aus zwanzig Mitarbeitern bestehende Unternehmen zu einem der großen gemeinnützigen Bauträger Österreichs. Sein Engagement und seine Aufopferungsbereitschaft zeichnen Haertl nicht nur als Geschäftsführer, sondern auch als Menschen aus. Den Kolleginnen und Kollegen wird er auch nach seinem Austritt aus der Firma in guter Erinnerung bleiben. Mit 65 kann Wilfried Haertl auf ein bewegtes Leben und eine lange, erfolgreiche Karriere zurückblicken.

Geboren am 7. September 1943 in Wien, besuchte er zunächst die allgemeine öffentliche Volksschule in der Kolonitzgasse. Im Alter von zehn Jahren wechselte er dann auf die Bundesrealschule im dritten Bezirk, wo Haertl im Sommer 1962 maturierte. Nach abgeleistetem Präsenzdienst inskribierte er ein Jahr später an der Technischen Hochschule in Wien. 1971 erfolgte der Abschluss des Architekturstudiums. 1974, nach Ablegung der Ziviltechnikerprüfung und der Verleihung der Befugnis, eröffnete er 1976 sein Architekturbüro. Selbständig tätig war er bis 1989.

Erste Kontakte zu seinem späteren Arbeitgeber knüpfte Haertl bereits 1987 durch seine Tätigkeit als technischer Betreuer von Wohnanlagen der „Heimat Österreich" in Wien und Deutsch-Wagram. Nachdem ihm 1990 das Angebot unterbreitet wurde, als stellvertretender Direktor der „Heimat Österreich" am Standort Salzburg tätig zu werden, zog er in die Mozartstadt. Noch Ende desselben Jahres wurde er zum Geschäftsführer ernannt und damit Nachfolger von Johann Schwendemann.

In den folgenden Jahren entwickelte sich die „Heimat Österreich" zu einem wichtigen und innovativen Unternehmen der gemeinnützigen Wohnungswirtschaft. Neben einer intensiven Ausweitung der Bautätigkeit, die dazu führte, dass das Bauvolumen innerhalb von zehn Jahren mehr als verdoppelt wurde, konnte die Mitarbeiterzahl vervierfacht sowie eine Zweigstelle in Wien eröffnet werden. Die „Heimat Österreich" begab sich auf einen Erfolgskurs, der bis heute anhält. Trotz großer wirtschaftlicher Verantwortung blieb Wilfried Haertl stets dem in seiner Ära entwickelten Leitbild der „Heimat Österreich" treu. Das firmeneigene Motto „Dem Menschen verpflichtet" nahm er wörtlich. Den Umgang mit seinen Mitarbeitern gestaltete er auf Basis gegenseitigen Respekts. Ein ehrliches und vertrautes Verhältnis stand dabei im Zentrum seiner Bemühungen. Persönliche Entwicklungsmöglichkeiten sowie ein gutes internes Betriebsklima sah Haertl als Voraussetzungen für das vom Unternehmen verkörperte Image der sozialen Verantwortung und Zuverlässigkeit. Nur ein aus motivierten Mitarbeitern bestehender Unternehmenskern, so war er sicher, garantiert Qualität und Professionalität. Sein Wertverständnis zwischenmenschlicher Beziehungen prägte auch das Verhältnis zu Geschäftspartnern und Kunden, deren Kontakt er stets suchte und pflegte. Durch seine ausgeprägten kommunikativen Fähigkeiten verschaffte Haertl der „Heimat Österreich" sukzessive ein Mitspracherecht in diversen

Gremien und gewann das Vertrauen von kirchlichen Institutionen, Pfarren und Ordensgemeinschaften, womit auch die Bereitstellung geeigneter Grundstücke für den sozialen Wohnbau möglich wurde. Neben seiner Funktion als langjähriger Obmann der Landesgruppe Salzburg der gemeinnützigen Bauvereinigungen Österreichs (2000–2008) agierte Haertl zudem als Vorsitzender der Arbeitsgemeinschaft der europäischen christlichen Siedlungs- und Wohnungsunternehmen beziehungsweise als Obmann der Arbeitsgemeinschaft Eigenheim Salzburg. Weiteren Einfluss erzielte er als Mitglied des Aufsichtsrates des Revisionsverbandes Wien sowie durch seine Präsenz im Arbeitgeberverein. Als Wirtschaftsvorstand der Kolpingfamilie „Salzburg – Zentral" war er letztlich Bindeglied zwischen der „Heimat Österreich" und Kolping und treibende Kraft, dass in den zu sanierenden Häusern am Schöndorfer Platz ein Schülerheim unter Führung von Kolping entstehen konnte. Das Projekt zur Wiederbelebung der historischen Altstadt Halleins darf als einer der Höhepunkte der Karriere von Wilfried Haertl als Geschäftsführer der „Heimat Österreich" gesehen werden. Möge ihm auch dieser Baustein dazu verhelfen, seinen weiteren Lebensweg in gewohnt erfolgreicher Weise zu beschreiten. Für die langjährige produktive und kooperative Zusammenarbeit und das unermüdliche Engagement sprechen die MitarbeiterInnen, Mitglieder des Aufsichtsrates und Gesellschafter ein großes und aufrichtiges Dankeschön aus und wünschen einen guten Start in den wohlverdienten Ruhestand.

Vorwort *Stephan Gröger/Karl Huber*

In den letzten beiden Jahren erfuhren sieben Häuser des historischen Stadtkerns der Tennengauer Bezirkshauptstadt Hallein eine Wiederbelebung. Am Josef-Schöndorfer-Platz wurden diese im Verfallsstadium befindlichen Bauten in mühevoller Arbeit generalsaniert und revitalisiert. Ein modernes Schülerheim mit über 200 Betten bringt nun Leben in das historische, architektonisch so wertvolle Stadtbild von Hallein. Und das ist auch nötig: Trotz zahlreicher schulischer Einrichtungen und Ausbildungsstätten, wie zum Beispiel der Höheren Bildungslehranstalt, der Höheren Technischen Bildungslehranstalt, der Krankenpflege- und Landesberufsschule sowie weiterer Bildungsstätten, mangelte es Hallein bisher an adäquaten Unterkunftsmöglichkeiten für Schüler und Lehrlinge. Die Renovierung bringt somit eine Aufwertung der Gemeinde in ihrer Funktion als Bildungsstandort mit sich. Restaurants, Geschäfte sowie ein Veranstaltungssaal sorgen zudem für eine urbane Durchmischung in einem attraktiven Ambiente und erweitern die lokale Infrastruktur. Spazierte man noch vor wenigen Jahren durch die Halleiner Altstadt, war dies kaum vorstellbar. Die Häuser am Schöndorfer Platz schienen dem Verfall preisgegeben, ihre Bausubstanz war schadhaft, das Bild des Platzes beeinträchtigt. Dies bewog den ortsansässigen Architekten Hans Scheicher, im Herbst 1998 Wilfried Haertl, den Geschäftsführer der Wohnungs- und Siedlungsgesellschaft „Heimat Österreich", über den schlechten Zustand von „Haus 3" am Platz in Kenntnis zu setzen. Dieses bot, kurz vor dem Verkauf stehend, die ideale Gelegenheit einer Generalsanierung. Nachdem Haertl sich selbst ein Bild vom Bauzustand gemacht hatte, ergriff er die Initiative. Das war der Startschuss für ein umfassendes Projekt: eines, das knapp zehn Jahre und fast 17 Millionen Euro für Grund- und Baukosten in Anspruch nehmen sowie alle Beteiligten immer wieder vor neue Herausforderungen stellen sollte. Schnell wurde klar, dass aufgrund des Parkplatzmangels rund um den Schöndorfer Platz Mietwohnungen für das Haus nicht in Frage kommen würden. Diesem Umstand ist es zu verdanken, dass man sich für ein Schüler- und Lehrlingswohnheim entschied. Dass Wilfried Haertl in seiner Funktion als Wirtschaftsvorstand der Kolpingfamilie „Salzburg-Zentral" reiche Erfahrung an Führung von Schüler- und Studentenheimen besaß, kam der „Heimat Österreich" hierbei entscheidend zugute. Die Idee „Kolpinghaus Hallein" war geboren. Haertl war sich jedoch auch bewusst, dass mit „Haus 3" alleine nicht ausreichend Platz für ein Wohnheim zur Verfügung stand. Daher entschloss man sich, weitere Gebäude zu erwerben, was sich allerdings als schwierig herausstellen sollte. Da die Mehrheit der damaligen Bewohner unbefristete Mietverhältnisse vorwies, konnte die Freimachung der Häuser nicht ohne weiteres durchgeführt werden. Herrn Direktor Haertl gelang es in mühevollen Verhandlungen, die Mieter vom Projekt zu überzeugen und Räumungsvergleiche zu erreichen. Die „Heimat Österreich" stellte bei Bedarf neue Unterkünfte für die Mieter zur Verfügung. Verteilt über einen Zeitraum von mehreren Jahren kam es zum Ankauf von insgesamt sieben Häusern, nämlich der Häuser Schöndorfer Platz 1–5 sowie 10 und 11 auf der gegenüber liegenden Seite des Platzes. Den Kern des Schülerheimes bildet heute das ehemalige Gasthaus Scheicher am Schöndorfer Platz 3. Das Bauprojekt dieses Ausmaßes stellte auch die in Belangen des sozialen Wohnbaus erfahrene „Heimat Österreich" vor große Herausforderungen. Der Hauptgrund dafür lag an der erforderlichen Sensibilität gegenüber der denkmalgeschützten Gebäudesubstanz und den daraus resultierenden Sanierungskosten. Die Bauten am Schöndorfer Platz lassen sich teilweise bis in das 13. Jahrhundert zurückverfolgen und sind somit fester Bestandteil der Stadtgeschichte Halleins. Der Abriss stand außer Frage, auch aus Gründen des Denkmal- und Ortsbildschutzes! Besonders in Anbetracht der schweren Schäden an den Gebäuden sahen sich alle Verantwortlichen mit einem hohen finanziellen Risiko konfrontiert. Ohne die Unterstützung einer Reihe von kooperierenden Geldgebern hätte das Projekt nicht realisiert werden können.

Sowohl das Land Salzburg als auch das Bundesdenkmalamt – Landeskonservatorat für Salzburg, das dem Bundesministerium für Unterricht, Kunst und Kultur (ehemals BM für Bildung, Wissenschaft und Kultur) untersteht, stellten wesentliche Fördermittel zur Verfügung. Außerordentliches Engagement zeigte auch die Stadt Hallein, allen voran Bürgermeister Dr. Christian Stöckl, dem vor allem die Sanierung der Altstadt am Herzen lag. Neben der Bereitstellung finanzieller Mittel wurde mit der „Heimat Österreich" auch eine Spendeninitiative der Bürgerinnen und Bürger von Hallein organisiert. Mut, unbändiger Ehrgeiz der Projektbetreiber und ein kalkuliertes Maß an Risikobereitschaft haben sich letztendlich gelohnt.

Mehr als 200 Schüler finden seit Herbst 2008 ein neues Zuhause in den renovierten Häusern am Schöndorfer Platz. Schlendert man heute über diesen historischen Platz, verspürt man ein Gefühl neuer Lebensenergie und den Charme eines liebevoll revitalisierten Häuserensembles.

Bauen, Politik und Finanzen

Die Revitalisierung des Gebäudekomplexes am Schöndorfer Platz in Hallein ist ein gutes Beispiel für die Zusammenarbeit von Politik und Gemeinnützigkeit. Hand in Hand realisierte man die Neugestaltung eines Teilbereiches des Halleiner Stadtzentrums, wobei sich beide Parteien ihrer Verantwortung stets bewusst waren. In ihrer Funktion als gemeinnütziger Bauträger galt es für die „Heimat Österreich", sowohl ihrem gesellschaftspolitischen als auch dem gesetzlichen Auftrag gerecht zu werden. Und dabei ist sie auf die Unterstützung der Politik angewiesen. Da offiziell kein Rechtsanspruch auf Förderung besteht, erweist sich die finanzielle Förderung sozialer Wohnbauprojekte beziehungsweise die Bereitstellung öffentlicher Mittel oftmals als zentrale Voraussetzung für die Verwirklichung solcher Bauvorhaben. Im Gegensatz dazu bietet der hohe Stellenwert des sozialen Wohnbausektors in Österreich sowie dessen langjährige Tradition einen gezielten Anreiz für das Engagement politischer Akteure. Mit seinen etwa 200 gemeinnützigen Bauträgern liegt das österreichische Sozialwohnbauwesen im europäischen Vergleich an der Spitze. Im Hinblick auf das Halleiner Bauprojekt wäre es wohl ohne die Initiative der „Heimat Österreich" zu einem größeren Substanzverlust an den historischen Altstadtgebäuden gekommen. Ein gewerblicher Bauträger hätte aus wirtschaftlichen Gründen wohl niemals eine solche Herausforderung angenommen. Dies unterstreicht die Wichtigkeit gemeinnütziger Bauvereinigungen für die Öffentlichkeit und somit auch für die Politik. Den größten Anteil an der Finanzierung der Sanierungsarbeiten leistete somit das politische Dreiergespann, bestehend aus Bund, Land Salzburg und der Gemeinde Hallein; mittels Gemeinderatsbeschluss wurde eine Million Euro an Subventionen zur Verfügung gestellt. Im Endeffekt übernahm die Gemeinde sogar die Ausfallshaftung für noch ungedeckte Kosten. Auf Landesebene ist speziell der Einsatz des für den Bereich der Wohnbauförderung zuständigen Landesrats Walter Blachfellner hervorzuheben. Wie schon sein Vorgänger Othmar Raus setzte er sich gezielt für die Neugestaltung des Halleiner Ortskernes ein. Unter dem Motto „Weg von der grünen Wiese" machte er sich für das seiner Meinung nach „intelligente Projekt" stark. Und das mit großem Erfolg: Aus Mitteln der Salzburger Wohnbauförderung wurden mehr als 7,9 Millionen Euro bereitgestellt. Der Salzburger Landtag genehmigte eine zusätzliche Förderung in der Höhe von 250 000 Euro. Aus Mitteln des Gemeindeausgleichsfonds des Landes Salzburg wurden auf Initiative von LH-Stv.Dr. Wilfried Haslauer 200 000 Euro zur Verfügung gestellt, und auch das Ressort von LR Doraja Eberle bringt aus Mitteln für den Ortsbildschutz rund 80 000 Euro auf. Als dritten Teil des politischen Dreiecks kam schließlich dem Bund eine nicht unwesentliche Rolle zu. Aufgrund der historischen Bedeutung des Schöndorfer Platzes mit seinen mittelalterlichen Gebäuden wurden unter konstruktiver Begleitung von Landeskonservator Ronald Gobiet über das Bundesdenkmalamt und in weiterer Folge dem Bundesministerium für Unterricht, Kunst und Kultur bis maximal 1,2 Millionen Euro aus Denkmalpflegemitteln des Bundes zugesagt. 70 000 Euro konnten zusätzlich aus Bundesdenkmalpflegemitteln für die Restaurierung der während der Bauführung entdeckten künstlerischen beziehungsweise kunsthandwerklichen Ausstattungselemente aufgebracht werden. Aufgrund der Erfüllung der Voraussetzungen und des direkten Bezugs zu Jugend und Bildung konnte außerdem eine Schülerbettenförderung für vorerst 180 Betten in der Höhe von über 1,6 Millionen Euro seitens des Bundes erreicht werden. Eine Studentenbettenförderung wurde allerdings nicht genehmigt, da es sich bei der Gemeinde Hallein primär um einen Schulstandort handelt. Gerade aus diesem Grund wird dem neuen Kolpingheim eine außerordentliche Bedeutung zugesprochen. Mit seinen über 200 Betten konnte dem durch die Schließung des lokalen Schwesternheimes drohenden Schülerbettenmangel direkt entgegengewirkt werden. Da die Zusagen der Subventionen zeitlich voneinander differierten, sahen sich die Verantwortlichen phasenweise mit einer zwischen realen Baukosten und zugesagten finanziellen Hilfeleistungen auseinandergehenden Schere konfrontiert. Dennoch, und dies sei mit Nachdruck angemerkt, gelang es den Beteiligten, die prognostizierten Kosten einzuhalten und schlussendlich im Rahmen des Finanzierungsplanes zu decken.

Salzburger Beiträge zur Kunst und Denkmalpflege Band IV

Häuser am Schöndorfer Platz

Erhalten und Erneuern in Hallein

Ronald Gobiet und Heimat Österreich (Hrsg.)

VERLAG ANTON PUSTET

Die Drucklegung wurde ermöglicht durch
Bundesministerium für Unterricht, Kunst und Kultur
„Heimat Österreich"

bm:uk

HEIMAT ÖSTERREICH

Bibliografische Information der Deutschen Bibliothek
Die Deutsche Bibliothek verzeichnet die Publikation in der Deutschen Nationalbibliografie;
detaillierte bibliografische Daten sind im Internet über http://dnb.ddb.de abrufbar.

© 2008 Verlag Anton Pustet
Salzburg – München – Wien
A-5020 Salzburg, Bergstraße 12, A-1010 Wien, Renngasse 4
Sämtliche Rechte vorbehalten.
Gedruckt in Österreich.

Hrsg. Ronald Gobiet und „Heimat Österreich"
Redaktion: Hermann Fuchsberger, Ronald Gobiet, Ulrich Klein, Architekten Scheicher
Lektorat: Silke Dürnberger, Ronald Gobiet, Ulrich Klein, Barbara Rinn
Verlegerische Projektsteuerung: Mona Müry-Leitner
© 2008 Texte bei den Autoren, Bildrechte siehe Bildnachweise
Coverfoto: Stefan Zenzmaier
Umschlaggestaltung: Christina Andraschko, linie3.com
Satz: Christoph Edenhauser, Salzburg
Druck: Samson Druck, St. Margarethen
ISBN 978-3-7025-0593-6

www.verlag-anton-pustet.at

Inhaltsverzeichnis

18 *Ronald Gobiet,* Einleitung
26 *Wolfgang Wintersteller,* Am Schöndorfer Platz
30 *Ulrich Klein,* Die Häuser im regionalen Vergleich
39 *Hermann Fuchsberger,* Denkmalpflegerische Projektsteuerung
49 *Ulrich Klein,* Die Voruntersuchungen zur Baugeschichte

54 Die Häuser am Schöndorfer Platz
56 *Hans W. Scheicher (Architekten Scheicher),* Die Menschen am Schöndorfer Platz
60 *Elisabeth Wahl,* Das „Schmazenhäußl am obern plaz", Schöndorfer Platz 1
67 *Elisabeth Wahl,* Bewahrtes Mittelalter, Schöndorfer Platz 2
72 *Ulrich Klein,* Bürgerhäuser werden zum Hotel, Schöndorfer Platz 3
84 *Ulrich Klein,* Der erste Sitz der Administration, Schöndorfer Platz 4
94 *Ulrich Klein,* Ein Haus mit Badehaus und Tonstudio, Schöndorfer Platz 5
104 *Ulrich Klein,* Ein Handwerkerhaus mit vielen Bewohnern, Schöndorfer Platz 10
113 *Hermann Fuchsberger,* Gewölbte Räume und Balkendecken, Schöndorfer Platz 11

118 Aspekte der Baugeschichte
120 *Ulrich Klein,* Unerwartete Befunde aus der Archäologie
127 *Ulrich Klein,* Hochmittelalterliche Bauten in Hallein
131 *Ulrich Klein,* Die mittelalterlichen Keller und ihre Mauerwerke
137 *Hermann Fuchsberger,* Die Dachlandschaft und die Konstruktion der Dächer
144 *Elisabeth Wahl,* Vom restauratorischen Befund zur restaurierten Oberfläche
152 *Thomas Danzl,* Das Rätsel der Schriftzeichen an der Decke, aufgedeckt

160 Planung und Ausführung
162 *Martin Weber (Architekten Scheicher),* Die Planungsgeschichte des Projektes
166 *Martin Weber (Architekten Scheicher),* Die Position des Architekten
174 *Martin Weber (Architekten Scheicher),* Die Planung
185 *Martin Weber (Architekten Scheicher),* Die bautechnischen Voruntersuchungen
190 *David Huber, Martin Weber (Architekten Scheicher),* Die Ausführung
195 *Hans W. Scheicher, Georg Scheicher, David Huber, Martin Weber (Architekten Scheicher),* Resümee und Ausblick der Planer

196 Bibliographie

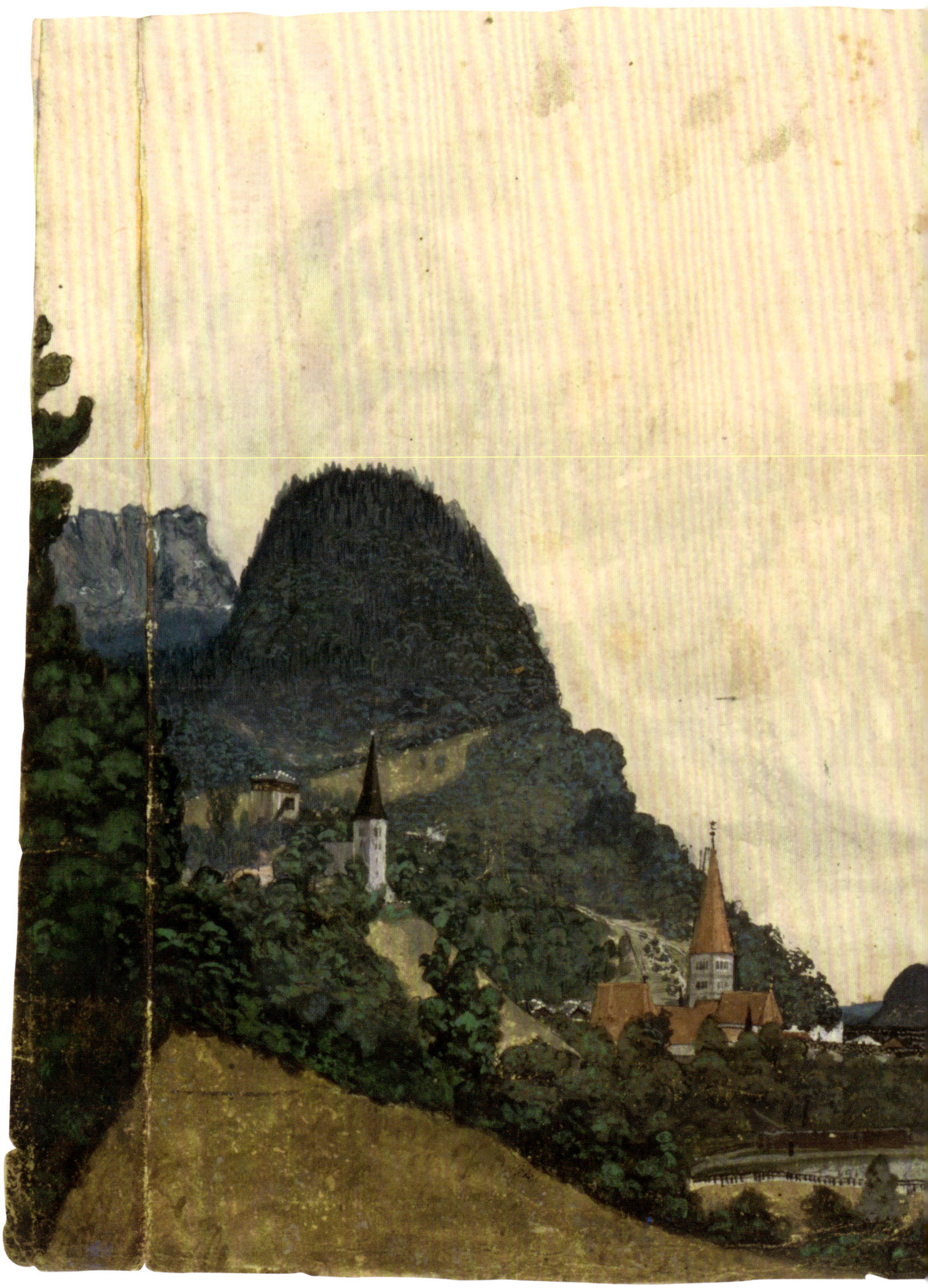

Tafel I
Stadtansicht von Hallein um 1520, Aquarell
aus dem Umfeld von Albrecht Altdorfer
Staatliche Graphische Sammlung München

202

Tafel II
So genannte Sigmundvedute von Hallein
aus dem Jahr 1726
Salzburg Museum

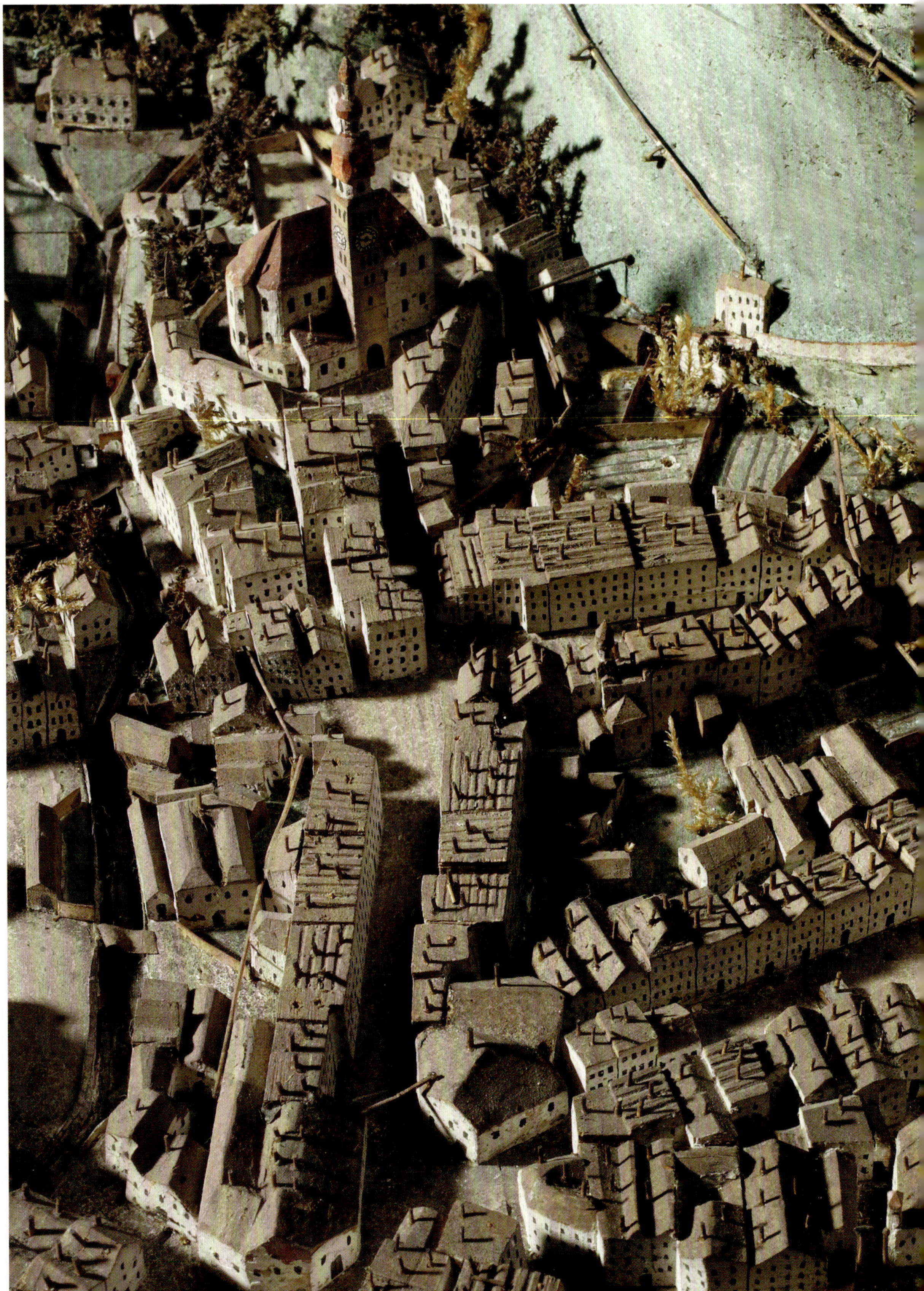

Tafel III
Ausschnitt aus dem Stadtmodell von Hallein um 1800
Erzabtei St. Peter, als Leihgabe im Salzburg Museum

Tafel IV
Die wiederhergestellten Häuser am
Schöndorfer Platz
im Jahre 2008
Foto Stefan Zenzmaier

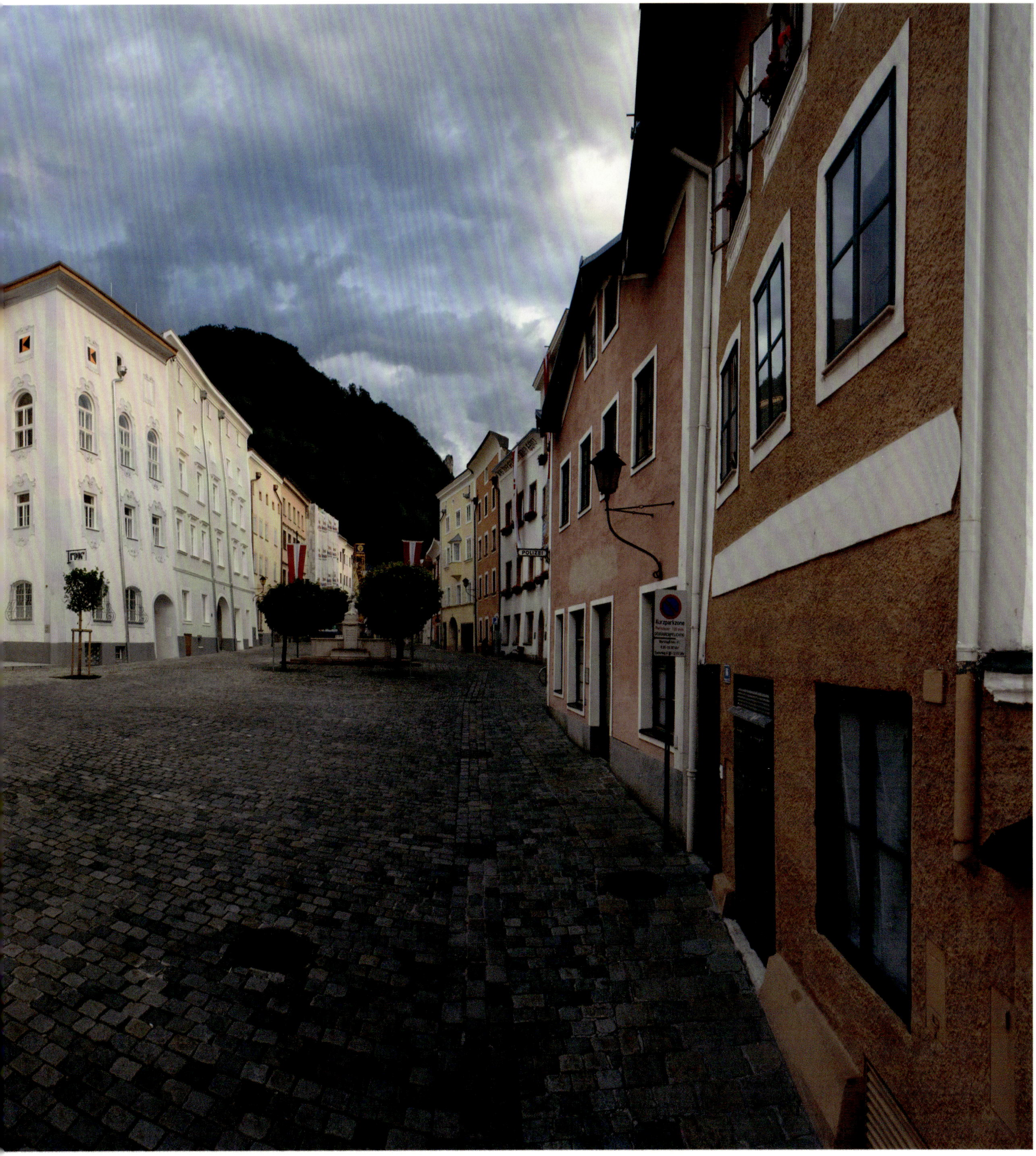
POLIZEI
Kurzparkzone

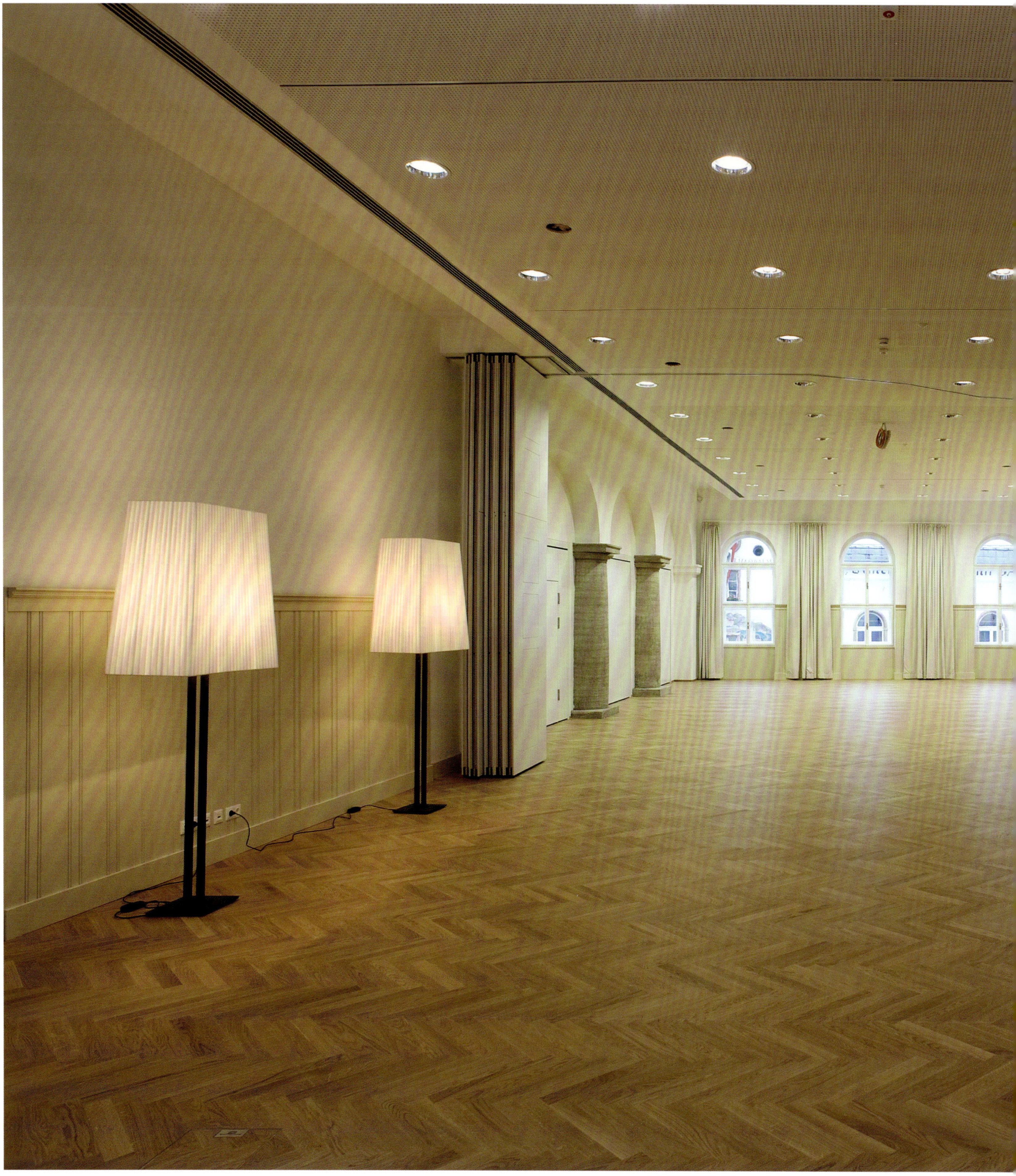

Tafel V
Der große Saal im Haus
Schöndorfer Platz 3
Foto Stefan Zenzmaier

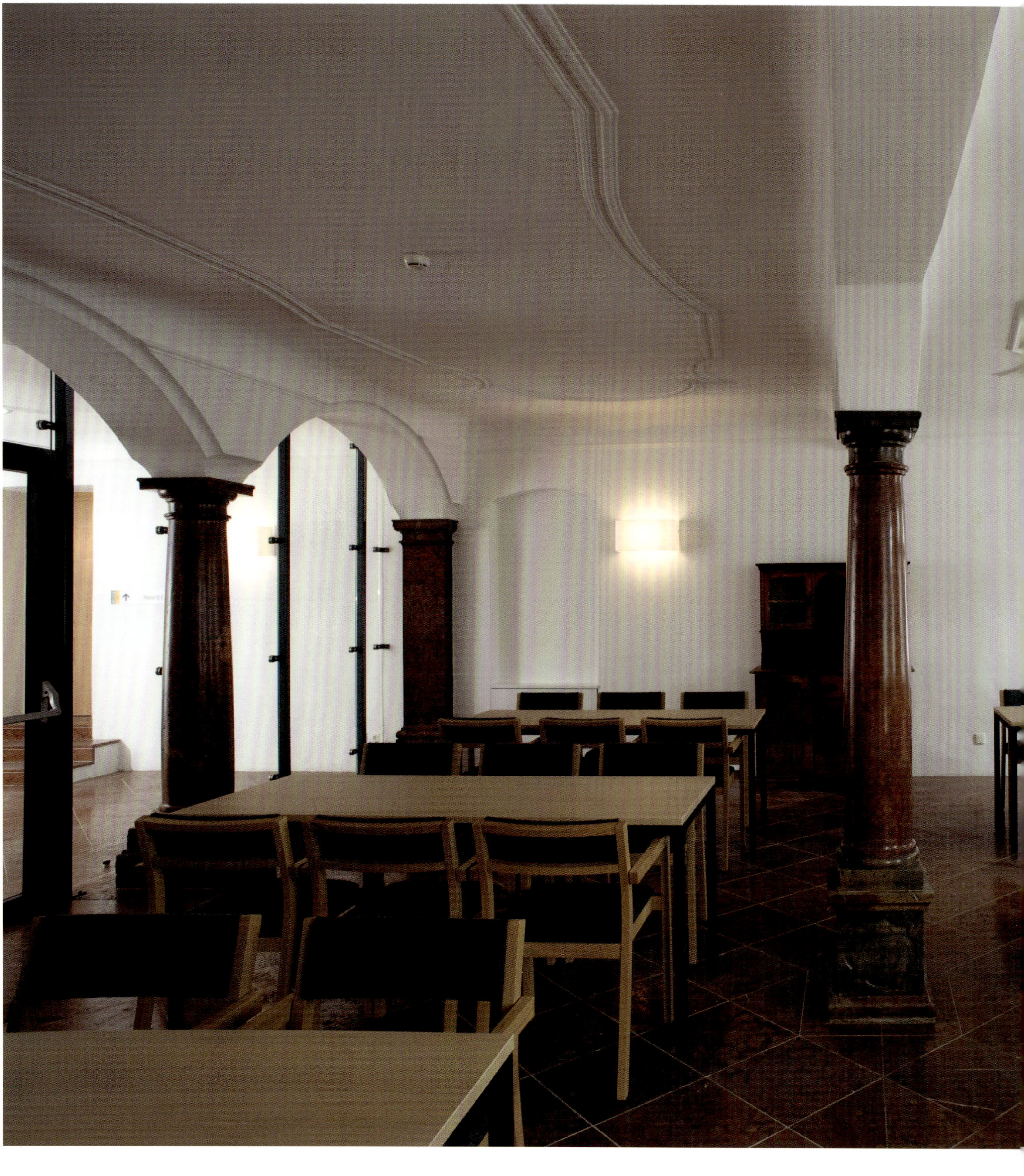

Tafel VI
Der wiederhergestellte Barocksaal im Haus
Schöndorfer Platz 3
Foto Stefan Zenzmaier

Tafel VII
Raum mit den barocken Deckenbeschriftungen in Haus Schöndorfer Platz 10
Foto Stefan Zenzmaier

Tafel VIII
Detail der barocken Deckenbeschriftungen
im Haus Schöndorfer Platz 10
Foto Stefan Zenzmaier

Einleitung   *Ronald Gobiet*

1 Ronald Gobiet (Hrsg.), Die Spätgotische Wandmalerei der Michaelskapelle in Piesendorf (Salzburger Beiträge zur Kunst und Denkmalpflege Bd. I), Neunkirchen 2000
2 Ronald Gobiet (Hrsg.), Der Meister von Schöder (Salzburger Beiträge zur Kunst und Denkmalpflege, Bd. II), Bad Gastein 2002
3 Ronald Gobiet (Hrsg.), Die Salzburger Mariensäule (Salzburger Beiträge zur Kunst und Denkmalpflege, Bd. III), Salzburg 2006
4 Schreiben der Stadtgemeinde Hallein an den österreichischen Städtebund, vom 7. 9. 1966 (LK-1314/1966)

Der vorliegende Band ist der vierte der Reihe „Salzburger Beiträge zur Kunst und Denkmalpflege", den ich diesmal in Kooperation mit der „Heimat Österreich" als Herausgeber veröffentliche.

Die ersten beiden Bände widmen sich Themen der Wandmalerei (Band I „Die Spätgotische Wandmalerei der Michaelskapelle in Piesendorf"[1], Band II „Der Meister von Schöder"[2]), im dritten Band „Die Salzburger Mariensäule"[3] ist die Konservierung von monumentalen Bleiplastiken thematisiert. Ein bisher in dieser Reihe noch nicht behandeltes Gebiet, nämlich das der praktischen Baudenkmalpflege, wird im vorliegenden Band präsentiert.

In den letzten Jahren waren acht historische Altstadthäuser um den Schöndorfer Platz in Hallein in einem schlechten Bauzustand, nur mehr wenige Bewohner lebten in den Objekten beziehungsweise in den so genannten „Herbergen", einer für Hallein typischen Form von Wohnungseigentum. Und teilweise standen die denkmalgeschützten Häuser leer. Der hohe Ausländeranteil im Kernbereich der Altstadt spiegelt fehlerhaftes Handeln der Vergangenheit, viele Althalleiner haben sich in den 1960er und 1970er Jahren sonnseitig im Nahbereich der Stadt angesiedelt, Re-Investitionen bei den Altstadthäusern erfolgten kaum; der Schöndorfer Platz suggerierte auch deshalb Tristesse, Mutlosigkeit machte sich breit. Der schleichende Verfall der alten Bausubstanz beeinträchtigte die wenigen instand gehaltenen baukulturellen Zeugnisse am Platz. Vom Anbeginn wirkte das Denkmalamt bei dem geplanten Schüler- und Lehrlingsheimvorhaben aktiv auf mehreren Ebenen und Bereichen mit, und dieses Projekt war gleichsam ein Strohhalm für die Überlebenschance der denkmalgeschützten, kulturell und kulturhistorisch so bedeutenden Substanz dieser Altstadt. Durch eine gezielte sowie aktive Vorgangsweise bei den Vorarbeiten, vor allem bei der Bestandsplanerstellung, den bauhistorischen Untersuchungen samt einer vor Baubeginn von Archäologen durchgeführten Grabungskampagne, bei der Artikulierung und Umsetzung entsprechender Qualitätssicherungen, bei der Beauftragung einer denkmalpflegerischen restauratorischen Fachplanung und bei der Hinzuziehung eines geeigneten Projektkoordinators konnte dieses Großvorhaben zu einem positiven Abschluss gebracht werden. Es ist dies das Ergebnis jahrelanger denkmalpflegerischer Aufbauarbeit und zudem – was das Bauvolumen betrifft – eines der größten Vorhaben auf dem profanen Sektor der Denkmalpflege.

Die Altstadtsanierung im Rückspiegel

1966 berichtete der Bürgermeister von Hallein zu der geplanten Altstadtsanierung, dass größte Rücksicht auf die Pflege des Ortsbildes und auf die historische Bausubstanz genommen werde. Erstaunlicherweise war gleichzeitig von der Entkernung der Altstadt die Rede, wobei durch den Abbruch baufälliger Gebäude Parkplatz- und Grünflächen geschaffen werden sollten. Letzten Endes wurde in dem Bericht noch festgehalten, dass Aufklärungen oder Werbemaßnahmen für Fragen der Altstadtsanierung „sowie spezielle Untersuchungen bisher nicht veranlasst wurden"[4]. Diese zwiespältigen Aussagen über den Umgang mit historischer Bausubstanz skizzieren die damalige Einstellung zur Altstadt-

1) Haus Schöndorfer Platz 10 und 11
(Ausschnitt)
Foto BDA (=Bundesdenkmalamt),
Max Puschej 1947

2) Hallein, Küffergasse, Toreinfahrt 1972
Foto BDA

5 Das Salzburger Altstadterhaltungsgesetz 1967 war das erste diesbezügliche Gesetz in Österreich. Novellen des Gesetzes gab es 1980 und 1995.
6 Im April 1975, die Verordnung für Hallein 1978
7 Theodor Brückler/Ulrike Nimeth, Personenlexikon zur Österreichischen Denkmalpflege (1850–1990), Bundesdenkmalamt, Wien 2001, 138
8 Erst mit der Novellierung des DSchGe. von 1979 war der Ensemblebegriff gesetzlich verankert und somit Ensembleunterschutzstellungen möglich.
9 Landeskonservatorat für Salzburg, Brief vom 6.12.1972
10 Bundesministerium für Wissenschaft und Forschung, Leitlinie für die Fassadenerneuerung

erhaltung. Eine Diskussion über diese Thematik fand in der ehemaligen Salinenstadt vorerst auf kommunaler Ebene statt. Lokale Pressemeldungen, dass der mittelalterliche Stadtkern von Hallein praktisch dem Verfall preisgegeben sei und nur wenige Objekte unter Denkmalschutz stünden, beinhalteten die Suche nach Unterstützung. Der Ruf nach entsprechenden Schutzbestimmungen von Land und Bund ließ nicht lange auf sich warten. Die Frage keimte auf, warum nicht die genannten Gebietskörperschaften die (Mit-)Verantwortung für den historischen Stadtkern übernehmen könnten. Als Ideallösung für Hallein wurde ein Gesetz zum Schutz der Altstadt wie in der Stadt Salzburg[5] empfohlen. Das Ortsbildschutzgesetz trat im Bundesland Salzburg acht Jahre später in Kraft.[6] Georg Kodolitsch[7], Landeskonservator von Salzburg, sah eine Wirkungsmöglichkeit in der Anregung und Weiterführung von Fassaden-Instandsetzungs-Aktionen unter Beteiligung des Bundes, des Landes und der Gemeinde – was einer Initialzündung gleichkam. In diesem Zusammenhang scheint es bemerkenswert, dass bereits Ende der 1960er Jahre von Wiederherstellung und somit Absicherung der Ensemblewirkung, also der Wirkung einer ganzen Straße oder eines Platzes mit wertvollen und weniger wertvollen Häusern, die Rede war.[8] Das Bundesministerium für Wissenschaft und Forschung stellte diesbezüglich fest, dass seitens des Bundesdenkmalamtes die Absicht bestünde, einige markante Ensembles in Hallein in die Fassadenerneuerungs-Aktion der öffentlichen Hand miteinzubeziehen. Die Zielsetzung dieser Aktion war auf die Erhaltung der Altstadtkerne gerichtet. Bis 1970 hat in Hallein keine umfassende Stadtsanierung stattgefunden. In den folgenden Jahren richteten sich die Aktivitäten jedoch vermehrt auf die Erhaltung des Altstadtkernes. Begründet wurde diese Beschäftigung mit der Tatsache, dass hier neben Salzburg der bedeutendste Bestand an qualitätvollen Althausfassaden, der aber akut gefährdet schien, gegeben sei.[9] Die Fassadenerneuerungs-Aktion der öffentlichen Hand und des jeweiligen Liegenschaftseigentümers erfolgte ab 1978 in enger Zusammenarbeit mit der Halleiner Ortsbildschutzkommission. Eine fachliche, wissenschaftlich fundierte Auseinandersetzung mit dieser Materie hat jedoch nicht stattgefunden. Die Existenz verschiedener historischer Fassungen der Altstadtfassaden und deren historischen Putzschichten wurde schlichtweg negiert. In einer Veröffentlichung des Bundesministeriums wird vermerkt, dass die Fachleute des Bundesdenkmalamtes bezüglich der Fassungen der Fassaden nicht verbindlich eingebunden sind, „da sie nur freiwillig eine beiläufige Mitverantwortung wahrnehmen"[10]. Unbeachtet davon muss zur Kenntnis genommen werden, dass von über hundert damals behandelten Fassaden keine Befunde, keine Dokumentationen und somit keine wissenschaftlichen Erkenntnisse zu den Architekturoberflächen der insgesamt dreihundert Altstadthäuser vorgelegt werden können.
Statt sich mit der diesbezüglichen Materie, den auch mitunter ruinösen Altputzen, den historischen Putztechniken, den Dekorationen und den Farbschichten der alten Häuser auseinanderzusetzen, erfolgte der Schulterschluss zwischen Denkmalamt und Ortsbildschutz. Somit war einem Handeln, das dem Materialaustausch in

3) Hallein, Raitenaustraße 4, 1990 während der Abbrucharbeiten
Foto Ronald Gobiet

historisierender Ausführung Vorrang einräumte, zum Durchbruch verholfen worden. Der Öffentlichkeit wurde diese Tätigkeit als denkmalgerechte Altstadterhaltung angepriesen – eine Methode und Entwicklung seit den 1970er Jahren die, ähnlich wie in der Stadt Salzburg, durch die Mitwirkung der Denkmalpflege fast „perfektioniert" wurde und erstaunlicherweise mitunter weiterhin praktiziert wird. Das Denkmalschutzjahr 1975 hat an dieser Vorgangsweise nur wenig für ein neues Bewusstsein ändern können.

Aus heutiger Warte ist diese Fassadenerneuerungs-Aktion in Hallein durch die wenig achtsame Vorgangsweise gegenüber der Originalsubstanz aus konservatorischer Sicht schlichtweg als Katastrophe zu titulieren. Es wird nicht geleugnet, dass diese Aktion „grau raus – bunt rein"[11] (Abb. 2) zu einer Identifikation von Teilen der Bevölkerung mit ihrer Stadt geführt hat. Der Preis, der dafür jedoch bezahlt wurde, war aus heutiger Sicht zu hoch, unwiederbringlich ist der Verlust von authentischen (historischen Putz- und Schicht-) Dokumentationsstellen und wird auch von Fachkollegen als solcher angesehen. Als ebenso problematisch muss die jahrelange Gläubigkeit an den ungebremsten und beliebigen Materialaustausch und die generelle Erneuerung verschiedener Bau- und Konstruktionsteile beim Altbau beurteilt werden. Auch diese mitunter bis heute eingefleischte Denk- und Handlungsweise zeigt, mangels einer tatsächlichen Auseinandersetzung mit der Originalsubstanz der Altstadthäuser, fatale Folgen. Um die Situation sowie die Ohnmacht auch der Denkmalpflege kurz vor 1990 in Hallein zu verdeutlichen, sei exemplarisch das Haus in der Raitenaustraße 4 herausgegriffen (Abb. 3):

Das 1325 nach einem Stadtbrand wieder aufgebaute ehemalige „Hofhaus beim Pfannhaus Oberhof" hatte 1989 nur einen grundbücherlichen Eigentümer. Außergrundbücherlich war bereits eine Bauherrengemeinschaft aufgetaucht. Obwohl bei dem denkmalbehördlichen Unterschutzstellungsantrag unter anderem auf die besondere Bedeutung im Stadtgefüge und auch auf die historischen Handwerksgewerbe, die im Haus ansässig waren, hingewiesen wurde, konnte der Antrag auf Unterschutzstellung wegen der zu geringen historischen Bedeutung und mangels künstlerisch wertvoller Elemente nicht ausgesprochen werden. Auf eine in Zukunft geplante Ensemble-Unterschutzstellung wurde verwiesen. Diese zeitliche Lücke war zugleich der Todesstoß für das altehrwürdige Haus. Die Skelettierung beziehungsweise die Entkernung konnte die Baubehörde nicht verhindern. Der Ortsbildschutzkommission war es überlassen, im Außenbereich so genannte „Altstadtkosmetik" im Sinne der erwähnten Erneuerungsmentalität zu betreiben. Dieses ausgehöhlte Haus, dessen Altsubstanz sich heute weitgehend auf den Mauerkern der Außenwände reduziert, muss aus denkmalpflegerischer Sicht als Bankrotterklärung ernst gemeinter Althaus- beziehungsweise Altstadterhaltung bezeichnet werden. Im Zuge der indessen erfolgten Ensemble-Unterschutzstellung der Halleiner Altstadt unterliegt dieses Objekt nunmehr jedoch den einschränkenden Bestimmungen des geltenden Denkmalschutzgesetzes, wobei die Frage, wie ein solch reduzierter Bau hinkünftig denkmaladäquat zu behandeln sein wird, vorläufig unbeantwortet ist. An diesem Beispiel lässt sich deutlich ablesen, dass die örtliche Baubehörde und die

11 Der Ausdruck „Ratzenstadtl" umschreibt die grau morbide Wirkung des Ortes auf Durchreisende in volkstümlicher Ausdrucksweise. Brief von Franz Schubert vom 21. 9. 1825 an seinen Bruder Ferdinand: „Nach einigen Stunden gelangten wir in die zwar merkwürdige, aber äußerst schmutzige und grausliche Stadt Hallein. Die Einwohner sehen alle wie Gespenster aus, blaß, hohläugig und mager zum Anzünden. Dieser schreckliche Contrast, den dieser Anblick des Ratzenstadtl's auf jenes Thal erzeugt, machte eine höchst fatalen Eindruck auf mich …"

12 Schreiben des BMfWuF, Zl. 18.935/1-33/90, vom 21.8.1990. In einem Zeitraum von drei Jahren sollten diese Unterschutzstellungen zum Abschluss gebracht werden.
13 BDA-Bescheid, GZ. 13.896/2/90, vom 9.11.1990. Gegen diesen Bescheid wurden von zehn Liegenschaftseigentümern Vorstellungen erhoben.
14 Atlas der historischen Schutzzonen in Österreich I., Städte und Märkte, Graz 1970, 245
15 „Wegen Gefahr in Verzuge" wurde der Bescheid ohne vorausgegangenes formelles Ermittlungsverfahren erlassen. Die Annahme der Gefahr stützte sich auf die Tatsache, dass nach den dem Bundesdenkmalamt zugekommenen Mitteilungen im laufenden Kalenderjahr mehrere Objekte im Bereich des Ensembles der Altstadt von Hallein weitgehend verändert beziehungsweise abgebrochen werden sollten.
16 Franz Zillner, Zur Geschichte des Salzburgischen Salzwesens. In: Mitteilungen der Gesellschaft für Salzburger Landeskunde, Bd. 20, 1880
Fritz Koller, Hallein im frühen und hohen Mittelalter. In: Mitteilungen der Gesellschaft für Salzburger Landeskunde, Bd. 116, 1976
17 Hermann Friedrich Wagner, Topographie von Alt-Hallein. In: Mitteilungen der Gesellschaft für Salzburger Landeskunde, Bd. LV, 1915
18 Paul Buberl, Österreichische Kunsttopographie Bd. XX, 1927
19 Franz Gruber, Chronologisch-statistische Beschreibung der Stadt Hallein und ihrer Umgebung, Salzburg 1870
20 Ernst Penninger, Die Straßennamen der Stadt Hallein. In: Mitteilungen der Gesellschaft für Salzburger Landeskunde, Bd. 110/III, 1970/71

durch ein Landesgesetz verankerte Ortsbildschutzkommission, in der auch ein Vertreter des Bundesdenkmalamtes eingebunden ist, die historische Haussubstanz nicht retten konnten. Es verdeutlicht weiter, dass die Interessen der damaligen Bauträgergesellschaften, der Bauherrenmodelle auf Kosten der historischen Bausubstanz überwiegend durchgesetzt werden konnten. Zugleich wurde nach dem kommunalen und dem landesgesetzlichen (Ortsbildschutzpflege) Zwischenspiel die nächste Runde eingeläutet:

Der Ensembleschutz der Halleiner Altstadt

1990 hat das Bundesministerium für Wissenschaft und Forschung die Weisung[12] an das Bundesdenkmalamt – Landeskonservatorat für Salzburg erteilt, die Altstadtteile der Städte Salzburg und Hallein als Ensembles unter Denkmalschutz zu stellen.
Vor 1990 wurde bei den Umbauten der Altstadthäuser in Hallein weitgehend der Substanzerneuerung, dem Materialaustausch, der technischen Machbarkeit, der exzessiven Raumnutzung und der damit verbundenen spekulativen Vermarktung breiter Raum gelassen. Diesem Zustand, der bis hin zu (lokal-)politischen und medialen Eskalationen führte, zudem das Parlament in Wien beschäftigte, hat die Ensemble-Unterschutzstellung (von insgesamt 330 Objekten) Einhalt geboten.
Die geschichtliche, künstlerische und kulturelle Bedeutung des Ensembles der Altstadt von Hallein liegt „darin begründet, dass es sich um ein charakteristisches, spätmittelalterliches Stadtdenkmal handelt"[13]. In diesem Zusammenhang wurde auch gewürdigt, dass dieser Altstadtteil bereits im Atlas der historischen Schutzzonen Österreichs[14] erfasst und in seiner Ausdehnung weitgehend festgelegt wurde.
Neben der Tatsache, dass diese Ensemble-Unterschutzstellung die erste im Bundesland Salzburg war, ist anzumerken, dass es das erste Verfahren gemäß Paragraph 57 Abs. 1 des Allgemeinen Verwaltungsverfahrensgesetzes österreichweit in dieser Größenordnung war.[15] Nach dem Inkrafttreten der Rechtskraft des Halleiner Altstadtbescheides gilt, dass die Erhaltung des Ensembles von Hallein als Einheit im öffentlichen Interesse liegt. Mit der Ensemble-Unterschutzstellung steht die Denkmalpflege indessen mit in der Verantwortung für die Altstadterhaltung von Hallein.
Seit 1990 wird vom Landeskonservatorat für Salzburg der schützenswerten Altsubstanz gesteigerte Aufmerksamkeit zuteil. Diese, das Stadtdenkmal, umfasst neben den sakralen und öffentlichen Bauten insbesondere Bürger- und Handwerkerhäuser sowie ehemalige Salzmanipulations- und Lagergebäude, Stadtmauerbereiche, Wehranlagen, Brunnen und Kleindenkmäler.
Die Entwicklung der Stadt Hallein war bereits mehrfach Thema von Veröffentlichungen.[16] Die Topografien[17], beispielsweise der vom Institut für Kunstforschung des Bundesdenkmalamtes 1927 herausgegebene Band der Österreichischen Kunsttopographie, listen „Die Denkmale des Politischen Bezirkes Hallein"[18] auf. Chronologien[19] aus dem 19. und 20. Jahrhundert sind ebenso wie die eigenständigen ortsspezifischen Abhandlungen[20] sowie die entsprechenden Zusammenfassungen[21] von Allgemeininteresse. In Salzburg gab es in den 1940er Jahren Ansätze, die Bauentwicklung und Bauphasen im Altstadtkernbereich

von Salzburg grafisch aufzuarbeiten und darzustellen[22], sogar einzelnen profanen Objekten wie der Hohensalzburg galt das Augenmerk der Untersuchungen von Richard Schlegel. Der von Adalbert Klaar erhobene Baualtersplan der Stadt Hallein aus dem Jahr 1952 bildet einen Ansatz, sich seitens der Denkmalpflege nicht nur mit den Altstadtkernen und den Ortsstrukturen zu beschäftigen und diese zu dokumentieren, sondern auch verschiedene Informationen über die Einzelobjekte, unter anderem über die Bauphasen, aufzuzeigen. Wissenschaftlich fundierte Beiträge, die das Halleiner Bürgerhaus betreffen, waren bisher nicht Gegenstand von Veröffentlichungen. Vom damaligen Kenntnisstand ist es zutreffend, wenn Walter Schlegel[23] allgemein über die Hausforschung berichtet: „… aus der Holzbauphase oder von noch früher hat sich kein einziges Objekt erhalten, ja es bedürfte noch intensiver Untersuchungen, um im älteren Siedlungskern von Hallein Bausubstanz des 14. Jahrhunderts nachzuweisen." Schon vor der Aktion der Ensemble-Unterschutzstellung des Bundesdenkmalamtes war ansatzweise die Auseinandersetzung mit urbanen Teilbereichen von Hallein gegeben[24]. Mangels entsprechender Richtlinien für die Betreuung von denkmalgeschützten Ensembles wurde für Hallein 1991 ein Konzept zur weiteren Vorgangsweise erarbeitet. In einer ganztägigen Klausurtagung in Abtenau konnte mit der Baubehörde der Stadt, der Bezirksverwaltungsbehörde und dem Landeskonservatorat für Salzburg ein ausgefeiltes und für eine individuelle Vorgangsweise flexibel zu handhabendes Operationsschema erarbeitet werden. Die Ergebnisse wurden in einem Punktekatalog festgehalten und auch der Gemeindevorstehung der Stadt zur Kenntnis gebracht. Im Wesentlichen konnte eine qualitative Verbesserung im Umgang mit Sanierungsobjekten erreicht werden. Dabei wurde Wert auf eine exakte planliche Bestandserhebung der Häuser gelegt sowie die Einführung einer Befundung/Untersuchung durch einen Bauhistoriker verankert. Erst nach Vorlage dieser Vorerhebungen sollte eine vom Objekt ausgehende Planerstellung, die Genehmigungsverfahren, die Umsetzungsphase mit Baustellenbesprechungen und zuletzt die Dokumentation und eine Veröffentlichung erfolgen. Als ökonomischer Anreiz sind Denkmalpflegemittel des Bundes in Form von Subventionen zur Abfederung der Kosten der Hauseigentümer eingesetzt worden. Auch die Stadtgemeinde Hallein hat über die Bauabteilung Förderungsmittel für Vermessungspläne der historischen Altstadthäuser vergeben.

Die Installierung der Bauforschung

Nach der Ensemble-Unterschutzstellung der Halleiner Altstadt wurde von Seiten des Bundesdenkmalamtes auf die Bauforschung und die Bestandsbauaufnahmen,[25] die konsequent bei Gesamtumbauten von Altstadthäusern durchgeführt wurden, großer Wert gelegt. In einer allgemein gehaltenen Formulierung des Denkmalschutzgesetzes könnte grundsätzlich der Aufgabenbereich der Bauforschung subsumiert werden. Nämlich darüber, ob öffentliches Interesse an der Erhaltung eines Einzeldenkmals, eines Ensembles oder einer Sammlung besteht, hat das Bundesdenkmalamt „unter Bedachtnahme auf diesbezügliche wissenschaftliche Forschungs-

[21] Sebastian Wimmer, Hallein und Umgebung, Hallein 1883
G. J. Kanzler, Die Stadt Hallein und ihre Umgebung, Hallein 1912
Fritz Moosleitner, Hallein. Portrait einer Kleinstadt, herausgegeben von der Ortsbildschutzkommission der Stadt Hallein, Hallein 1989
[22] Walter Schlegel, Wie Salzburg zu seinem Gesicht kam, Salzburg 2004 („Steckbild" von Richard Schlegel)
[23] W. Schlegel, Ein Beitrag zur baulichen Entwicklung von Hallein, in: Österreichische Zeitschrift für Kunst und Denkmalpflege, XXXV. Jg., Wien 1981, 22ff
[24] Eva-Maria Habersatter-Lindner, Methoden der Funktionsfindung zur Sanierung eines Altstadtbereiches am Beispiel Hallein, Pfannhauserplatz Ms. Diplomarbeit am Institut für Baukunst, Denkmalpflege und Kunstgeschichte der TU Wien, Wien 1984
[25] Einen Länderüberblick über die Bauforschungsaktivitäten in: Konzept – Europäisches Forum für historische Bauforschung in Salzburg

4) Haus Schöndorfer Platz 7, Keller, Detail Mauerwerk und Boden
Foto BDA, Petra Laubenstein
5) Haus Schöndorfer Platz 7, hofseitiger spätmittelalterlicher Einsäulenraum
Foto BDA, Ronald Gobiet

26 Dieses Bundesgesetz aus dem Jahre 1923 (BGBl. Nr. 533/1923) in der Fassung der Novellen von 1978 (BGBl. Nr. 167/1978) und 1990 (BGBl. Nr. 473/1990) regelt den Denkmalschutz als eine gesamtstaatliche (Bundes-) Angelegenheit.
27 DSchGe.
28 C(h)arta von Venedig, 1964.
29 Vom 24.–28. Februar 1992 unter der Leitung von Karl Neubarth und Gerhard Seebach.
30 BDA, Abteilung für Restaurierung und Konservierung, Zl. LK 711/5/1992, Proben Nr. 113-116/92.
31 Bauuntersuchung im Keltenmuseum in Hallein, sogenanntes Wasnerhaus, Pflegerplatz 5, von Rudolf Koch, April 1993.

ergebnisse"[26] zu entscheiden. Bemerkenswert erscheint, dass die Feststellung des öffentlichen Interesses an der Erhaltung der Denkmale nur dann zulässig ist, wenn die für die Unterschutzstellung erforderlichen Fakten „auf Grund des wissenschaftlichen Erkenntnisstandes wenigstens wahrscheinlich sind und die unversehrte Erhaltung der Denkmale anderenfalls gefährdet wäre"[27].

In der Internationalen C(h)arta über die Erhaltung und Restaurierung von Kunstdenkmalen und Denkmalgebieten findet sich kein direkter Bezug auf die Bauforschung. In einer allgemein gehaltenen Formulierung wird lediglich festgehalten, dass alle naturwissenschaftlich und technischen Mittel sowie Methoden anzuwenden sind, „die einen Beitrag zur Erforschung und Erhaltung der überkommenen Denkmäler leisten können"[28].

Näher hin zum bauhistorischen Aufgabenbereich bewegen sich die Aussagen der Internationalen C(h)arta zur Denkmalpflege in Historischen Städten von 1987. Danach erfordern Denkmalpflege-Maßnahmen reifliche Überlegungen, Methodik und Fachwissen multidisziplinärer Zusammenarbeit. Ausgangspunkt sei eine Analyse der Gegebenheiten unter der Berücksichtigung aller relevanten Faktoren wie Archäologie, Geschichte, Architektur, Technik, Soziologie und Wirtschaft.

1991 sind über Vermittlung der Denkmalpflege in Hallein die ersten bauforscherischen Untersuchungen von Gerhard Seebach aus Wien durchgeführt worden. Auch den Altstadthäusern am Schöndorfer Platz, wie den Objekten Nr. 7, 10 (Abb. 4–7) und 14 galt das wissenschaftliche Interesse. Die Ergebnisse fanden anfänglich nicht immer die gewünschte schriftliche Dokumentation wie bei Haus Schöndorfer Platz 7. Das Haus vis-à-vis, Schöndorfer Platz 10 (Abb. 1, 7), diente als frühes Fallbeispiel für ein Seminar[29] über Befundung und Bauanalyse, das in Zusammenarbeit mit dem Salzburger Lehrbauhof auch als Weiterbildung eines Maurerlehrganges durchgeführt wurde. Entsprechende Putz-, Farb- und Salzanalysen der Außenfassaden und Flurbereiche des chemischen Labors des Bundesdenkmalamtes liegen als Bericht vor.[30]

Die Hinterfragung nach dem Baualter galt ebenso den historischen Dachstuhlkonstruktionen. Nachdem 1992 im Rathausturm die historische Turmdachkonstruktion einem Sitzungssaal und einem Lift weichen sollte, wurde ein bauhistorisches Gutachten über den Glockenturm und den Turmdachstuhl am Haus Schöndorfer Platzes 14, das Guido Friedl erstellt hat, beauftragt.

Was aber ist Bauforschung, und wozu dient sie? Diese Frage wurde in einer Presseinformation anlässlich einer Präsentation des Teilumbaues des Halleiner Keltenmuseums mit dem Wiener Bauforscher Rudolf Koch angesprochen.[31] Er hat mehrere Jahre in der Keltenstadt gewirkt und die Bauphasen der Halleiner Häuser entsprechend dokumentiert. Zusammen mit den bauhistorischen Untersuchungsergebnissen der letzten Jahre von Hermann Fuchsberger sind lediglich 15 Prozent der denkmalgeschützten Substanz von Hallein durchleuchtet. Das Großprojekt am Schöndorfer Platz mit sieben beziehungsweise acht historischen Altstadthäusern bot erstmals eine detailliertere Untersuchung eines Gebäudeensembles in einer Größenordnung, die es notwendig machte, eine Arbeitsgruppe mit Elisa-

6) Haus Schöndorfer Platz 7, 2.OG. Südfassade, barocke Wandmalerei, pfeiferauchender Türke
Foto Werkstätten für Denkmalpflege Enzinger
7) Haus Schöndorfer Platz 10, Rückfassade, saniertes Steingewände, 1992
Foto Ronald Gobiet

beth Wahl aus Wien, Ulrich Klein (IBD) aus Marburg und Hermann Fuchsberger zu bilden. Die Bauforschung und ihre Vorgangsweise finden ausführlich Platz in den einzelnen Fachbeiträgen dieses Bandes, verbunden mit Antworten auf die Frage, zu welchem Nutzen das geschieht. Auch den archäologischen Untersuchungen wird Rechnung getragen.
Der planende Architekt beziehungsweise das Architektenbüro hatten die Möglichkeit, auf einem ordnungsgemäßen Bestandsaufmaß, das vom Landeskonservatorat für Salzburg vehement gefordert wurde, und auf den Erkenntnissen der umfassenden Bauforschung die spezifischen architektonischen Vorarbeiten aufzubauen und diese auf die individuellen Gegebenheiten der unterschiedlichen historischen Haussubstanzen weiter zu entwickeln. Für die meisten an diesem Großvorhaben Beteiligten war dieser Prozess ein lehrreicher Erfahrungsaustausch – eine gute Zusammenarbeit, vielfach gepaart mit unliebsamen Überraschungen und Faktoren, die das Unterfangen mitunter an den Rand des Scheiterns brachten: die Delogierung der letzten Hausbewohner, der Hausschwammbefall oder die exorbitante Schneebelastung im Jänner 2006. Bewährt hat sich schließlich die zusätzliche Mitarbeit eines Projektkoordinators, der dem Bauträger empfohlen wurde. Reibungslos konnte so die denkmalpflegerische/restauratorische Fachplanung, ein bisher in unseren Breiten noch nicht genügend etablierter Zweig der Denkmalpflege, in die Ausschreibungen für die denkmalrelevanten Arbeiten der Leistungsverzeichnisse Eingang finden. Der Projektkoordinator, der die zeitlichen und ökonomischen Vorgaben präzise erfüllt hat, stellte auch die Verbindung zu allen am Bau Beteiligten und den Behördenvertretern her. Mit dieser Publikation versteht sich die Reihe „Salzburger Beiträge zur Kunst und Denkmalpflege" weiterhin als Sprachrohr der Denkmalpflege, als Vermittlungsorgan der Kunstgeschichtsforschung und als Plattform interdisziplinärer Zusammenarbeit. In diesem Zusammenhang scheint mir auch die längerfristig konzipierte Kooperation mit dem Verlag Anton Pustet erwähnenswert. Weitere Druckwerke dieser Serie sind in Vorbereitung. Mein Dank für die Konzeption und die redaktionelle Arbeit an dem vorliegenden Band gilt Hermann Fuchsberger, Ulrich Klein und Barbara Rinn, deren Mitarbeit in spontaner, freundschaftlicher Weise erfolgte. Den Autoren sei ebenso gedankt, wie der Leiterin des Verlages Anton Pustet, Mona Müry-Leitner, ihren Mitarbeitern Silke Dürnberger und Roman Höllbacher.
Den Einsatz der Architekten Hans W. und Jörg Scheicher sowie Martin Weber, auch durch die Beauftragung und Bereitstellung der Fotografien von Stefan Zenzmaier, sehe ich als besonderes Entgegenkommen. In diesem Zusammenhang sei auch die Fotografin Petra Laubenstein erwähnt, die seitens des Bundesdenkmalamtes hier verwendete Aufnahmen angefertigt hat.
Nicht zuletzt danke ich den Nachfolgern von Wilfried Haertl, Stephan Gröger und Karl Huber von der „Heimat Österreich", für ihre großen Bemühungen um das Zustandekommen dieser Publikation sehr herzlich.

Salzburg, im Juli 2008

Am Schöndorfer Platz *Wolfgang Wintersteller*

Ereignisse und Persönlichkeiten der Stadtgeschichte Halleins

Auf einer Zeitreise über den Schöndorfer Platz verdichten sich die Kenntnisse verständlicherweise, je näher die jüngste Vergangenheit ins Licht rückt.

Wenn man im Hochmittelalter von Salzburg in Richtung „Muelpach" (so hieß die Siedlung am Fuße des Dürrnbergs in einer Quelle aus dem Jahre 1198) reiste, so ging man in einer horizontalen Linie vom heutigen Kaltenhausen her am Fuße der Barmstein-Abhänge, bis man schließlich die Gegend erreichte, wo derzeit der Hohe Weg liegt, der zum Schöndorfer Platz über einen Teil der Khuenburggasse weiterführt.

Über die Entstehung des Platzes gibt es neue Erkenntnisse (siehe den Beitrag zu den „Hochmittelalterlichen Bauten", S. 127). Es fällt auf, dass jeweils am südlichen und nördlichen Ende des lang gestreckten Platzes die östliche Häuserzeile etwas nach hinten rückt. (Abb. 1) Angeblich sei dieser „zurückweichende" Teil einstmals als „Unter den Lauben" bezeichnet worden. Was damit gemeint war, ist nicht bekannt.

Die nach 1200 ungemein schnell an Bedeutung gewinnende Siedlung mit ihrer effizienten Salzproduktion, die sie im 16. Jahrhundert zur erfolgreichsten ostalpinen Saline machte, erhielt mit diesem Platz ein erstes städtisches Zentrum, wo sich Rathaus, Stadtrichterhaus, Pranger und Markt befanden. In den ältesten Urkunden finden sich auch die Bezeichnungen „Oberer Markt" und später „Richterplatz".

In der Nähe des Stadtrichterhauses befand sich im Mittelalter die Synagoge der Halleiner Juden (heute wohl Teil von Haus 6 am Schöndorfer Platz). Zum ersten Mal wird in einer erzbischöflichen Kammerrechnung des Jahres 1284 die Existenz einer jüdischen Gemeinde in Hallein nachgewiesen:

Item judei omnes, de Myldorf et de Halino inclusi, marcas XX (Ferner die gesamte Judenschaft Mühldorfs und Halleins 20 Mark). Diese Besteuerung der Juden mit 20 Goldmark bedeutete eine sehr hohe Abgabenleistung, die die Juden aus den beiden genannten Orten zu erbringen hatten, und macht deutlich, dass es sich offensichtlich um zahlenmäßig starke jüdische Gemeinden handelte.

Was Juden zu dieser Zeit nach Hallein führte, waren wahrscheinlich die Möglichkeiten des Warenhandels in diesem Zentrum des Salzexports; vermutlich wickelten sie, ähnlich wie in anderen Städten, auch schon Geldgeschäfte ab. Nach einer ersten Verfolgungswelle um die Mitte des 14. Jahrhunderts (im Zusammenhang mit der Pest wurde den Juden vorgeworfen, sie hätten durch Brunnenvergiftung die Epidemie ausgelöst) und einem zweiten Pogrom im Jahre 1404 (nach dem Vorwurf eines Hostienfrevels), bei dem eine große Anzahl von Juden verbrannt wurde, erfolgte im Jahre 1498 eine generelle Verbannung der Juden aus dem Erzstift und damit auch aus Hallein.

Das Rathaus war das Zentrum der städtischen Verwaltung und auch des kulturellen Lebens. Hier befanden sich Festsaal und Tanzboden, wo gegen Ende des 18. Jahrhunderts ein reges Theaterleben mit bis zu 60 Vorstellungen im Jahr herrschte.

An der Schwelle zum 20. Jahrhundert wirkte im Rathaus ein Politiker, der politischen und ökonomischen Weitblick bewies. Der 1849 in Bischofshofen geborene Josef Schöndorfer übte das Bürgermeisteramt in Hallein von 1892 bis 1899 aus. Was von ihm

1) Postkarte des Schöndorfer Platzes von 1926
BDA

Hallein — Schöndorfer-Platz

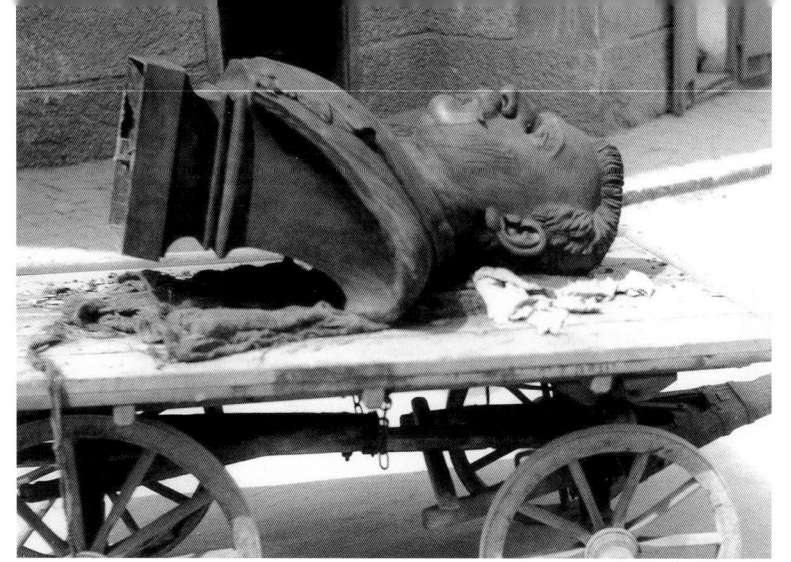

initiiert oder mitbeschlossen wurde, zählen die Chronisten in langen Listen auf: die erste eigene Sparkasse (1893), den Neubau des Krankenhauses (1894), die Ausgestaltung des Post- und Telegraphenamtes, die Kanalisierung der Stadt, die Hochquellen-Wasserleitung, die elektrische Stadtbeleuchtung (1896), den Neubau einer Volks- und Bürgerschule. Hallein litt gegen Ende des Jahrhunderts unter großer Platznot. Um die Stadtentwicklung voranzutreiben, setzte sich Schöndorfer für die endgültige Vereinigung der Gemeinden Burgfried, Gamp, Au, Gartenau und Taxach mit der Stadt ein. Aus Anlass dieser Fusion fand eine Festveranstaltung auf dem damals noch Richterplatz genannten Schöndorfer Platz statt. Auf Schöndorfers Amtszeit geht auch die Schaffung der Bezirkshauptmannschaft Tennengau in Hallein zurück. Als Unternehmer führte er erfolgreich die gleichnamige Zimmerei am Richterplatz; die Einrichtung des Rathaussaales und das „Altdeutsche Stüberl" im Gasthof Scheicher belegen bis heute die handwerkliche Fertigkeit seines Betriebes.
In der Phase der Auflösung des Griesrechens kaufte er die ehemalige Schanzsäge am Ausgang des Rechenkanals und gründete dort das erste Elektrizitätswerk Halleins (1896), das auch den Strom für die Stadtbeleuchtung lieferte.
Der Tod Schöndorfers im Februar 1900 in München traf die Halleiner Bevölkerung und löste verschiedene Aktionen aus, die die Erinnerung an den erfolgreichen Bürgermeister wach halten sollten. Der bisherige Richterplatz wurde in Josef-Schöndorfer-Platz umbenannt; eine von der Gemeinde eingesetzte Kommission wurde mit der Planung eines Denkmals beauftragt. Man fasste den Beschluss, den alten Kastenbrunnen in der Mitte des Platzes abzutragen und durch ein Denkmal für Schöndorfer zu ersetzen – übrigens das erste Denkmal im Land Salzburg, das für einen Bürgermeister bestimmt war. Damit beginnt eine Reihe von Versetzungen von Brunnen und Denkmälern: Der Kastenbrunnen kam auf den Kornsteinplatz; 1939 musste das Schöndorfer-Denkmal weichen – der Sockel wurde zerstört und die Büste Schöndorfers für einige Zeit eingelagert, bis sie schließlich im Stadtpark wieder aufgestellt wurde. (Abb. 2)
Die leere Stelle auf dem Schöndorfer Platz nahm nach dem Zweiten Weltkrieg der ursprünglich auf dem Bayrhamerplatz aufgestellte „Kriegergedächtnisbrunnen" ein, dessen Thematik, die Labung eines verwundeten Soldaten, an die Opfer des Ersten Weltkriegs erinnern soll und von Mathias Bechtold gestaltet wurde.
Die Not der Bevölkerung im Ersten Weltkrieg ist auf einem Foto, auf dem eine Armenküche, die im Gasthof Scheicher eingerichtet war, festgehalten. (Abb. 3)
Nach dem Ersten Weltkrieg prallten wie in ganz Österreich auch in Hallein die politischen Lager unversöhnlich aufeinander, und gerade der Schöndorfer Platz wurde zum Schauplatz heftiger Auseinandersetzungen. Im Mittelpunkt der Tätlichkeiten stand der Gasthof Scheicher, in dessen großem Saal parteipolitische Veranstaltungen abgehalten wurden, die häufig in Schlachten ausarteten.
So hielt hier am 2. Oktober 1920 Adolf Hitler im Zuge einer Wahlkampfreise im Land Salzburg eine Rede, die mit einem Debakel für den damals noch unbedeutenden Nationalsozialisten endete. Im Scheichersaal hatte sich der sozial-

2) Abtransport des
Schöndorfer-Denkmals 1939
Hallein, Keltenmuseum
3) Armenküche auf dem Schöndorfer
Platz um 1917
Hallein, Keltenmuseum
4) SA-Heim am Schöndorfer Platz 1939
Hallein, Keltenmuseum

4

demokratische Bürgermeister Anton Neumayr mit vielen Genossen eingefunden; sie störten die Rede Hitlers mit Zwischenrufen so sehr, dass dieser schließlich seine Wahlveranstaltung abbrechen und aus Hallein verschwinden musste.
18 Jahre später wurde nach dem „Anschluss" Österreichs an das Deutsche Reich im ehemaligen Gesellenvereinshaus am Nordende des Platzes das SA-Heim eingerichtet. (Abb. 4)
Im Jahre 1930 rüstete sich die Stadt Hallein zum Fest der Stadterhebung vor 700 Jahren; auf dem Schöndorfer Platz wurde die Rathausfassade renoviert und teilweise neu gestaltet. Der akademische Maler Otto Kern schuf für ein Honorar von 2000 Schilling zwei Fresken auf dem Mittelteil und dem rechten Flügel des Rathauskomplexes; das Fresko auf dem Mittelteil haben wir bis heute vor Augen – es zeigt mit dem Salzachschiffer eine Szene aus Alt-Hallein, jenes auf dem rechten Flügel stellte den für die Salzachregulierung zuständigen Baurat Karl Zinnburg und den Bürgermeister Neumayr dar – 1954 wurde dieses Bild bei einer Rathaussanierung entfernt. Seitdem ist übrigens die Inschrift im Hohlkehlengesims des Rathauses angebracht: „Was hier geschieht, jeden geht's an – Gemeinsinn helfe mit daran."
Unmittelbar nach dem Einmarsch der ersten alliierten Truppen – es waren französische Soldaten, die über die Dürrnbergstraße nach Hallein kamen – übergab die nationalsozialistische Gemeindevertretung, die auf dem Schöndorfer Platz angetreten war, die Stadt. Die Gemeindevertreter wurden von einem französischen Offizier zu Geiseln erklärt; er drohte mit ihrer Erschießung, wenn ein Schuss fallen sollte. Der gleiche Offizier ernannte im Verlauf der turbulenten Stunden dieses Tages den Kommunisten Karl Nedomlel, der sich bei der Beruhigung einer aufgebrachten Menschenschar vor der Bäckerei Schmidhammer bewährt hatte, zum ersten Bürgermeister nach dem Krieg.
In der Zweiten Republik glätteten sich die politischen Wogen; der Schöndorfer Platz blieb weiterhin Zentrum der kommunalen Verwaltung, das geschäftliche Leben verlagerte sich aber immer mehr an die Peripherie der Stadt. Ausgangspunkt einer bedeutsamen bildungspolitischen Entwicklung der Stadt war die Etablierung einer Expositur des Salzburger Realgymnasiums im ehemaligen Gesellenvereinshaus; zwei Klassen wurden zunächst im Schuljahr 1954/55 geführt. 1965 übersiedelte die Schülerschar allerdings in das neue Schulgebäude auf dem Georgsberg.
Bis in die Gegenwart ist der Schöndorfer Platz Veranstaltungsort verschiedenster Feste – von Fronleichnamsprozessionen bis zu Treffen von Gastarbeitern. Seit Mitte der 1920er Jahre fand hier auch ein Teil der Jakobi-Dult statt; das so genannte Gangl, ein Gang mit Stufen zwischen Schöndorfer Platz und Kornsteinplatz, wurde während der Dulttage gesperrt und zu einer Rutschbahn umfunktioniert.
Mit den verkehrsberuhigenden Maßnahmen in den 1970er Jahren begann allmählich eine Phase des Stillstands und der Resignation. Die Hoffnung ruht nun auf den künftigen jugendlichen Bewohnern des Kolpingwerkes – sie könnten zu Trägern der Wiederbelebung des Platzes werden.

Die Häuser im regionalen Vergleich *Ulrich Klein*

Zur Forschungsgeschichte des Landes Salzburg im Rahmen des Inn-Salzach-Gebietes

1   Adolf R. von Steinhauser, Über den Profanbau in Salzburg und das altsalzburgische Bürgerhaus, in: MGSLK Bd. 28, Salzburg 1888, 202–226
2   A. v. Steinhauser (wie Anm. 1), 223 f.
3   A. v. Steinhauser (wie Anm. 1), 210
4   A. v. Steinhauser (wie Anm. 1), 213

Heute ist das „Bürgerhaus des Inn-Salzach-Gebietes" in der Hausforschung ein feststehender Begriff für die städtischen Bauten in den Bundesländern Tirol, Salzburg und Teilen von Oberösterreich. Während die noch gültigen Umschreibungen der zugehörigen Regionen erst Mitte des 20. Jahrhunderts abschließend formuliert wurden, gehen die Beobachtungen der zugrunde liegenden Zusammenhänge noch in das 19. Jahrhundert zurück.

So hatte bereits im Jahre 1887 Adolf von Steinhauser in seinem gedruckten Vortrag „Über den Profanbau in Salzburg und das altsalzburgische Bürgerhaus"[1] die wesentlichen Elemente des Salzburger Stadthauses und schließlich – „auf Grund eigener Beobachtungen" – die später so genannte Inn-Salzach-Bauweise beschrieben: „Die besprochene Hausform hat unzweifelhaft hier in Salzburg [...] ihren Ausgangs- und Mittelpunkt, und brachte es [...] hier zur markantesten Entwicklung. Sie verbreitete sich aber auch über ein nicht unbedeutendes Landgebiet, als dessen Grenzen man westlich den Inn, nördlich die Donau, östlich die Enns bezeichnen kann. Im Süden fehlte von unserer Nachbarstadt Hallein weg, die mit ihrem Häuserbaue ganz in den Fußstapfen Salzburgs ging, bis zu den Tauern der Boden für ein starkes Bürgertum und darum auch für ein scharf ausgeprägtes Bürgerhaus, wiewohl es an Anläufen dazu, namentlich in den Hauptsitzen des einstigen Bergbaues, nicht gänzlich fehlt [...] Innerhalb des bezeichneten Umkreises findet man in allen größeren und kleineren Städten und selbst in einzelnen Marktflecken das Salzburgerhaus vorherrschend, an den Grenzen wie in Rosenheim, Linz und Steyr allerdings schon mit anderen Formen vermengt."[2] Er nennt dann Laufen, Tittmoning und Mühldorf als Orte mit weitgehend Salzburger Typen „mit den glatten erkerlosen Wänden, der waagerechten Abschlußlinie und dem plattformartigen maskierten Grabendach", während in Burghausen, Braunau und Schärding bereits Einflüsse aus Landshut und Regensburg spürbar seien. Die Tiroler Innstädte blieben allerdings bei seiner damaligen Betrachtung noch ausgeblendet.

Seit etwa 1880 ist auch ein Paradigmenwechsel in der Interpretation der Genese der Bürgerhäuser des Inn-Salzach-Gebietes festzustellen, wobei vor allem die glatte kubische Form und das flache Dach zu Spekulationen Anlass gaben. Auch hierzu liefert von Steinhauser wichtige Hinweise: „Fest geschmiedet Haus an Haus, mehr in die Tiefe als Breite gehend, steigt es würfelförmig mit leblos glatten Wänden zu fast durchaus gleicher und zwar für eine deutsche Mittelstadt ungewöhnlicher Höhe von 4–5 Geschossen auf, die Außenwand zu oberst in einer geraden Horizontallinie abgeschnitten, hinter der sich ein plattformartiges in Rinnen oder Gräben gefurchtes Dach verbirgt. Der schneidige deutsche Giebel, der ebenso deutsche Erker, der nordische Bruder des Balkons, sind ihm gänzlich fremd",[3] beschreibt von Steinhauser die Salzburger und Halleiner Häuser (Abb. 1), um dann die offenbar bis dahin gängige Interpretation entschieden abzulehnen: „Man hat sich bekanntlich seit lange gewöhnt, diese Antwort weither aus Italien zu holen; ‚italienische Bauart' ist für Salzburg und seine alten Häuser eine Art Schlagwort geworden."[4] Weiter führte er aus: „Ich glaube, daß unser Bürgerhaus trotz des welschen Anscheins ein durch und durch deutsches Bauwerk

1) Straßenbild von Hallein in den 1960er Jahren
Aus: Wolfgang Schütz/Bernhard Sattler, Die Inn-Salzach-Städte. Zauber bürgerlicher Baukunst, Freilassing 1967, 63

ist […], und daß die Eigenheiten, die es bietet, sich völlig ungezwungen aus lokalen Ursachen, aus der natürlichen Lage und der geschichtlichen Entwicklung der Stadt erklären […] das altsalzburgische Bürgerhaus entstand und entwickelte sich wie das deutsche Wohnhaus überhaupt aus dem Holz- zum Steinbaue."[5]
Von nun an standen sich zwei Thesen über die Genese der Salzburger Häuser gegenüber: Die eine ging davon aus, dass die Salzburger Bauformen schon seit dem Mittelalter italienisch beeinflusst seien. So schrieb Karl Adrian noch 1916: „Wenn der deutsche Gast, der unsere Stadt betritt, sich plötzlich in Italien glaubt, so weiß er gar nicht, wie recht er damit hat […] Aber nicht bloß durch seine Häuser mit den flachen Dächern und den wesenlosen Fronten, die nichts von den Bewohnern verraten, wirkt Salzburg italienisch. Es hat von den italienischen Städten auch den entscheidenden Zug der weiten Öffentlichkeit."[6] Dagegen besagte die andere These, dass die städtischen Hausformen auf eine eigene Entwicklung aus dem regionalen Holzbau zurückzuführen seien und erkannte italienische Einflüsse erst seit der Renaissance oder dem Barock an. Viele Autoren bis weit in das 20. Jahrhundert folgten dieser Spur, und bald glaubte man, in dem ländlichen hölzernen Bauernhaus die Vorstufe des Bürgerhauses gefunden zu haben. In der Folgezeit erwies sich dieser Ansatz insbesondere für die Salzburger Bauernhausforschung als sehr fruchtbar, da diese nun einen großen Aufschwung nahm, während das Bürgerhaus selbst, nicht zuletzt in Abetracht der sich etwa parallel entwickelnden kulturkritischen Sicht auf die Stadt insgesamt, in den Hintergrund trat. Dahinter stand auf Seiten der Forschung ganz offensichtlich der Gedanke, dass man mit den Bauernhäusern, unabhängig von deren tatsächlichem Alter, ohnehin eine ältere Entwicklungsschicht vor sich habe, und zudem waren diese der Forschung wesentlich leichter zugänglich als die verputzten und dicht bewohnten, sozial vielfach abgesunkenen städtischen Wohnhäuser mit ihren oft als bedrohlich empfundenen Bewohnern. Umfangreiches Material zum ländlichen Hausbau Salzburgs legten 1885 August Prinzinger[7] und 1893 Franz Valentin Zillner[8] vor, in den beiden Jahren darauf erschienen die Arbeiten von Josef Eigl[9], und schließlich war ein eigenes Kapitel im großen, nach Regionen geordneten Bauernhauswerk mit Tafeln ausgewählter Bauten Salzburg[10] gewidmet. Weiterhin berücksichtigt werden müssen die in Deutschland erschienenen Werke zu den inzwischen bayerisch gewordenen ehemaligen salzburgischen Landesteilen wie dem Rupertiwinkel. Neben diesen Überblicksdarstellungen entstanden zudem etliche Monografien zu einzelnen Bauten. In der ersten Hälfte des 20. Jahrhunderts schlief dann aber auch das Interesse am ländlichen Hausbau zunehmend ein,[11] sodass nun städtisches und ländliches Bauwesen dieser Region in der Forschung gleichermaßen vernachlässigt wurden. Ein Thema der wissenschaftlichen Beschäftigung wurden die Salzburger Bauten dann erst wieder in größerem Umfang nach 1945. Im Jahre 1964 erschien posthum als fünfter Band in der Reihe „Das deutsche Bürgerhaus" aus der Feder von Max Eberhard Schuster[12] „Das Bürgerhaus im Inn- und Salzachgebiet".[13] Der Autor war bereits 1951 mit einem Bildband zu den Innstädten hervorgetreten[14] und hatte ein vergleichbares Thema 1957 in kleinerem Rahmen

5 A. v. Steinhauser (wie Anm. 1), 214
6 Karl Adrian, Unser Salzburg 1816–1916. Ein Heimatbuch für die Jugend und das Volk, Wien 1916, 133
7 August Prinzinger, Haus und Wohnung im Flachgau und in den drei Gebirgsgauen, in: MGSLK Bd. 25, Salzburg 1885
8 Franz Valentin Zillner, Über den Hausbau im Salzburgischen, in: MGSLK Bd. 33, Salzburg 1893, 145 ff.
9 Josef Eigl, Das Salzburger Gebirgshaus, Wien 1894; Josef Eigl, Charakteristik der Salzburger Bauernhäuser, Wien 1895
10 Österreichischer Ingenieur- und Architektenverein (Hrsg.), Das Bauernhaus in Österreich-Ungarn und in seinen Grenzgebieten, Wien 1901–1906 (Tafelband), 1906 (Textband)
11 In der Zwischenkriegszeit erschienen noch Sebastian Greiderer, Haus und Hof in Salzburg, Wien 1925, und, schon mit anderem, siedlungsgeographischem Schwerpunkt Adalbert Klaar, Die Siedlungsformen von Salzburg (Forschungen zur deutschen Landes- und Volkskunde Bd. XXXII, Heft 3), Leipzig 1939
12 Der Architekt Dr.-Ing. Max Eberhard Schuster aus München war 1962 gestorben; den Band hatte dann Oberbaurat Karl Erdmannsdorffer aus München fertiggestellt.
13 Max Eberhard Schuster, Das Bürgerhaus im Inn- und Salzachgebiet (Das deutsche Bürgerhaus V), Tübingen 1964
14 Max Eberhard Schuster, Innstädte und ihre alpenländische Bauweise, München 1951

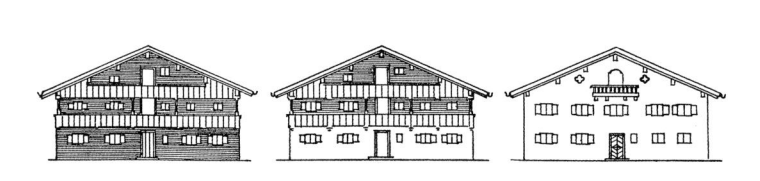

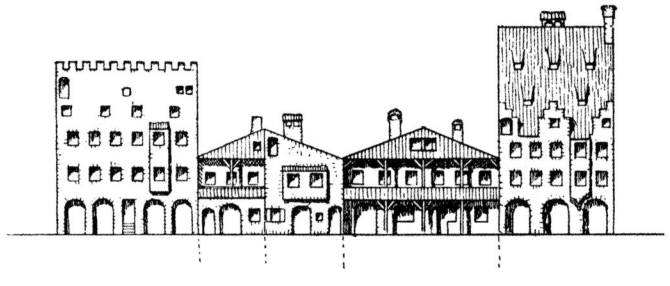

15 Max Eberhard Schuster, Das Bürgerhaus der Inn- und Salzachstädte (Schönere Heimat, 46 Jg., Heft 1), München 1957
16 M. E. Schuster (wie Anm. 15), 12
17 Wolfgang Schütz/Bernhard Sattler, Die Inn-Salzach-Städte. Zauber bürgerlicher Baukunst, Freilassing 1967
18 Rottraut Acker-Sutter (Hrsg.), Heimat als Erbe und Auftrag. Beiträge zur Volkskunde und Kulturgeschichte (Festschrift für Kurt Conrad zum 65. Geburtstag), Salzburg 1984; Kerstin Hederer (Hrsg.), Die Landschaft als Spiegelbild der Volkskultur: Hausforschung, Heimatpflege, Naturschutz, Volkskunde in Salzburg (Festschrift für Kurt Conrad zum 70. Geburtstag), Salzburg 1990
19 Kurt Conrad, Das Salzburger Bauernhaus – Forschungsstand und Forschungsfragen, in: Arbeitskreis für Hausforschung (Hrsg.), Jahrbuch für Hausforschung Bd. 28, Detmold 1978, 117–124

behandelt,[15] womit er für das behandelte Gebiet hinsichtlich des groß angelegten Bürgerhauswerkes in besonderer Weise empfohlen war. Anknüpfend an seine früheren Arbeiten legte Schuster nun den regionalen Bereich der untersuchten Bauweise sehr weit aus, wobei er ein Kerngebiet und ein Ausstrahlungsgebiet unterschieden hat. Zum durch entsprechende gleiche Merkmale definierten Kerngebiet gehörten für ihn:[16]

Am Inn: Innsbruck, Hall, Schwaz, Rattenberg, Kufstein, Rosenheim, Wasserburg, Gars, Kraiburg, Mühldorf, Tüßling, Neuötting, Braunau, Obernberg, Schärding und Passau

Zwischen Rot und Inn: Tann, Kößlarn, Rotthalmünster

Zwischen Inn und Salzach: Kitzbühel, Traunstein, Waging, Trostberg

An der Salzach: Hallein, Salzburg, Laufen, Tittmoning, Burghausen

Schuster behandelt dann ausführlich die unterschiedlichen baulichen Merkmale der Häuser im Untersuchungsgebiet, die er jeweils mit Zeichnungen und Fotografien vorstellt. In der Genese ist auch für ihn das Stadthaus ein nach und nach versteinerter Holzbau, wie er an bayerischen Beispielen zu belegen sucht. (Abb. 2, 3) Besondere Bedeutung hat für ihn die Entwicklung des Giebels und der Dachform. (Abb. 4) Abschließend bekräftigt er dann aufgrund archivalischer Nachrichten die Aussage, dass hier erst seit dem Barock unter dem Einfluss der Höfe in nennenswertem Umfang „welsche" Architekten und Handwerker beschäftigt werden. Damit führt er die damals bereits seit etwa 80 Jahren diskutierten Thesen zum Teil auf der Grundlage

neuen Materials fort und aktualisiert den Begriff der „Inn-Salzach-Bauweise" für eine vorher nicht so umfassend gesehene Großregion. Hierdurch hat sich der Begriff dieser Hauslandschaft aber auch bis heute unverändert – wenn auch zuletzt wenig diskutiert – erhalten können.

Nimmt man die Popularisierung zum Maß für die Durchsetzung einer neuen wissenschaftlichen These, so war Schuster durchaus erfolgreich gewesen. In der Reihe der kommentierten Bildbände, wie sie in den 1950er und 1960er Jahren überaus beliebt waren, beschäftigte sich nämlich der 1967 erschienene Band von Wolfgang Schütz und Bernhard Sattler speziell mit den Inn-Salzach-Städten.[17] Obwohl ohne hohen wissenschaftlichen Anspruch, schildert der nach Orten gegliederte Band, in dem jeweils Bild- und Textseiten abwechseln, recht präzise die jeweiligen baulichen Besonderheiten und gibt dabei – mit heute teilweise nicht mehr wiederholbaren Aufnahmen – einen guten Überblick zum städtischen Bauwesen in der Region. Die im Jahre 1977 in Salzburg durchgeführte Tagung des Arbeitskreises für Hausforschung (AHF) führte auch zu einer Bestandsaufnahme der bisherigen Forschung in den ländlichen Bereichen des Salzburger Teils der Großregion. Kurt Conrad fasste zu diesem Anlass den bisherigen Forschungsstand, der seit den 1960er Jahren weitgehend von seinen eigenen Arbeiten dominiert wurde,[18] zusammen und formulierte auf dieser Grundlage weiterführende Forschungsfragen.[19] Diese ordnete er schließlich zu den Fragen nach dem „Was" (Bestandsaufnahme), „Wo" (Verbreitungsforschung), „Wann" (geschichtliche Tiefenforschung) und „Wozu" (Funktionsforschung) sowie in der

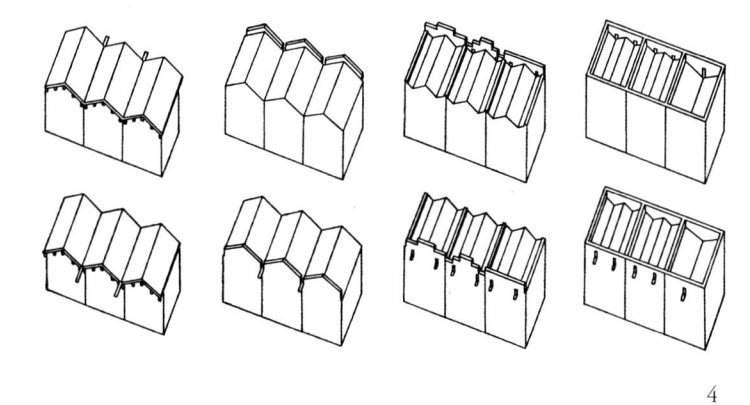

2) Schema der „Versteinerung" von Bauernhäusern
Aus: Max Eberhard Schuster, Das Bürgerhaus im Inn- und Salzachgebiet (Das deutsche Bürgerhaus V), Tübingen 1964, 24

3) Vorgang der „Versteinerung" an Münchner Bauten mit teilweise noch ländlicher Prägung
Aus: Max Eberhard Schuster, Das Bürgerhaus im Inn- und Salzachgebiet (Das deutsche Bürgerhaus V), Tübingen 1964, 25

4) Schema der Entwicklung der Dachformen im Inn-Salzach-Gebiet
Aus: Max Eberhard Schuster, Das Bürgerhaus im Inn- und Salzachgebiet (Das deutsche Bürgerhaus V), Tübingen 1964, 37

Tradition von Bruno Schier nach dem „Woher" (Kulturbewegungen).[20] Kurt Conrad hat seine eigenen Arbeiten auch in den folgenden Jahren nach diesen Fragen ausgerichtet. Die Forschung zu ländlichen Bauten im ländlichen Bereich des Salzburger Teils der Großregion ist dann bis heute vor allem durch das von ihm gegründete Salzburger Freilichtmuseum weiter betrieben worden. Dies umfasst sowohl weitergehende Untersuchungen am eigenen, bereits in das Museum versetzten Bestand, wie auch an *in situ* erhaltenen Objekten.[21] Der kleine Band von Bernhard Sattler und Bernhard Ettelt aus dem Jahre 1979 über das Bürgerhaus zwischen Salzach und Inn knüpft an das ältere Werk von Sattler an und stellt nun in knapper, reich bebilderter Form das Erscheinungsbild des Bürgerhauses in dieser Region vor.[22] Schließlich hat Rainer Reinisch am Beispiel der Inn-Salzach-Städte 1985 den Ensemblebegriff in seinen vielfältigen Dimensionen dargestellt und problematisiert. Da hierbei den jeweils zugrunde liegenden bau- und denkmalschutzrechtlichen Gesetzen eine wichtige Rolle zukommt, ist der Vergleich dieser Grundlagen in den heute ja teils zu Deutschland, teils zu Österreich gehörenden Städten besonders aufschlussreich.[23]
Für die städtischen Bauten der Großregion ist außerhalb der im folgenden Kapitel behandelten Städte Salzburg und Hallein die Forschungslage heute sehr unterschiedlich gut entwickelt, wobei sich insbesondere in verschiedenen Städten Tirols wie Hall und Innsbruck in den letzten 20 Jahren eine herausragende neue Forschungstätigkeit entwickelt hat.[24]

Den inzwischen auch bereits wieder zu ergänzenden Stand der Forschung zum Profanbau im Land Salzburg gibt der 1986 in vollständiger Neubearbeitung erschienene „Dehio Salzburg" wieder;[25] die erste Auflage mit dem verdienstvollen Salzburger Archivar Franz Martin als Redakteur war bereits 1933 erschienen,[26] dann wurden bis 1963 fünf Neuauflagen von unterschiedlichen Bearbeitern herausgebracht.[27] Mehr als in den Ausgaben des Handbuches für andere Regionen sind hier zumindest immer auch die Profanbauten aufgelistet worden, seit der vierten Auflage war dem Band dann sogar eine kurze typologische Beschreibung des Salzburger Bauernhauses vorangestellt. Die neueste Auflage von 1986 wurde schließlich zu einem profunden umfassenden Nachschlagewerk, wobei die vor allem auch dem Profanbau zugute kommende Ausweitung der behandelten Objekte allein schon an dessen nun 725 Seiten gegenüber den nur 131 Seiten der fünften Auflage von 1963 deutlich wird. Traditionell setzt der „Dehio" auf die Beschreibung als Form der Vermittlung und ist daher abgesehen von Lage- und Grundrissplänen unbebildert. Diese Lücke füllt der 1988 erschienene, reich illustrierte Band „Kunstwerk Stadt" mit seinen entsprechenden Abschnitten über Salzburg in hervorragender Form.[28] Schließlich wurde auch die Tradition der älteren populären Bildbände mit ihrer wichtigen Vermittlungsaufgabe inzwischen wieder aufgenommen. Der neue Beitrag zur „Architektur der Inn-Salzach-Städte"[29] enthält neben den aktuellen Aufnahmen jeweils kurze Texte zu den wichtigsten Merkmalen der behandelten Bauweise und dann Kurzdarstellungen zu den verschiedenen Städten; er trägt damit seinen Teil dazu

20 Conrad (wie Anm. 19), 123
21 Michael Becker/Monika Gaurek, Führer durch das Salzburger Freilichtmuseum (Veröffentlichungen des Salzburger Freilichtmuseums Bd. 6), Salzburg 2002, sowie die Monografien in der Reihe „Veröffentlichungen des Salzburger Freilichtmuseums"
22 Bernhard Sattler/Bernhard Ettelt, Das Bürgerhaus zwischen Inn und Salzach, Freilassing 1979
23 Rainer Reinisch, Das Altstadtensemble. Beispiele Inn-Salzach-Städte, Stuttgart 1985
24 Walter Hauser, Zu den Baustrukturen mittelalterlicher Stadthäuser in Nordtirol an Beispielen aus Hall in Tirol, in: Jahrbuch für Hausforschung 51, Marburg 2002, 215–224; Martin Bitschnau, Die Romanik in Innsbruck. Inventar der mittelalterlichen Bausubstanz, in: M. Frick/G. Neumann (Hrsg.), Beachten und Bewahren. Caramellen zur Denkmalpflege, Kunst- und Kulturgeschichte Tirols. Festschrift zum 60. Geburtstag von F. Caramelle, Innsbruck 2005, 73–88; A. Zanesco/R. Schmitz-Esser (Hrsg.), Forum Hall in Tirol. Neues zur Geschichte der Stadt Bd. 1, Hall in Tirol 2006; Forum Hall in Tirol. Neues zur Geschichte der Stadt Bd. 2, Hall in Tirol 2008
25 Bernd Euler/Ronald Gobiet/Horst R. Huber/Roswitha Juffinger (Bearb.), Die Kunstdenkmäler Österreichs. Salzburg, Neubearbeitung Wien 1986
26 Franz Martin (Bearb.), Die Kunstdenkmäler Österreichs. Salzburg, Wien 1933
27 Franz Martin (Bearb.), Die Kunstdenkmäler Österreichs. Salzburg, Wien ²1938; Heinrich Hammer (Bearb.), Die Kunstdenkmäler Österreichs. Salzburg, Wien ³1943; Franz Martin/Inge Höfer-Wegleiter (Bearb.), Die Kunstdenkmäler Österreichs. Salzburg, Wien ⁴1954; Franz Martin/Franz Fuhrmann (Bearb.), Die Kunstdenkmäler Österreichs. Salzburg, Wien ⁵1963

5) Abwicklung eines Teils des Schöndorfer Platzes mit dem Rathaus
Aus: Fritz Moosleitner, Hallein – Porträt einer Kleinstadt, Hallein 1989

28 Bernd Euler/Andreas Lehne (Red. für das BDA), Kunstwerk Stadt. Österreichische Stadt- und Ortsdenkmale, Salzburg 1988
29 Johannes Klinger, Architektur der Inn-Salzach-Städte, Rimsting ²2006
30 Franz Valentin Zillner, Geschichte der Stadt Salzburg. 1. Buch, Geschichtliche Stadtbeschreibung, Salzburg 1885
31 A. v. Steinhauser (wie Anm. 1)
32 Hans Tietze/Franz Martin, Die profanen Denkmale der Stadt Salzburg (Österreichische Kunsttopographie Bd. XIII), Wien 1914
33 Alois Schmiedbauer, Salzburg. Gestalt und Antlitz, Salzburg 1943
34 E. Engels/J. Gassner/F. Prodinger, Ein altsalzburger Bürgerhaus: Salzburg, Kaigasse 31, in: Jahresschrift 1956 des Salzburger Museum Carolino Augusteum, Salzburg 1957, 79–93; siehe auch F. Prodinger, Typisches am Salzburger Bürgerhaus, in: Salzburger Heimatpflege Heft 3, Salzburg 1989
35 Hans Koepf, Stadtbaukunst in Salzburg, Salzburg 1975

bei, das Bewusstsein über die architektonischen Erscheinungsbilder diese Großregion auch in größeren Teilen der Bevölkerung wach zu halten.

Zur Forschungsgeschichte in den Städten Hallein und Salzburg

Zumindest für die östliche Gruppe der Städte des Inn-Salzach-Gebietes ist immer die Landeshauptstadt Salzburg mit ihren Bauformen bestimmend gewesen.
Bereits im Jahre 1885 hat sich Franz Valentin Zillner in seiner Geschichte der Stadt Salzburg ausführlich mit den Häusern in Salzburg beschäftigt.[30] Er beschreibt damals neben der Topographie und Infrastruktur die kirchlichen und adeligen Bauten sowie die Bürgerhäuser sowohl in baulicher und sozialgeschichtlicher Hinsicht, geht auf die Besitzteilungen an konkreten Beispielen ein und behandelt die quellenmäßig erfassten Abbrüche und Neubauten sowie die belegten Hausnamen. Schließlich umfasst sein Werk auf fast 200 Seiten auch ein Salzburger Häuserbuch, also die Zuordnung der Quellennachrichten zu den einzelnen Parzellen und Häusern, auf der Basis der unveröffentlichten Doppler'schen Häuserchronik. Damit war für die Forschung für die nächsten Jahre und früher als an vielen anderen Orten eine hervorragende Arbeitsgrundlage geschaffen, und sicherlich hatte auch der bereits ausführlich zitierte von Steinhauser bei seinem durchaus wegweisenden Vortrag von 1887 hieraus Material bezogen.[31]
Schließlich konnte auch der entsprechende Band der Österreichischen Kunsttopographie (ÖKT) von 1914 hierauf aufbauen, wobei nun Franz Martin zusätzliches archivalisches Material bei-

steuerte. Mit seiner intensiven Berücksichtigung der Profanarchitektur der Stadt Salzburg war dieser Band der ÖKT damals den meisten anderen zeitgenössischen Inventarwerken weit voraus.[32] Dennoch ist in den nächsten Jahrzehnten wenig Neues zur Erforschung des Salzburger Bürgerhauses geleistet worden, und der erstmalig 1943 erschienene und danach noch mehrfach neu aufgelegte populäre Band von Alois Schmidtbauer fasste weitgehend bereits Bekanntes zusammen.[33] Das hieraus entstehende methodische Problem zeigte sich in den ersten Nachkriegsjahren, als der bevorstehende Teilabriss des bombengeschädigten Hauses Kaigasse 31 aktuell Bauuntersuchungen notwendig machte.[34] Die Befunde wurden hier, so gut es damals möglich war, festgehalten, für die Auswertung fehlte aber das entsprechende Instrumentarium. Man behalf sich daher bei der Datierung der Bauphasen mit den archivalisch überlieferten Besitzerwechseln, ein recht problematisches Verfahren, wie wir heute wissen, aber andere Möglichkeiten fehlten. Ein Aufschwung der Forschung zum Salzburger Bürgerhaus entwickelte sich erst mit den Diskussionen über die Zukunft der Salzburger Altstadt seit den 1960er Jahren. Schon länger hatte Hans Koepf mit seinen Studenten systematisch die Fassaden der Altstädte Österreichs aufgemessen, darunter früh auch jene Salzburgs. Viele Abwicklungen von wichtigen Straßen und Plätzen lagen bereits 1972 vor, bis dann zum Europäischen Jahr der Denkmalpflege 1975 der vollständige Band erschien.[35] Neben einem mit Fotografien illustrierten Erläuterungstext waren hier nun die Abwicklungen aller wichtiger Altstadtstraßen und Plätze im Maßstab 1:300 abgedruckt, dazu Grundrisse wichtiger Quartiere und Einzelbau-

5

ten sowie einige Schnitte. Damit lieferte der Band wertvolles Grundlagenmaterial als Ausgangspunkt für weitere Forschungen, wie es ähnlich auch für Hallein erarbeitet wurde. (Abb. 5)
Die bereits erwähnte Tagung des AHF führte dann nicht nur für die Region, sondern auch für die Stadt Salzburg zu einer Bestandsaufnahme der bisherigen Forschung. In dem Tagungsband haben Alois Schmiedbauer[36], Walter Schlegel[37] und Kurt Conrad[38] Berichte vorgelegt, die bei kritischer Betrachtung deutlich machen, dass man inzwischen nur wenig über den Stand des frühen 20. Jahrhunderts hinausgekommen war. Immenser Forschungsbedarf war also vorhanden, und es kann daher nicht verwundern, dass das Thema auch für akademische Arbeiten von Interesse war. So legte Margot Frfr. von Gumppenberg 1984 ihre unveröffentlicht gebliebene Salzburger Dissertation „Entwicklung und Typologie des Salzburger Bürgerhauses" vor.[39] Leider blieb der mit dem Titel formulierte Anspruch in der mit 225 Seiten recht knappen Arbeit weitgehend unerfüllt. Die Autorin behandelt schwerpunktmäßig acht Häuser, die kurz zuvor saniert worden waren, und entwickelt auf dieser Basis ihre Thesen zur Entwicklung des Salzburger Bürgerhauses. Allerdings wird ihre geäußerte Vermutung, es sei bei den Altstadthäusern kaum noch mittelalterliche Substanz vorhanden, bereits durch das von ihr vorgelegte Material widerlegt, und auch die für ihre Arbeit grundlegende These, das Salzburger Bürgerhaus weiche von der typischen Bauart der Häuser des Inn-Salzach-Gebietes ab, kann so nicht schlüssig belegt werden. Immerhin enthält die Arbeit wichtige Informationen zu den acht behandelten Häusern, wenngleich mit oft unzureichendem Planmaterial dokumentiert und ohne entsprechende Analyse z. B. durch Baualterspläne.
Im Spiegel der veröffentlichten Literatur erweisen sich im Rückblick die 1990er Jahre als besonders fruchtbare Zeit für die Erforschung des Salzburger Bürgerhauses.
So wurde bereits 1992 die Monografie über das „Höllbräu" vorgelegt, mit den dazugehörigen Objekten Judengasse 15, Rudolfskai 26–28 und Döllerergässchen 8 ein größerer Gebäudekomplex in der Salzburger Altstadt.[40] In dem Sammelband mit den Beiträgen von fünf Autoren sind die historischen Quellen zum Haus ebenso dargestellt wie die – räumlich beschränkten – archäologischen Untersuchungen und in die komplexe, gut illustriert dargestellte Baugeschichte der zugehörigen Häuser eingebunden. Abgesehen von der problematischen Rekonstruktion der Pfalz in diesem Bereich mit den nicht nachvollziehbaren Bezügen zu Gelnhausen liegt hiermit eine wichtige Darstellung zur profanen Bauentwicklung in Salzburg vor, wobei abschließend auch die Sanierung des früheren Braugasthofes und die Adaptierung zum Hotel behandelt wird. Wenn der Herausgeber in einem eigenen Beitrag – völlig zu Recht – die Einbindung der stadtgeschichtlichen Forschung in den Sanierungsprozess anmahnt, so sind hierbei natürlich vor allem auch Bauforschung und Archäologie zu ergänzen, da nur zusammen, wie auch der Band deutlich gemacht hat, die Komplexität solcher Bauten erforscht werden kann; die Grenzen des Erkenntnisgewinns lagen denn auch gerade dort, wo eine solche interdisziplinäre Arbeit nicht ausreichend möglich war.
Im Jahre 1994 erschien der Band „Das Salzburger Bürgerhaus" von Robert Ebner;[41] wobei erst der

36 Alois Schmiedbauer, Das alte Salzburger Bürgerhaus, in: Arbeitskreis für Hausforschung (Hrsg.), Jahrbuch für Hausforschung Bd. 28, Detmold 1978, 51–68
37 Walter Schlegel, Ein Beitrag zur Entwicklung des Salzburger Bürgerhauses, in: Arbeitskreis für Hausforschung (Hrsg.), Jahrbuch für Hausforschung Bd. 28, Detmold 1978, 69–82
38 Kurt Conrad, Kurzbericht über die Altstadtführung, in: Arbeitskreis für Hausforschung (Hrsg.), Jahrbuch für Hausforschung Bd. 28, Detmold 1978, 83–104
39 Margot Frfr. von Gumppenberg, Entwicklung und Typologie des Salzburger Bürgerhauses, Ms. Diss. Salzburg 1984
40 Erich Marx (Hrsg.), Das „Höllbrau" zu Salzburg. Geschichte eines Braugasthofes (Schriftenreihe des Archivs der Stadt Salzburg, Nr. 4), Salzburg 1992
41 Robert Ebner, Das Salzburger Bürgerhaus. Bürgerliche Baukunst am Beispiel des Hauses Getreidegasse 2, Salzburg 1994

6) Dachkonstruktion von Getreidegasse 25 in Salzburg; Bestand rechts, Rekonstruktion links
Aus: Guido Friedl, Die Grabendächer (Bauformen der Salzburger Altstadt Bd. 1), Salzburg 1993

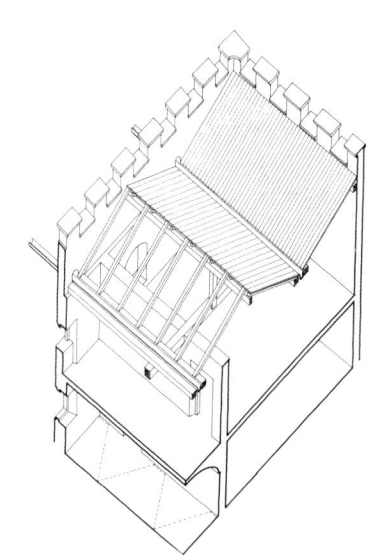

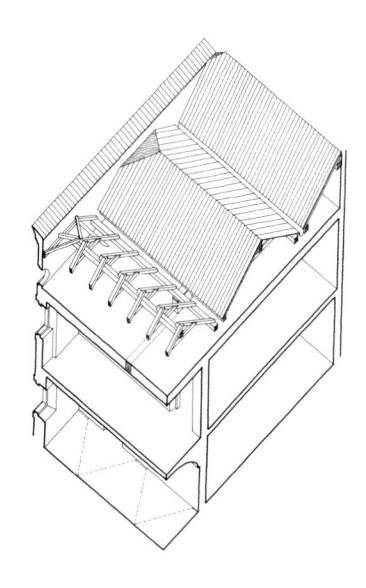

42 Guido Friedl, Die Grabendächer (Bauformen der Salzburger Altstadt Bd. 1), Salzburg 1993
43 Christiane Krejs, Die Fassaden der Bürgerhäuser mit besonderer Berücksichtigung des 19. Jahrhunderts und der Zwischenkriegszeit (Bauformen der Salzburger Altstadt Bd. 2), Salzburg 1994
44 Ilse Maltzan, Die Arkadenhöfe (Bauformen der Salzburger Altstadt Bd. 3), Salzburg 1995
45 G. Friedl (wie Anm. 42), Vorwort
46 Der Autor verweist selbst auf diesen Mangel, den er mit dem damaligen Fehlen entsprechender Standardkurven für Salzburg begründet; G. Friedl (wie Anm. 40), 4
47 Ch. Krejs (wie Anm. 43)
48 I. Maltzan (wie Anm. 44)
49 Rudolph Klehr, Die Linzergasse, Salzburg 1989, 1995
50 Rudolph Klehr, Die Getreidegasse, Salzburg 1994
51 Rudolph Klehr, Die Steingasse, Salzburg 1998

Untertitel „Bürgerliche Baukunst am Beispiel des Hauses Getreidegasse 2" deutlich macht, dass es sich hier nicht um eine umfassende Darstellung der Salzburger Bürgerhäuser handelt, sondern um eine Hausmonografie, allerdings mit zahlreichen Ausblicken und Beispielen von anderen Bauten. Deutlich wird hier der Vorteil der monografischen Herangehensweise, denn sie gibt Gelegenheit, die komplizierte Baugeschichte des behandelten Hauses in vielen Facetten dazustellen und durch entsprechende Pläne bis hin zu wichtigen Details zu belegen. Wenn auch nicht allen Schlüssen des Autors gefolgt werden kann, so ist dieser Band, der mit einem Beitrag zur Sanierung des behandelten Hauses endet, doch sicherlich in vielerlei Hinsicht vorbildlich und zukunftsweisend gewesen. Sehr verdienstvoll ist zweifelsohne auch die Reihe „Bauformen der Salzburger Altstadt", die von dem Salzburger Altstadtamt und der Landesinnung des Baugewerbes zwischen 1993 und 1995 im Jahresrhythmus herausgegeben wurde. Erschienen sind hier reich illustrierte Bände über die Grabendächer[42], die Salzburger Fassaden[43] und die Arkadenhöfe[44]. Weitere angekündigte und sicher wünschenswerte Bände über Gewölbeformen sowie Türen und Fenster wurden leider nicht mehr vorgelegt.[45] Der Band über Grabendächer handelt die für Salzburg bestimmende Dachform typologisch ab und versucht, hieraus eine Entwicklungslinie von den frühesten Beispielen um 1500 bis zum Auslaufen im 19. Jahrhundert abzuleiten. Dabei sind die abgebildeten Zeichnungen als Ergebnis einer Forschungsarbeit in den Jahren 1991/92 von teilweise herausragender Qualität und geben einen guten Überblick zu Gesamtgefügen und konstruktiven Details dieser Dachform. (Abb. 6) Hauptmangel des Bandes ist das völlige Fehlen dendrochronologischer Datierungen,[46] die 1993 bereits zum Standard jeder Untersuchung an Holzkonstruktionen gehören, was hier auch nicht durch typologische Überlegungen oder die Auswertung von Quellen ausgeglichen werden kann. Die Entwicklung der Bürgerhausfassaden wird auf einer breiten Materialbasis dargestellt, wobei ein Schwerpunkt auf dem 19. und 20. Jahrhundert liegt.[47] Für die ältere Zeit werden aber charakteristische Einzelelemente der Fassaden vor allem auf der Grundlage historischer Abbildungen herausgearbeitet. Der Band über die Arkadenhöfe mit seinem auf Vollständigkeit angelegten Katalog kann aufzeigen, wie sich dieses gestalterische Phänomen der Renaissance und des Barock oftmals mit älteren Formen umgab, sodass manches deutlich jüngere Detail auf den ersten Blick romanisch erscheinen mag.[48] Ebenfalls in den 1990er Jahren erschienen die drei Salzburger Straßenmonografien des Stadtvereins von Rudolph Klehr, zuerst 1989 über die Linzergasse,[49] dann 1994 über die Getreidegasse[50] und zuletzt 1998 über die Steingasse[51]. Die reich illustrierten Bände decken jeweils vor allem etwa die letzten einhundert Jahre der Baugeschichte der einzelnen Häuser in der jeweiligen Straße mit kurzen Beiträgen ab, Ausblicke, die in der Regel wohl auf den Angaben der unveröffentlichten Doppler'schen Häuserchronik im Landesarchiv Salzburg beruhen, berücksichtigen auch die ältere Zeit. In diesem Sinne liegen hier interessante Materialsammlungen vor, aber keine weiterführende Forschungen.

7) Baualterspläne des Hauses Unterer Markt 9 im 1. und 2. Obergeschoß
Aus: Hermann Fuchsberger, Bauhistorische Analysen als Grundlage für Bauplanungen und Baumaßnahmen in der Halleiner Altstadt, in: Hausbau im Alpenraum – Bohlenstuben und Innenräume (Jahrbuch für Hausforschung 51), Marburg 2002, 344

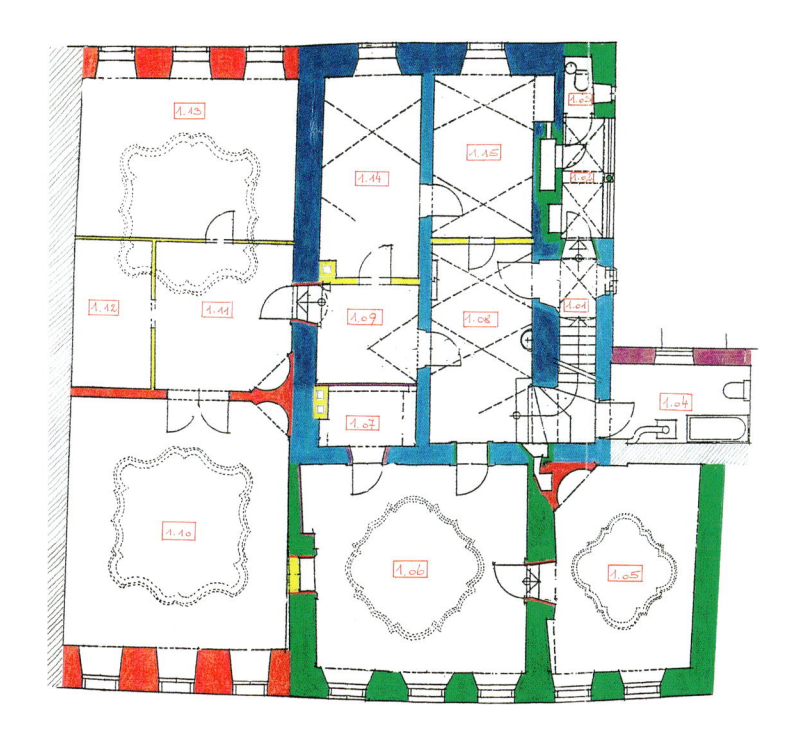

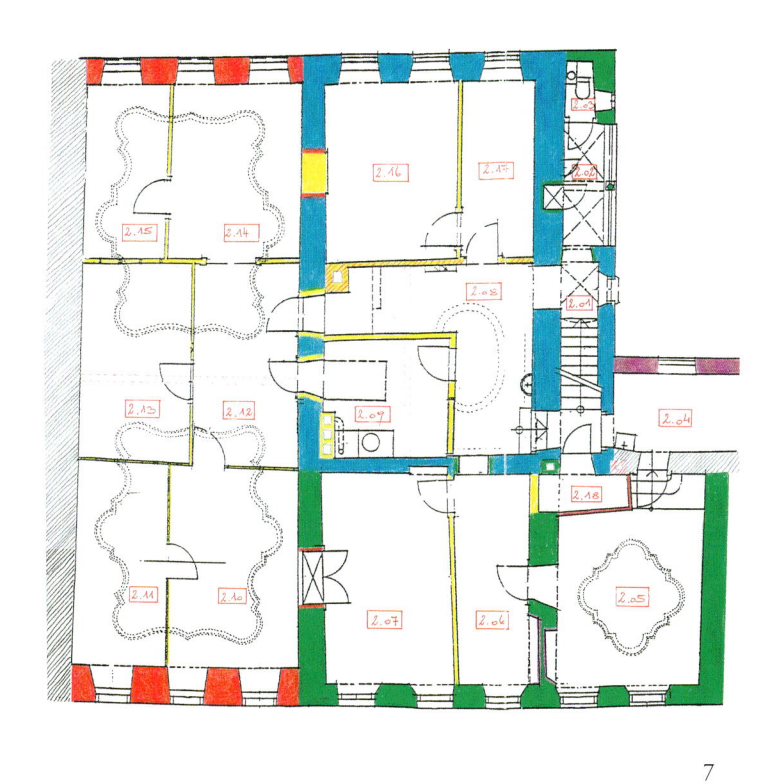

■ Mittelalterlicher Kernbau
■ 1. mittelalterliche Umbauphase
■ Erweiterung im 17. Jahrhundert
■ Umbauten 18. Jahrhundert
■ Umbauten 19. Jahrhundert
■ Umbauten 20. Jahrhundert

Die Häuser im regionalen Vergleich 37

52 Fritz Moosleitner, Hallein – Porträt einer Kleinstadt. Bilddokumente zur Bau- und Kulturgeschichte der Salinenstadt, Hallein ²1989

53 F. Gruber, Chronologisch-statistische Beschreibung der Stadt Hallein und ihrer Umgebung. Ein Beitrag zur Heimatkunde, Salzburg 1870; S. Wimmer, Hallein und Umgebung, Hallein 1883; G. J. Kanzler, Die Stadt Hallein und ihre Umgebung, Hallein 1912; H. F. Wagner, Topographie von Alt-Hallein, in: MGSLK Bd. 55, 1915, S. 1 ff., S. Kaufmann, Das Halleiner Heimatbuch, Leoben 1954; E. Penninger/G. Stadler, Hallein. Ursprung und Geschichte der Salinenstadt, Salzburg 1970; W. Schlegel, Ein Beitrag zur baulichen Entwicklung von Hallein, in: Österreichische Zeitschrift für Kunst und Denkmalpflege, XXXV. Jg., Wien 1981, 22 ff.

54 F. Moosleitner (wie Anm. 52), 49 ff., 64 ff. und 82 ff.

55 Eva-Maria Habersatter-Lindner, Methoden der Funktionsfindung zur Sanierung eines Altstadtbereiches am Beispiel Hallein, Pfannhauserplatz, Ms. Diplomarbeit am Institut für Baukunst, Denkmalpflege und Kunstgeschichte der TU Wien, Wien 1984

56 Hermann Fuchsberger, Bauhistorische Analysen als Grundlage für Bauplanungen und Baumaßnahmen in der Halleiner Altstadt, in: Hausbau im Alpenraum – Bohlenstuben und Innenräume (Jahrbuch für Hausforschung 51), Marburg 2002, 339–351

Vorrangig für die weitere Erforschung der Salzburger Bürgerhäuser wären heute dagegen Hausmonografien auf der Grundlage der modernen Dokumentationsmethoden der Bauforschung mit einem qualitätsvollen Aufmaß als Grundlage und einer Integration der Ergebnisse der anderen Voruntersuchungsdisziplinen. Einzelne solcher Untersuchungen liegen bereits als Befundberichte im Landeskonservatorat für Salzburg des Bundesdenkmalamtes, weitere werden hoffentlich folgen, damit auf dieser Grundlage in absehbarer Zeit neue auswertende Darstellungen zur Geschichte des Salzburger Bürgerhauses auf einer wesentlich erweiterten Materialbasis vorgelegt werden können.

Wie schon die früheren Autoren des 19. Jahrhunderts festgestellt haben, sind die Bauformen Halleins mit denen der nahen Hauptstadt sehr eng verwandt. Heute kann man zusätzlich festhalten, dass der Baubestand der Bürgerhäuser hier bei etwa gleichem Umfang wie in Salzburg noch wesentlich authentischer überliefert ist. Dieser guten Ausgangslage steht allerdings keineswegs eine entsprechende Forschung gegenüber, denn Hallein stand auch in dieser Hinsicht immer im Schatten Salzburgs. Einen gut geschriebenen und reich illustrierten Überblick zur Geschichte Hallein bietet der von Fritz Moosleitner zusammen mit weiteren kompetenten Autoren verfasste Band von 1989.[52] Hier ist auch der ältere, wenn bis dahin überhaupt, dann sehr verstreut publizierte Forschungsstand zum Bürgerhaus in Hallein[53] auf wenigen Seiten zusammengefasst.[54]

Leider weitgehend unbekannt blieb die materialreiche, aber nur als Typoskript vorliegende Examensarbeit von Eva-Maria Habersatter-Lindner über die Sanierung des Pfannhauserplatzes in Hallein.[55] Daneben fanden in Hallein inzwischen auch etliche bauhistorische Voruntersuchungen von Sanierungshäusern statt, deren Ergebnisse als Befundberichte im Landeskonservatorat für Salzburg des Bundesdenkmalamtes vorhanden sind, aber im Einzelnen noch nicht veröffentlicht wurden. Einen ersten Überblick anhand ausgewählter Einzelbauten hat Hermann Fuchsberger 2002 vorgelegt, und hieraus wird deutlich, in welchem Umfang neue Erkenntnisse zu erwarten sind.[56] (Abb. 7) So wurde auch erstmalig für Hallein dezidiert nachgewiesen, dass die Bauten hier, jeweils ausgehend von einzelnen Kernen, sukzessive sowohl in die Fläche wie auch in die Höhe gewachsen sind, was inzwischen auch für den Schöndorfer Platz bestätigt werden konnte. Handelte es sich allerdings in dem Bericht von 2002 noch um Einzelbauten, so war mit dem Schöndorfer Platz erstmalig für Hallein, aber auch für Salzburg und darüber hinaus den gesamten großen regionalen Bereich der Inn-Salzach-Bauweise die Untersuchung eines ganzen größeren Baublocks möglich. Gerade für diese auf Verdichtung angelegte Bauweise lag hier die einzigartige Chance vor, Entwicklungslinien über die Einzelhäuser hinaus aufzuzeigen. Es ist zu hoffen, dass damit ein neues Kapitel in der Erforschung dieser ebenso komplexen wie interessanten Bauweise begonnen hat.

Denkmalpflegerische Projektsteuerung *Hermann Fuchsberger*

Ein neuer Fachbereich

Noch weniger als zwei Jahre vor der Übergabe im Mai 2008 war der Eindruck, den die Häuser des Projekts Schöndorfer Platz allein von außen vermittelten, ein im besten Falle verlassener, im schlechtesten ein heruntergekommener. (Abb. 2) Die Fassaden waren zuletzt 1979/80 für eine Landesausstellung in allzu kräftigen Farbtönen gestrichen worden, und diese Farbe sollte den zum Teil desolaten Zustand im Gebäudeinneren verbergen. Und das – vis-à-vis dem Rathaus – an einem der ältesten Plätze der zweitgrößten Stadt des Bundeslandes Salzburg.
Die gesellschaftspolitischen Ursachen für diese über Jahrzehnte entstandene Situation sind hinreichend bekannt. Die Folgen der Suburbanisierung machen sich in den Kernzonen nahezu aller mitteleuropäischen Städte überall dort bemerkbar, wo nicht besondere Anstrengungen unternommen werden, um dem entgegen zu wirken. Man könnte dieses Problem analysieren, positive Gegenbeispiele aufzeigen, die Vorteile einer kleinteiligen, differenzierten Infrastruktur in unmittelbarer Nähe des Wohnortes in allen Aspekten ausführen und schließlich den aktuellen Trend zum Wohnen im historischen Zentrum – wohlgemerkt anderer Städte – betrachten.
Vor diesem schnell skizzierten Hintergrund zur Problemlage soll die Frage diskutiert werden, welchem Nutzen denkmalpflegerische Projektsteuerung dient. Wer braucht sie, was bewirkt sie? Und wie kam es zustande, dass gerade am Schöndorfer Platz denkmalpflegerische Projektsteuerung zur Anwendung gelangte?
In der Altstadt von Hallein stehen über 330 Objekte unter Denkmalschutz, darunter auch die gegenständlichen Häuser.

Der Denkmalschutz ist also das Problem, würden daher vermutlich viele folgern. Der Erfolg, von dem hier schließlich alle Beteiligten berichten können, beweist jedoch, dass genau das Gegenteil der Fall sein kann. Sein kann, die Möglichkeitsform muss gleich betont werden, denn, wenn ein Bauprojekt im Sinne beider – des Bauherrn oder Eigentümers und der Öffentlichkeit, vertreten durch die Denkmalbehörde – umgesetzt werden soll, dann muss es von Anfang bis Ende nicht nur begleitet, sondern vielmehr gesteuert werden. Wer noch vor wenigen Jahren das Abenteuer unternahm, jedes der sieben Häuser vom Keller bis zum Dach zu besichtigen und dies mit etwas Aufmerksamkeit für die einzelnen Bauteile und großer Nachsicht gegenüber dem vernachlässigten Zustand tat, konnte durchwegs historisch bedeutsame Bausubstanz und Bauausstattung feststellen. Mit etwas Erfahrung in der Baudenkmalpflege war damals erkennbar, dass nahezu alle Gebäude „im Kern" mittelalterliche Strukturen aufweisen.
Als man sich von Seiten der Denkmalbehörde konkret mit diesen Häusern zu beschäftigen begann, geschah das natürlich im Zusammenhang mit den ersten Schritten der Planung eines Bauprojekts. Es ging also darum, die Bedingungen der Architektenplanung im Detail festzulegen.
Zu dieser Zeit hatte der zuständige Referent des Denkmalamtes und heutige Landeskonservator Ronald Gobiet nicht nur seit längerem bereits gefordert, dass grundsätzlich jeder Baumaßnahme im denkmalgeschützten Bestand der Stadt Hallein eine bauhistorische Voruntersuchung zugrunde gelegt werde. Dem Plan

1) Bestandsplan der Fassaden der Häuser 1–3
Arge Fleischmann/Messbildstelle

1 Johannes Cramer, Sehnsucht nach Geschichte, oder: Braucht die Bauforschung neue Marketing-Strategien? in: Bauforschung – eine kritische Revision, Berlin 2005, S. 18 ff.

des zukünftigen Bauträgers, die Gebäude am Schöndorfer Platz zu einem Schülerwohnheim auszubauen, musste man mangels realisierbarer Alternativen aus verschiedenen Gründen beipflichten. Die hiermit verbundene Notwendigkeit, kleinteilige Wohneinheiten zu schaffen, ausgestattet mit dem heute üblichen sanitären Komfort, wäre allerdings eine nur im Neubau einfach zu lösende Aufgabe gewesen. Schon ein laienhafter Blick auf einen der hier vorhandenen Gebäudegrundrisse genügt, um die Schwierigkeiten einer derartig dichten Nutzung im historischen Bestand zu erahnen. Der praxiserfahrene Denkmalpfleger weiß, dass er in diesem Fall mit einer vollständigen Entkernung – bestenfalls unter Wahrung der Fassaden – konfrontiert wird. Und genau dieses Konzept, ein Neubau hinter historischen Fassaden, stand ja, wenn man sich heute rückblickend genau erinnert, ganz zu Beginn der ersten Planungsphase, wenn nicht schon fest, so doch ganz offen zur Diskussion. Wie anders sollte man auch die ursprüngliche Absicht verstehen, mit der einzigen damals vorhandenen Plangrundlage, einem aus schematischen Planskizzen der einzelnen Häuser zusammengesetzten, an den Umrissen des amtlichen Katasters orientierten Grundriss, sein Auslangen für die Architektenplanung zu finden.

Allerdings kann die Erhaltung einer Schaufassade oder eine Fassadenrekonstruktion nicht das Ziel der heutigen Denkmalpflege sein. Es gilt zu erkennen, dass in unserer Gesellschaft eine starke Sehnsucht vorhanden ist nach der Unverwechselbarkeit historischer Orte, die noch geprägt sind von ihrer individuellen Geschichte. Und diese manifestiert sich am augenscheinlichsten und stärksten in den Bauwerken in allen ihren historischen mannigfaltigen Erscheinungsformen.[1] Authentizität ist gefragt, vielleicht auch deshalb, weil sie inzwischen rar geworden ist. Man sollte jedoch nicht vergessen, dass von eben genau dieser Qualität in den grundlegenden Theorien der Denkmalpflege, die bereits vor 100 Jahren formuliert wurden, immer die Rede ist. Ihre Erforschung, Pflege und Erhaltung im Interesse der Allgemeinheit zu fordern und zu fördern ist die Aufgabe der denkmalpflegerischen Praxis.

Zu den wichtigsten Instrumenten, die sie zu diesem Zweck einsetzen kann, gehört die historische Bauforschung, denn sie liefert die Hinweise auf die Bereiche, die sich nicht auf den ersten Blick erschließen. Mit Hilfe der Archäologie können noch weiterführende Einblicke vor allem im Boden gewonnen werden. Geht es um Oberflächen – seien es nun Fassaden, Wände oder Stuckdecken sowie die verschiedenen Teile der festen Ausstattung eines Gebäudes – ist das fachliche Wissen und Können des Restaurators erforderlich.

Die staatliche Denkmalpflege, häufig von betroffenen Bauherren zu einem „Feindbild" aufgebaut, weil sie die persönliche Freiheit von Denkmaleigentümern einschränke und zusätzlich noch Geld koste, stellte auch hier zu Beginn Forderungen auf. Dazu gehörten für dieses komplexe Projekt eine genaue zeichnerische Bestandsaufnahme und eine bauhistorische Voruntersuchung des gesamten Baubestands. Damit setzte sie allerdings zugleich den wichtigsten Akzent für die Durchführbarkeit des Projekts. Auf Grundlage möglichst genauer Kenntnisse der Gebäude, der Veränderungen, Umbauten,

2) Die Rückfassade von Haus 10
mit ihren Anbauten, 1992
Foto BDA, Michael Oberer

3) Diagramm zu den Aufgaben der Projektsteuerung
Hermann Fuchsberger nach Projektsteuerung – Projektmanagement, Honorarleitlinie für Projektsteuerung 2001

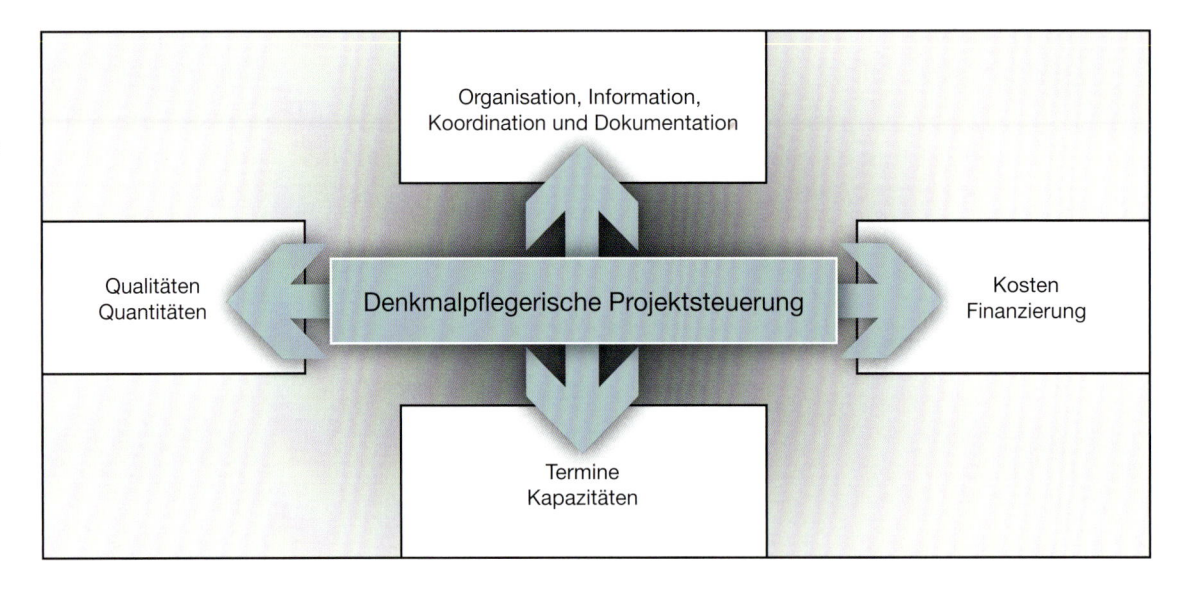

ursprünglicher Zustände etc. konnte überhaupt erst der nötige Rahmen für eine künftige Architektenplanung definiert werden. (Abb. 1) Mit ihrer der Öffentlichkeit verpflichteten Aufgabe, ein historisch wertvolles, die Stadt prägendes Häuserensemble in seiner Geschichtlichkeit bestmöglich zu erhalten, musste die Denkmalbehörde vor Projektbeginn solche Forderungen stellen. Erst damit schuf sie die Voraussetzungen, die für die qualitätvolle Umsetzung eines Projekts ausschlaggebend sind, nämlich Planungs- und Kostensicherheit für den Projektträger. Bereits in der Voruntersuchungsphase ist bei diesem Projekt deutlicher als vielleicht bei vielen ähnlichen, aber doch meist weniger umfangreichen Aufgaben die Notwendigkeit einer Steuerung von Beginn erkennbar gewesen. Die hier und in anderen Kapiteln geschilderte schwierige Untersuchungssituation, die Vielzahl der zu klärenden Fragen und die Notwendigkeit der Einbindung der diversen Fachleute, die in einem denkbar engen Zeitfenster zu Ergebnissen kommen mussten, machten eine weitgehende Koordinierung von Anfang an notwendig. Um zu handhabbaren und vergleichbaren Ergebnissen zu kommen, wurde hierzu eine Systematik der Dokumentation entwickelt, die auf einem durchgängig verwendeten Formblattsystem basierte. Grundlage bildete dabei ein Orientierungssystem für die Gebäude, das jeweils in einer raumbezogenen Leitkarte das Grundgerüst für den Aufbau der Dokumentation bildete. Hinter den jeweiligen Leitkarten sind dann die jeweils formal einheitlich gestalteten Befundblätter der einzelnen Untersuchungsdisziplinen abgelegt worden. Damit stand zum Abschluss der Voruntersuchungsphase ein leicht zu handhabendes Informationssystem zur Verfügung, das während der ganzen anschließenden Phase der Bauausführung genutzt und fortgeschrieben wurde. Als während des an die Voruntersuchungsphase anschließenden schwierigen Planungs- und Projektierungsstadiums die Komplexität der hier anstehenden Aufgabe immer deutlicher erkennbar wurde, konnte der Landeskonservator, aufbauend auf den überzeugenden Ergebnissen der vorangehenden Phase, durchsetzen, die weitere Projektsteuerung einem entsprechenden Fachmann zu übertragen. Projektsteuerung ist heute bei größeren Bauvorhaben vor allem auch im Neubaubereich bereits die Regel. Das Ziel ist dabei vor allem Termin- und Kostensicherheit – Argumente, die auch hier eine große Rolle spielten. Hinzu kamen am Schöndorfer Platz aber die besonderen Anforderungen eines hochkomplexen denkmalgeschützten Altbauensembles, die mit den Möglichkeiten einer herkömmlichen Projektsteuerung nicht mehr zu bewältigen gewesen wären; diese Aufgabenstellung machte vielmehr eine umfassende denkmalpflegerische Projektsteuerung erforderlich. Während man diese auf Druck der Denkmalbehörde akzeptiert hatte, entwickelte sie sich angesichts der schnell deutlich werdenden Erfolge gerade auch für den Bauträger und Gebäudeeigentümer zu einem überaus nützlichen Steuerungsinstrument, denn es setzte sich die Erkenntnis durch, dass er, neben der Denkmalbehörde selbst, derjenige ist, der den größten Nutzen aus einer solchen Steuerung ziehen kann.

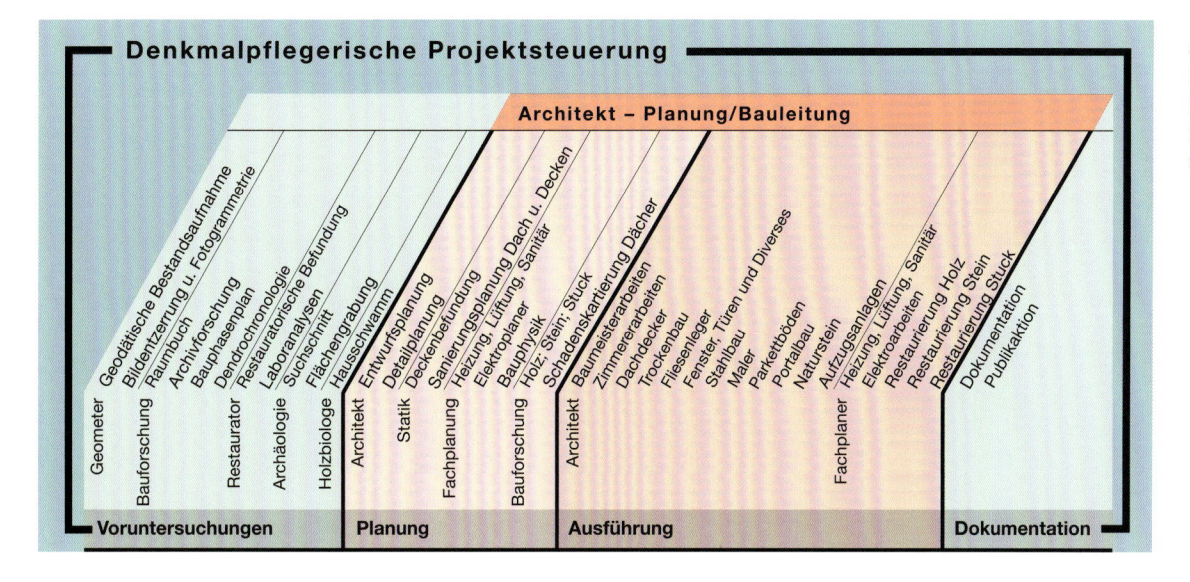

4) Diagramm zum Ablauf der Projektsteuerung
Hermann Fuchsberger nach Projektsteuerung – Projektmanagement, Honorarleitlinie für Projektsteuerung 2001

Die Aufgaben

Der mit der Aufgabe der Projektsteuerung Betraute ist der eigentliche Vertreter des Bauherren und Eigentümers in der Ausführungsphase; erst wenn der Projektsteuerer auch Projektleitungsaufgaben, das heißt Vollmacht übernimmt, spricht man von Projektmanagement.

```
  Projektsteuerung
+ Projektleitung
= Projektmanagement²
```

Am Schöndorfer Platz hatte man für dieses weniger große als vielmehr komplexe Projekt einen Fachmann für die Projektsteuerung eingesetzt. Seine Aufgabe lag allgemein darin, Funktionen des Auftraggebers bei der Steuerung des von mehreren Fachbereichen auszuführenden Projektes zu übernehmen. Dazu gehören allgemein:

1. die Klärung der Aufgabenstellung, Erstellung und Koordinierung des Untersuchungsprogramms für das Gesamtprojekt
2. die Klärung der Voraussetzungen für den Einsatz von Planern (Architekt, Statiker, Haustechnikplanung) und anderen fachlich Beteiligten für die Voruntersuchungen (Bauforscher, Restaurator …) für die Festlegung der Schnittstellen und Einsatzpunkte
3. Aufstellung und Überwachung von Organisations-, Termin- und Kostenplänen, bezogen auf Projekt und Projektbeteiligte
4. Koordinierung und Kontrolle der Projektbeteiligten
5. Fortschreibung der Planungsziele und Klärung von Zielkonflikten
6. Koordinierung und Bearbeitung von Förderungs- und Genehmigungsverfahren
7. Laufende Information des Auftraggebers über die Projektabwicklung und rechtzeitiges Herbeiführen von Entscheidungen
8. Definition, Sicherstellung und Überwachung von Qualitätsvorgaben, Ausstattung, Materialien und Produkte
9. Überwachung und Koordinierung von Ausführungsänderungen
10. Dokumentation des Gesamtprojektes: Sammeln, Aufbereiten und Ordnen aller projektrelevanten Dokumente, Pläne, Verträge und des Schriftverkehrs

Anhand von Diagrammen sind die Aufgaben und der Ablauf der Projektsteuerung einfach darzustellen.³ (Abb. 3, 4) Umgesetzt auf die besonderen Bedingungen und Erfordernisse eines Bauvorhabens im denkmalgeschützten Bestand sind die Aufgaben der „denkmalpflegerischen Projektsteuerung" insofern von der allgemein üblichen Projektsteuerung verschieden, als viele spezifische zusätzliche Fähigkeiten und Leistungen gefordert sind, die ein noch dazu am Neubau orientierter Generalist nicht anbieten könnte. Hierzu gehörte, dass die für die Denkmalpflege entscheidenden Qualitäten definiert werden. Dies war insofern ganz im Sinne des Bauherren, als es sich hier in aller Regel um langjährig bewährte Materialien und Techniken handelt, die im Ergebnis bewährte Dauerhaftigkeit ohne schädigende Einflüsse garantierten, denn denkmalgerechte Materialien und Techniken sind in aller Regel auch baubiologisch von Vorteil. Im speziellen Fall etwa mussten dazu

2 Präambel Projektsteuerung – Projektmanagement, Honorarleitlinie für Projektsteuerung 2001, 3
3 Präambel Projektsteuerung – Projektmanagement, Honorarleitlinie für Projektsteuerung 2001, 8

5) Gegenüberstellung:
Bestandszeichnung neu
Arge Fleischmann/Messbildstelle
6) Gegenüberstellung:
Bestandszeichnung alt
Architekten Scheicher

6

7) Querschnitt mit dem Deckenaufbau im Bestand und mit der zugehörigen Tragwerksplanung
Architekten Scheicher

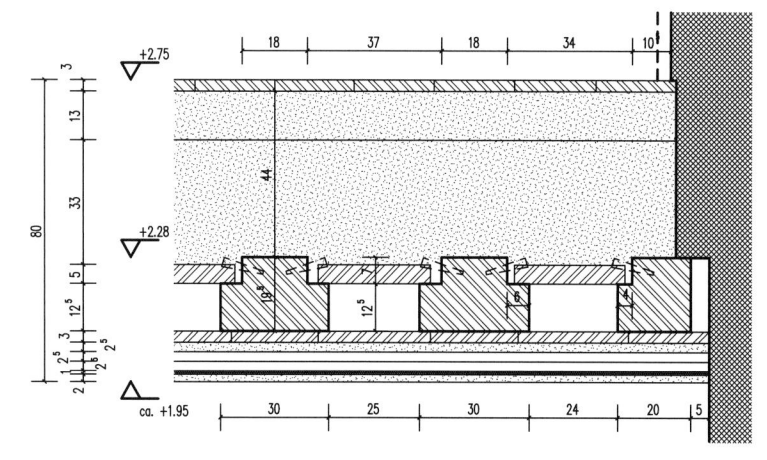

Holzfußboden N+F 22/3 cm
Polsterhölzer 13/14 cm;
A = 80–90 cm
Schüttung 31–46 cm
Träme ca. 20–30/19,5 cm
früher sichtbar
Einschübe 30/5 cm
Schalung ca. 3 cm;
parallel zu Träme
Putz auf Spalierlattung 2,5 cm
Ausgleichslattung 2,5 cm
Lattung 11/2,5 cm
Styropor 1 cm
Akustik-Gipsplatten 62/62/2 cm

alle Leistungsverzeichnisse im Umfang von rund 5 000 Seiten auf die Verwendung denkmalgerechter Materialien und Verarbeitungstechniken überprüft werden. Die hohen Ansprüche an die Qualität betreffen alle Leistungen der Voruntersuchungen, zum Beispiel die zeichnerische Bestandsaufnahme. (Abb. 5) Es hängt wesentlich von der Komplexität des Gebäudes, aber ebenso vom Bauvorhaben insgesamt ab, in welcher Darstellungsdichte und Maßgenauigkeit gemessen und gezeichnet wird und welche Schnittebenen ausgewählt werden. Zahlreiche andere Beispiele belegen, dass ein unzureichendes Bauaufmaß und/oder mangelhafte andere Voruntersuchungen ein Projekt durchgängig in allen Phasen schwer belasten können. (Abb. 6) Vor Beginn der Ausführungsphase waren dann die restauratorischen und die gewerblichen Leistungen, somit die Quantitäten, klar von einander zu trennen, um zu gewährleisten, dass spezialisierte Arbeiten auch von Fachleuten, Standardarbeiten aber kostengünstiger von gewerblichen Firmen ausgeführt werden konnten.
Die unverzichtbare Grundlage, um Qualitäten und Quantitäten umfassend und genau zu definieren, bildete das im Rahmen der Voruntersuchungen erstellte bauhistorische Raumbuch. Darin sind Raum für Raum möglichst informativ und kurz gefasst die Raumoberflächen und Ausstattungsteile hinsichtlich technischer Ausführung, Datierung und Zustand beschrieben und die jeweiligen Ergebnisse der Voruntersuchungen zugeordnet.
Hinsichtlich Kosten und Finanzierung waren alle die Denkmalpflege betreffenden Förderanträge zu bearbeiten.

Die grundsätzlich arbeitsintensiven restauratorischen Gewerke waren im Bauzeitenplan mit entsprechend angepassten Terminen zu berücksichtigen, um die geforderte Qualität liefern zu können. Dabei war eine Trennung der restauratorischen Arbeiten in die Bereiche Stuck, Stein und Holz notwendig, weil diese Leistungen üblicherweise nur von klein strukturierten Betrieben durchgeführt werden, das heißt, es musste in Bezug auf den Bauzeitplan gemäß der tatsächlichen Kapazität solcher Firmen beauftragt werden.
Während der Ausführungsphase wurde das Projekt laufend überprüft, was Anwesenheit bei den wöchentlichen Bauleiterbesprechungen, Kontrolle aller Bauleitungsprotokolle sowie Leitung und Protokollierung der monatlichen Bauherrengespräche bedeutete. Vierteljährlich erhielt der Bauträger einen vom denkmalpflegerischen Projektsteuerer verfassten Bericht.

Die Wirkung

Mit der konsequenten Verfolgung der Ziele der Denkmalpflege beeinflusst die denkmalpflegerische Projektsteuerung permanent den Planungsprozess und greift damit aktiv in das Baugeschehen ein. Sie nutzt synergetische Effekte und bewirkt auf diese Weise einerseits überzeugende Problemlösungen ebenso wie andererseits Kostenersparnis. So wurde etwa im Zuge der bauhistorischen Voruntersuchung durch die Bauforscher ein in den 1930er Jahren errichteter Liftschacht entdeckt, der mittlerweile aufgegeben und vermauert worden war. Selbstverständlich wurde darauf gedrungen, die Detailpla-

8) Die Treppen in Haus 1
Foto Stefan Zenzmaier
9) Die Treppen in Haus 5
Foto BDA, Petra Laubenstein

nung für einen der beiden neu notwendigen Lifte eben an dieser Stelle auszuführen.
Die gewitzte Idee, substanzschonend und Kosten sparend die vielen ungenutzten historischen Kamine für die vertikale Leitungsführung zu verwenden, ist nicht mehr ganz neu, aber dennoch oft sinnvoll. Angesichts der im Zuge der archäologischen Voruntersuchungen ermittelten zahlreichen Befunde im Boden musste auch zu deren Erhalt ein besonderes Konzept entwickelt werden. Zu diesem Zweck wurde archäologisch begleitet an geeigneter befundarmer Stelle eine Haupttrasse durch alle Häuser gelegt. Hier konnten jeweils zugleich die Fundamentierungsarten und -tiefen der einzelnen Häuser vom Statiker geprüft werden, wofür man sonst eigene Befundöffnungen benötigt hätte. Schließlich gelang es, einen wesentlichen Teil der für die Haustechnik erforderlichen Leitungen in dieser Trasse zu konzentrieren, wozu es in einer mehrstufigen Vorgehensweise einer vorausblickenden Abstimmung der Notwendigkeiten verschiedener Fachleute bedurfte. Unter der Voraussetzung einer gewöhnlichen Projektsteuerung wäre diese Lösung nicht zustande gekommen.
Auch die statische Untersuchung der Deckenkonstruktionen brachte, koordiniert von der denkmalpflegerischen Projektsteuerung, einen indirekten Spareffekt. Größe und Lage der für die Sanierungsplanung nötigen, insgesamt circa 220 Befundöffnungen wurden vom Statiker festgelegt und mit der Bauforschung abgesprochen, denn auch für die bauhistorische Untersuchung waren Öffnungen der Bodenbeläge vorgesehen, vor allem, um Holzproben für die Datierung der Deckenkonstruktionen zu gewinnen. Durch die gemeinsame Nutzung der bereits vorhandenen Öffnungen waren schließlich für die Bauforscher nur noch insgesamt zehn zusätzliche Befundöffnungen erforderlich. (Abb. 7)
Das oberste Ziel der Denkmalpflege ist die Erhaltung der Denkmaleigenschaften. Soll es erreicht werden, müssen diese Eigenschaften erkannt, definiert und mit geeigneten Mitteln erhalten, in vielen Fällen konkret gegen zeitgenössische Normen und vermeintliche Notwendigkeiten verteidigt werden.
Ein anschauliches Beispiel dafür sind die Treppenläufe. Nach der Entfernung von störenden jüngeren Einbauten wurden die betroffenen Bauteile für die Bauzeit gesichert und restauriert. Vorausgesetzt war die Erwirkung einer baubehördlichen Ausnahmegenehmigung bezüglich Fluchtwegbreite und so weiter, damit die jahrhundertelang gebrauchten Stufen und Bodenfliesen, Türen und Geländer, die dem Baudenkmal seine unverwechselbare Eigenschaft verleihen, an Ort und Stelle weiter benützt werden können. (Abb. 8, 9)
Gleiches gilt für die Erhaltung der Ausstattung ganzer Räume, die erst mit der restauratorischen Wiederherstellung ihrer Funktionalität einerseits und ihrer Oberflächenqualität andererseits zur Wirkung kommt. (Abb. 10) In dem gezeigten barocken Zimmer von Schöndorfer Platz 5 wurde zum Beispiel, wie übrigens in vielen anderen Räumen, der historische Dielenboden ausgebaut, die Oberflächen der einzelnen Belagsbretter differenziert behandelt und an der gleichen Stelle wieder verwendet. Stuckdecken wurden restauriert und zusammen mit den Wandflächen in der historischen Technik gekalkt. Die alten Kastenfenster sind repariert, ergänzt und nach restauratorischem Befund neu gestrichen worden.

10) Barockes Zimmer in Haus 5
Foto Martin Weber

Das Projekt Schöndorfer Platz – oder grundsätzlich ein jedes Restaurierungs- und Sanierungsprojekt – gewinnt ohne Zweifel durch eine qualitätvolle Adaptierungsplanung aus Architektenhand. Ausgeführt stellt dieselbe jedoch nicht mehr dar als die jüngste, gerade aktuelle Bau- und Ausstattungsphase eines historisch gewachsenen Baukomplexes. Essenziell, und in einem größeren Zusammenhang gesehen interessant, ist vielmehr, dass die vielfältigen Erscheinungsformen der historischen Phasen – seien es nun einzelne Ausstattungsteile, wie Fenster und Türen, seien es räumliche Zusammenhänge – in ihrer historischen Qualität sichtbar werden beziehungsweise bleiben. Und ob die jüngste, sonst oftmals überaus dominierende Bauphase jemals als eine bedeutsame zu werten ist, wird ohnehin in Zukunft entschieden.

Das auf lange Sicht konzipierte, nachhaltig und gleichzeitig hochwertige Gesamtergebnis bei jeder Detailfrage grundsätzlich zu berücksichtigen, ist neben den finanziellen Belangen eine der Kernaufgaben der denkmalpflegerischen Projektsteuerung.

„Denkmalpflege kostet viel Geld" – dieses Vorurteil ist weit verbreitet und bestätigt sich oft, wenn die aufwendig recherchierten Ergebnisse der Voruntersuchungen, die mitunter viele Ordner füllen, nicht genutzt werden, weil hier die für eine qualitätsvolle und zugleich kostengünstige Sanierung notwendigen Fakten unberücksichtigt bleiben.

Das Fazit aus den Erfahrungen dieses – aus der Sicht der Denkmalpflege – großen Bauprojekts Schöndorfer Platz ist jedoch eindeutig: Denkmalpflegerische Projektsteuerung hilft Geld sparen.

Bleibt das in den Voruntersuchungen gewonnene Wissen nicht brach liegen, wird dieses Wissen also durch Projektsteuerung tatsächlich angewendet – und das kann nur einem in der Denkmalpflege versierten Fachmann anvertraut werden –, erreicht man in der Umsetzungsphase höchst mögliche Effizienz. Effizienz im Sinne von Wirtschaftlichkeit und Nachhaltigkeit, die ebenso quantitativ wie qualitativ sichtbar wird.

Die Voruntersuchungen zur Baugeschichte   *Ulrich Klein*

Archäologische Voruntersuchungen

Archäologische Voruntersuchungen in und an Gebäuden haben den primären Zweck, Befunde in solchen Bereichen zu dokumentieren, die durch baubedingte Eingriffe gefährdet werden. Sie sind daher anders als Grabungen im freien Gelände in der Regel nicht frei positionierbar, sondern abhängig von den bauseits vorgesehenen Eingriffsbereichen. Umgekehrt wird man angesichts der hohen Ansprüche an die zu beachtende Bausicherheit und Statik keine rein auf archäologischen Erkenntnisgewinn ausgelegte Grabung in einem Gebäude oder im unmittelbaren Umfeld eines Gebäudes anlegen.
Ende Oktober 2004 wurden für die Häuser Schöndorfer Platz 1 und 2 Marina Kaltenegger und Elisabeth Wahl, und für die Häuser Schöndorfer Platz 3, 4 sowie 5 und 10 das Freie Institut für Bauforschung und Dokumentation e.V. (IBD), Marburg/Lahn, von der „Heimat Österreich" gemeinnützige Wohnungs- und Siedlungsgesellschaft m.b.H., mit der Durchführung bauarchäologischer Voruntersuchungen beauftragt. Die Grabungsleitung bei den entsprechend dem Baufortschritt vor Ort im Januar und Februar 2005 durchgeführten Arbeiten hatte Christoph Engels. Ziel der Untersuchungen war, Erkenntnisse zum grundsätzlichen Quellenwert des Bodenarchives an dieser Stelle zu gewinnen, um den Verlust an Informationen durch die im Rahmen der Baumaßnahmen unumgänglichen Bodeneingriffe im Bereich geplanter Versorgungstrassen etc. zu minimieren. Im Vordergrund stand dabei das Ergänzen und Weiterverfolgen der beobachteten Baubefunde und deren Abfolge durch die gezielte Anlage von Schnitten. (Abb. 1)
Mit der Koordination der vorbereitenden archäologischen Untersuchungen wurde seitens der „Heimat Österreich" Hermann Fuchsberger beauftragt. Nur durch seine Unterstützung war es möglich, trotz teilweise sehr schwieriger Wetterbedingungen vor Ort den Auftrag fristgemäß in dem avisierten Zeitraum von ca. drei Wochen auszuführen.
Der Auftrag umfasste die Baubegleitung beim Ausheben der vorher festgelegten Schnitte, die Herstellung von dokumentationsfähigen Profilen und Plana, die Dokumentation der freigelegten Profile und Plana sowie einen abschließenden Untersuchungsbericht. Dieser Abschlussbericht enthält Zusammenfassungen der früher durchgeführten bauhistorischen Untersuchungen, die bauarchäologischen Befundbögen, die Verzeichnisse der Funde sowie die Auswertung der Befunde und Funde einschließlich der Fotodokumentation und des Planwerks.
Gezielte archäologische Eingriffe in den Boden sind grundsätzlich genehmigungspflichtig und an verschiedene Auflagen gebunden; mit Datum vom 21.12.2004 hatte das Bundesdenkmalamt, Abteilung für Bodendenkmale in Wien, die Grabungsgenehmigung für diese Untersuchungen erteilt (GZ 19.242/4/2004).[1]
Zum Anlegen der Schnitte wurde teilweise unter Maschineneinsatz der angetroffene Fußboden, oftmals Betonestriche, geöffnet. Zum Ausheben der Schnitte kam in offenkundigen Verfüllungsbereichen unter ständiger Beobachtung ein Kleinbagger zum Einsatz, ansonsten wurde in Handschachtung gearbeitet. Kleinteilige und

1 Siehe hierzu auch den Bericht in der Fundchronik in BDA (Hrsg.), Fundberichte aus Österreich 46, 2007, Wien 2008

1) Lage der Schnitte im Erdgeschoß der
Häuser Schöndorfer Platz 1–5
IBD 2005

■ Archäologische Sondierungs-
schnitte und Grabungsflächen

Die Farbmarkierungen im Lageplan entsprechen dem Farbleitsystem vor Ort.
Dieses orientiert sich an der Farbigkeit
der Fassaden.

50   Voruntersuchungen

empfindliche Strukturen sind immer durch das Archäologenteam selbst freigelegt worden. Das Planum wurde tachymetrisch in das dem Aufmaß des Hauses zugrunde liegende Messsystem eingemessen, die Profile wurden im Handaufmaß dokumentiert, wobei sich das Höhenmaß immer auf den Nullpunkt des Bestandsaufmaßes des Vermessungsbüros Fleischmann, Salzburg, mit dem Wert 456,21 Meter über Adria bezieht.
Die zeichnerische Dokumentation erfolgte vor Ort auf verzugsfreier Millimeterfolie im Maßstab 1:20. Die Grabungspläne wurden entsprechend dem Farbeindruck der Befunde koloriert. Die archäologischen Schnitte sind jeweils innerhalb der Häuser mit „1" beginnend arabisch durchnummeriert worden. Abschnitte wurden mit angehängten Kleinbuchstaben gekennzeichnet: „Schnitt 1a", „Schnitt 1b", „Schnitt 1c". Profile und Plana sind innerhalb eines Schnittes mit römischen Zahlen nummeriert worden, die Befunde (gleichermaßen Schichten, Steinsetzungen, Eingrabungen etc.) fortlaufend mit arabischen Zahlen pro Haus bezeichnet. Die archäologischen Befunde (Mauern, Schichten etc.) wurden jeweils in der Reihenfolge des Auftretens durchnummeriert. Die Funde sind chronologisch fortlaufend mit arabischen Zahlen pro Schnitt und Haus bezeichnet.
Die schriftliche Dokumentation erfolgte vor Ort auf standardisierten Befundbögen. Die zugehörige fotografische Dokumentation besteht aus insgesamt 328 Farbdias.
Es wurden im Rahmen der Untersuchungen 31 Fundkomplexe geborgen. Die Stratifikation wurde im Rahmen der Auswertung der archäologischen Bodenuntersuchung durch eine mit Hilfe der EDV erstellte „Harris-Matrix" kontrolliert, wodurch sichergestellt ist, dass die Analyse der Grabungsbefunde keine logischen Fehler enthält. Durch die wie bei allen modernen Grabungen insgesamt sehr aufwendige Dokumentation ist gewährleistet, dass die heute teilweise nicht mehr vorhandenen oder zugänglichen Grabungsbefunde als Grundlage der Interpretation dennoch nachvollziehbar bleiben.

Bauhistorische Voruntersuchungen

Bauhistorische Voruntersuchungen haben den generellen Zweck, die Baugeschichte eines denkmalgeschützten Gebäudes umfassend zu klären, um auf dieser Grundlage eine möglichst angemessene und substanzschonende Sanierung durchführen zu können. Sie wenden hierbei die Methoden der modernen Bauforschung an, um aus möglichst wenigen, in ihrer Größe begrenzten Befundstellen ein Optimum an Informationen zu gewinnen.
Im September 2002 wurde das Freie Institut für Bauforschung und Dokumentation e.V. (IBD), Marburg/Lahn, von der „Heimat Österreich", gemeinnützige Wohnungs- und Siedlungsgesellschaft m.b.H., mit der Durchführung bauhistorischer Untersuchungen an den Häusern Schöndorfer Platz 3, 4, 5 und 10 beauftragt, während – wie schon erwähnt – Elisabeth Wahl aus Wien die Bearbeitung der Häuser Schöndorfer Platz 1 und 2 übertragen bekam und Hermann Fuchsberger das Haus Schöndorfer Platz 11 bearbeitete. Der Auftrag umfasste jeweils das bauhistorische Raumbuch, die Bauanalyse

und einen zusammenfassenden Bericht für jedes dieser Häuser. Der Abschlussbericht enthält das bauhistorische Raumbuch, in das auch die Untersuchungsergebnisse der Restauratorinnen und die Beschreibung der bauhistorischen Befundstellen eingearbeitet wurden, einen Überblick zu den ausgewerteten historischen Quellen, die zusammenfassende Beschreibung des Baubestandes, die ausgewerteten Ergebnisse der dendrochronologischen Untersuchung und eine abschließende bauhistorische Auswertung der Befunde. Im Anhang enthalten sind der komplette Satz aller Baualterspläne mit Grundrissen und Schnitten. Die gesamte Dokumentation musste innerhalb einer Arbeitszeit von drei Monaten abgeschlossen sein, was nicht ohne entsprechende Steuerung möglich gewesen wäre. Mit der Koordination der vorbereitenden Untersuchungen an diesen Häusern wurde daher seitens der „Heimat Österreich" Hermann Fuchsberger beauftragt, der neben seiner die Arbeiten aller Beteiligten koordinierenden Tätigkeit auch die Archivalien zu den untersuchten Gebäuden zur Verfügung stellte und die Auswertung der dendrochronologischen Proben vornehmen ließ. Ebenso sorgte er für die Koordination der Ansprüche der einzelnen Fachdisziplinen an ein qualitätvolles Bauaufmaß mit den entsprechenden Ansichten, Schnitten und Grundrissen in den jeweils optimalen Lagen. Die Vorgehensweise der bauhistorischen Untersuchung war in Stufen aufgebaut, um die Eingriffe in die Substanz auf ein Mindestmaß zu beschränken. Sie begann mit der Auswertung der Archivalien, des historischen Bild- und Planmaterials und des vorliegenden neuen Planwerks insgesamt ohne Eingriffe in die Substanz, um auf diese Art erste Erkenntnisse zum Bau zu gewinnen. Hierbei ließ sich z. B. bereits ein Großteil aller Einbauten des 20. Jahrhunderts identifizieren und kartieren, ohne dass eine einzige Wand geöffnet werden musste. Für weitergehende Fragestellungen, insbesondere in Bezug auf ältere Bauphasen und die Absicherung der aus den Archivalien gewonnenen Erkenntnisse waren dann aber auch Eingriffe in die Substanz erforderlich, die in enger Zusammenarbeit mit den Restauratorinnen der Fa. Enzinger, Werkstätten für Denkmalpflege aus Teisendorf, durchgeführt wurden. Neben ihrer eigentlichen Aufgabe, der Klärung des Farbschichten- und Putzaufbaues an dafür geeigneten Stellen, wurden von ihnen auch alle von bauhistorischer Seite für notwendig gefundenen Öffnungsstellen vorbefundet, um zu vermeiden, dass die vor allem auf Aussagen zum Wandkern abzielende bauhistorische Befundung gleichzeitig wichtige Gestaltungsbereiche zerstört. Soweit erforderlich, wurden nach den restauratorischen Erkenntnissen Öffnungsstellen auch verlegt. Das ursprüngliche Befundungskonzept hatte noch eine vollständige bauhistorische und restauratorische Befundung aller Fassaden, Innenwände, Böden und Decken vorgesehen. Dies wären unter Berücksichtigung der Fragestellungen und der Aussagemöglichkeiten etwa 80 bis 150 Befundstellen pro Haus gewesen. Aus eigentumsrechtlichen Gründen musste dies nachträglich auf maximal 25 bis zu DIN A4-große Öffnungen pro Haus an den Innenwänden reduziert werden. Dies konnte aber teilweise durch baubegleitende Untersuchungen ausgeglichen werden. In diesem

Zusammenhang wurden dann bauseits noch mehrere Deckenöffnungen vorgenommen, die anschließend durch die Bauforscher wie bauhistorische Öffnung dokumentiert worden sind; nun wurden auch die inzwischen eingetretenen Veränderungen im Bauzustand dokumentiert. Die geschilderten Einschränkungen bei der Voruntersuchung haben natürlich direkte Auswirkungen auf die Möglichkeiten bauhistorischer Aussagen gehabt, weil z. B. in den nicht befundbaren Decken auch keine Entnahme von dendrochronologischen Proben möglich war. Dies bedeutet, dass notwendige Absicherungen und Überprüfungen der getroffenen Aussagen, wie z. B. in den Baualtersplänen zusammengefasst, nur in sehr beschränktem Umfang möglich gewesen sind. Eine weitere Einschränkung ergab sich daraus, dass nur die Häuser Schöndorfer Platz 1, 2, 3, 10 und 11 mehr oder weniger vollständig beräumt und daher lückenlos zugänglich waren, während das Haus Schöndorfer Platz 5 noch vollständig möbliert und Haus 4 teilweise während der Untersuchung sogar noch bewohnt war. Hieraus ergibt sich zwangsläufig eine Unschärfe der Aussagen, wobei zwar die Datierung „mittelalterlich" durchaus abgesichert ist, eine deutliche Unterscheidung beispielsweise von der ersten oder zweiten Hälfte des 15. Jahrhunderts aber nicht mehr möglich war. Dieses prinzipielle Problem konnte zumindest teilweise kompensiert werden durch das Vorhandensein des ausgezeichneten Planwerkes und die von Fuchsberger zusammengestellten Archivalien, die insbesondere zu den jüngeren Bauphasen wichtige Hinweise enthalten. Damit waren vor allem die jüngeren Bauphasen des 19. und 20. Jahrhunderts deutlich besser zu fassen als die älteren Phasen, insbesondere auch in Hinblick auf die genauen absoluten Datierungen von relevanten Bauteilen. Für die älteren Phasen konnte dies teilweise ausgeglichen werden durch Erkenntnisse, die später noch baubegleitend während der Sanierungsarbeiten gewonnen werden konnten, wobei allerdings auch hier das Prinzip der Substanzschonung im Vordergrund stand. In diesem Sinne ist festzuhalten, dass in dem Bauphasenplan die Phasen seit dem 18. Jahrhundert bereits größere Sicherheit auch in der absoluten Datierung besitzen, für die älteren Phasen aber vor allem eine relativchronologische Abfolge gilt. Das heißt, dass zwei nebeneinander liegende Wände, die jetzt mit „zweiter Hälfte 15. Jahrhundert" und „erster Hälfte 16. Jahrhundert" bestimmt sind, durchaus beispielsweise auch „erste Hälfte 15. Jahrhundert" und „zweite Hälfte 15. Jahrhundert" sein könnten, ohne dass die relative Abfolge der Bauteile damit infrage stünde. Zweifelsfrei ist auch der mittelalterliche Kern der Häuser, der durch die Analyse des weitgehend zugänglichen Kellermauerwerks abgesichert werden konnte, während auch hier teilweise die absolute Datierung zwischen der zweiten Hälfte des 13. und der ersten Hälfte des 14. Jahrhunderts unsicher ist.

Trotz dieser Einschränkungen lässt sich festhalten, dass die vorangehende bauhistorische Untersuchung ihren erwarteten Beitrag zu einer substanzschonenden Sanierung des Gebäudekomplexes leisten konnte.

Die Häuser am Schöndorfer Platz – Baubestand und Baugeschichte

Blick in den Schöndorfer Platz
Foto Stefan Zenzmaier

Die Häuser am Schöndorfer Platz

Die Menschen am Schöndorfer Platz *Hans W. Scheicher (Architekten Scheicher)*

Erinnerungen aus den 1960er Jahren

Am größten Platz Halleins in der Nähe der Kirche wurden alle kirchlichen und weltlichen Feste abgehalten. Und das waren damals viele. In der warmen Jahreszeit begann fast jeder Sonntag um 6 Uhr morgens mit der Blasmusik, wobei Fronleichnam und Erntedank die größten und buntesten Feste waren, aber auch die Florianifeier der Feuerwehr, das Maibaumaufstellen und Ehrungen aller Art fanden hier statt. Diese Feste waren fixer Bestandteil des gesellschaftlichen Lebens der Stadt Hallein und entsprechend gut besucht.

Brauchte man beim Feiern ein Dach überm Kopf, traf man sich im Gasthof Scheicher. Die Höhepunkte waren die Allerheiligen-Essen, die Weihnachtsfeiern und die berühmten „Scheicher-Bälle", die wir Kinder nur aus der Distanz, nämlich durch ein Loch in der Tür vom Haus 4 zum Saal erleben durften.

Ich erinnere mich an Wux Mittermayr, dem meine Cousine Elisabeth und ich beim phantasievollen Dekorieren (zum Beispiel beim Turner-Ball) helfen durften. Wenn es ihm zu viel wurde, baute er uns in eine seiner Figuren ein und befreite uns erst wieder, wenn unsere Tränen nicht mehr zurückzuhalten waren.

Die für mich intensiv erlebbaren Veränderungen traten von Anfang der 1960er bis Anfang der 1970er Jahre ein. Ein Geschäft nach dem anderen wurde geschlossen und bestensfalls durch Garagenstellplätze ersetzt. Grund dafür war einerseits der Abzug der Geschäftsleute und Bewohner, andererseits fehlte das Interesse des Nachwuchses am Fortführen der Betriebe an diesen Standorten.

Als ich 1984 nach meinem Studium in Wien nach Hallein zurückkehrte, waren nur mehr der Gasthof Scheicher, die Glaserei Hickade und die Metzgerei Rosenberger aus der Zeit davor übrig geblieben. Einige Gastronomiebetriebe wie der „Fallschirm" konnten sich einigermaßen etablieren und auch halten. Die Anzahl der Halleiner hatte sich leider auch sehr stark reduziert. Die Häuser wurden zusehends verlassen und/oder von Gastarbeiter-Familien besiedelt. Der Schöndorfer Platz verlor an Bewohnern und dadurch seine persönliche Authenzität.

Als Frau Richter, die im Haus gegenüber (Nr. 10) gewohnt hatte, ins Altersheim übersiedelt ist, war das ein weiterer Einschnitt. Frau Richter hat unser Leben vom Fenster aus beobachtet und war zumeist auf der Seite der Kinder. Nicht sehr bereitwillig gab sie Auskunft über unsere Taten und Aufenthaltsorte, auch wenn die Frage von einer unserer Mütter kam.

Irgendwann in den späten 1980er Jahren übernahm Otfried Scheicher den Gasthof von seinem Vater. Dies war die Zeit des letzten Aufblühens des Gasthofs und auch des Schöndorfer Platzes. Otfried bemühte sich um gute Küche und gute Weine – er zog damit das Halleiner Gesellschaftsleben wieder zum Scheicher zurück. So wurden der traditionelle Ast-Club und auch der Rotary Club Hallein von ihm beherbergt, er konnte in dieser Zeit eine beträchtliche Anzahl an Stammgästen wieder gewinnen, die die Tradition des Hauses und die gute Küche sehr genossen. Die Einführung der Parkplatzregelung und deren strenge Kontrolle (besonders in den Abendstunden) machten es dem Wirt schwer, erfolgreich zu wirtschaften.

Der alte Bestand und die daraus resultierenden Erhaltungskosten wogen sicherlich ebenso schwer auf der Soll-Seite. Das Ende des Gasthofs

Greißlerei

Nr. 7, Hutmacherin

Nr. 6, Wohnhaus Scheicher

Nr. 5, Greißlerei

Nr. 2, Schustermeister

Nr. 1, Metzgerei Rosenberger

Kramer

Putschko's Weindiele

Totengräber

Nr. 9, Kaminkehrer

Nr. 12, Lebensmittelgeschäft

Nr. 13, Glaserei

Nr. 16, Gasthaus zur Biene

Nr. 17, Gemischtwarengeschäft

1) Schöndorfer Platz, Lageplan Architekten Scheicher

Scheicher war vielleicht erahnbar, aber glauben wollte man es nicht.

Als 1998 der Konkurs dem Gasthof Scheicher ein wirtschaftliches Ende bereitete und die Gefahr abzusehen war, dass das Stammhaus unserer Familie einer Nutzung zufallen würde, die dem Gebäude und auch dem Platz nicht zum Besten gereichen würde, war es für mich das Gebot der Stunde, Aktivitäten zu ergreifen, um eine gezielte Verwertung zu erreichen.

Eigentümer des Gasthofes Scheicher war zu dieser Zeit die Raiffeisenbank Hallein, die natürlich Verwertungsbedarf hatte. Gespräche mit unterschiedlichen potentiellen Nutzern wie Wohnbaugesellschaften und Altersheimbetreibern stießen zwar auf Interesse, eine tatsächliche Nutzerfindung gestaltete sich jedoch schwierig, bis mich eines Tages Herr Direktor Haertl von der „Heimat Österreich" anrief und mit freudiger Stimme verkündete, dass mit der österreichweit tätigen Kolpingfamilie ein Interessent für die Nutzung gefunden war!

Sehr positive Gespräche mit der Kolpingfamilie und auch mit der Stadtgemeinde Hallein motivierten uns schon bald, entsprechende Entwurfsgedanken darzustellen.

Der wirtschaftliche Betrieb eines Heimes kann aber nur mit entsprechender Bettenanzahl erreicht werden. So begann die „Heimat Österreich" gemeinsam mit uns, Kontakte zu den Eigentümern der teilweise schon leeren und verkaufsbereiten Nachbarhäuser herzustellen. Es war das Risiko der „Heimat Österreich", die Häuser vorab zu erwerben, ohne Garantie auf ein positives Ergebnis.

Die großartige Idee zur Wiederbelebung des Schöndorfer Platzes und der gesamten Altstadt beflügelte jedoch alle Beteiligten wie Bürgermeister Dr. Stöckl und die gesamte Gemeindevertretung, Direktor Haertl und die „Heimat Österreich" und auch uns, die wir schon 1998 mit dem Projekt begonnen hatten und immer wieder neue Varianten darstellten, Kosten schätzten und berechneten und dem Bauherrn mit dem Ergebnis offensichtlich eine vertrauensvolle Grundlage bereiten konnten.

Als Sohn von Rudolf und Margarethe Scheicher wurde ich 1956 als Ältester dieser Generation in eine Tischler- und Architekten-Familie in Hallein geboren. Mein Großvater Alois hat bei seinem Cousin Thomas im Hinterhof 1922 mit der Tischlerei begonnen, die jetzt in dritter Generation von meinem Bruder Rudolf geführt wird und in den 1970er Jahren nach Adnet übersiedelt ist. Diese Tischlerei im Haus Schöndorfer Platz 4 war das Zentrum meiner Familie und Kindheit. Ein inniges Zusammenleben mit meinen Onkeln, Cousins und Mitarbeitern der Tischlerei und des gesamten Architekturbüros prägte diese Zeit. Die Erziehung von uns Kindern übernahmen nicht nur meine Eltern, sondern die ganze Großfamilie. Mit zunehmendem Alter wuchs auch der Mut zur Erforschung der Nachbarschaft, vor allen Dingen der Keller und der Dachböden. Der daraus unwillkürlich entstehende Kontakt mit den Bewohnern und deren Reaktionen ließ die einprägsamen Erinnerungen entstehen. Die nachstehenden Geschichten und Anekdoten lassen vielleicht erkennen, warum es mir so wichtig war, als Architekt und als Halleiner einen Beitrag zur Wiederbelebung des Schöndorfer Platzes durch das Projekt Kolping zu leisten.

Die Menschen am Schöndorfer Platz

Frau Schaad, Haus Nr. 7, Hutmacherin
Vor der kleinen, meist schwarz gekleideten Frau hatten wir höchsten Respekt. In ihre Werkstatt zu gelangen, war die größte aller Mutproben. Andererseits musste sie sich mit allen Mitteln gegen uns zu wehren, waren doch die Hut-Rohlinge bestens geeignet für Masken, Spielhüte und dergleichen. Die Mädchen hatten es da viel besser, sie durften für die Hüte sogar Modell stehen. Unzählige Hutformen – wer weiß, wo sie alle hingekommen sind – lagerten auf den Regalen. Mittelpunkt der Werkstatt war ein Dampfkessel, der entsprechenden Geruch verbreitete; über ihn wurde der Filz auf Formen für die Hüte gezogen.

Haus Nr. 6, unser Haus, Zentrum der Kindheit

Herr Rauschgatt, Totengräber
Die Sargkammer des Herrn Rauschgatt befand sich in unserem Haus Schöndorfer Platz 6. Daran vorbei zu kommen, gelang nur im Laufschritt! Frau Rauschgatt beklagte sich fortwährend über die Scheichers, weil dort so viele Kinder waren …

Frau Ambichler, Haus Nr. 5, Geschäftsfrau einer Greißlerei
Hier habe ich einen speziellen Geruch in der Nase und große Zuckerldosen gefüllt mit vielen bunten Bonbons in Erinnerung.

Herr Eichhorn, Haus Nr. 2, Schustermeister
Damals wurden Schuhe noch geflickt. In Erinnerung sind mir die Hände und Finger des Schustermeisters, die aussahen wie verkohlte Holzstücke. Ob er auch neue Schuhe gemacht hat, weiß ich nicht mehr. Das wirklich Beeindruckende an ihm war für uns Kinder das Beil, mit dem er als Bürgergardepionier das Ende des Gardezugs bildete. Auch wenn die Erwachsenen stets von seiner guten Seele sprachen – wir Kinder waren angesichts seiner imposanten Erscheinung skeptisch.

Metzgerei Rosenberger, Haus Nr. 1
Selbst wenn es damals schon McDonalds in Hallein gegeben hätte, wäre der Rosenberger die erste Anlaufstelle für die schnelle Jause gewesen. Herr Rosenberger senior war eine sehr beeindruckende Metzger-Persönlichkeit. An seiner Kleidung und Statur erkannte man seinen Beruf bereits von weitem. Der Schlachttag begann sehr früh: Die Schweine quietschten ab fünf Uhr morgens und weckten die gesamte Umgebung.

Putschko´s Weindiele
Heute ist es das Klappacher-Haus. In die ehemalige Weindiele ist jetzt ein Copy-Shop eingezogen. Die Putschko-Weindiele hatte ihren eigenen Ruf, und als Kinder waren wir auch wirklich zu jung, um Genaueres darüber wissen zu dürfen. Auf alle Fälle war die Barfrau der Diele eine außergewöhnliche Erscheinung – ebenso wie ihr Pudel. Und ihre Stammgäste hatten FIT und FLOT im Haar …

Der Wirtslehner, Fuhrwerker vom Dürrnberg
Seine letzte Station vor dem Dürrnberg war ebenfalls der Rosenberger, für die Verpflegung zuhause, aber auch zur Stärkung vor Ort. Seine Rosse hielten, nachdem sie über die Kirchengasse in die Ferchlstraße eingebogen waren, kurz vor dem Anstieg auf den Dürrnberg noch mal an, um ihre Blase zu entleeren. Die Ferchlstraße verwandelte sich kurz darauf in einen Sturzbach. Es bereitete uns höchstes Vergnügen, die Rinnsale mit einem Stock in die Hausflure umzuleiten – den Hofeingang zum Don Bosko-Heim nicht ausgenommen …

2) Hallein, Schöndorfer Platz in den 1960er Jahren
Foto Keltenmuseum Hallein

Herr Lobenwein Oskar, Kramer
Oskar Lobenwein hielt am Längsten durch! Irgendwie dürfte es ihn nach dem Krieg nach Berlin verschlagen haben. Er konnte jedenfalls toll, wenn auch immer das Gleiche, darüber erzählen und stellte somit die Verbindung zu meiner aus Berlin stammenden Mutter her. Oskars Spezialität für uns Kinder waren seine „Stollwerck"-Kaubonbons, die wir mit Hingabe zu Zigarren formten. Oskar war auch abends um 23 Uhr noch im Geschäft anzutreffen.

Herr Rathgeb, Haus Nr. 9, Kaminkehrer
Der „schwarze Mann" schloff wirklich noch durch unsere Kamine.
Vielleicht ist daraus das Bedürfnis von Frau Rathgeb zu erklären, nicht nur ihr Haus, sondern den halben Schöndorfer Platz mit großer Hingabe sauber zu halten.

Frau List, Haus Nr. 12, Lebensmittelgeschäft
Frau List versorgte uns mit den Dingen des täglichen Bedarfs. Ihr Geschäft war der erste „Supermarkt" mit sitzender Kassiererin.

Glaserei Hickade, Haus Nr. 13, Eberl-Haus
Eine besonders wichtige Institution wegen des Fensterkittes als Munition für unsere Blasröhren! Und wenn Scheiben zu Bruch gingen, mussten wir diese gesenkten Hauptes zur Reparatur bringen.

Herr Czibulka, Polizist
Dick, groß und laut. Die Polizei war damals schon am selben strategischen Standort untergebracht wie heute. Wir verschwendeten viele Gedanken daran, wie wir diesen ungesehen passieren könnten. Wir Kinder hatten nämlich stets das unangenehme Gefühl, dass Herr Czibulka alles von uns wüsste, sogar das Schwarzfischen im Kotbach.

Gasthaus zur Biene, Haus Nr. 16
Abendlicher Treffpunkt der Kartenspieler, unter anderem auch für Rupert in seiner schönen Dürrnberger Tracht, die er täglich trug.

Eisenhofer, Haus Nr. 17, Gemischtwarengeschäft
Hier finde ich in meiner Erinnerung nur Zuckerl, Erdbeerzuckerl und einen tiefen Kellerabgang …

2

Frau Ebner, Altwarenhandel
Ich glaube, sie wusste, dass das Alteisen, das wir ihr für einige Groschen brachten, nicht wirklich alt war. Einige Teile wurden bei ihr mehrmals in Pfand gegeben, weil sie sie den tatsächlichen Eigentümern wieder zurückbrachte …

Frau Illichmann, Greißlerei
Dort bekam man Seidenzuckerl geschenkt, auch wenn man nichts gekauft hat. Ihr Laden war penibel sauber.

Die Menschen am Schöndorfer Platz

Das „Schmazenhäußl am obern plaz"
Schöndorfer Platz 1   *Elisabeth Wahl*

Der Blick auf einen der verformungsgerecht vermessenen Grundrisse oder Vertikalschnitte der Häuser am Schöndorfer Platz verdeutlicht, wie schwierig und mühevoll allein ihre Beschreibung fällt, ganz zu schweigen von der Problematik, der Baugeschichte auf die Spur zu kommen. Und dennoch setzt mit der genauen Bestandsbeschreibung der analytische Prozess ein, in dem es das unbekannte Ganze zunächst einmal in seine Einzelteile zu zerlegen gilt. Je akribischer die Beschreibung, desto gründlicher die Zersetzung, könnte man angesichts der langen Reihe von Ordnern ironisch kommentieren, die Bestandsaufnahmen, Raumbuch und Berichte füllen. Sie sind jedoch gerechtfertigt, denn sie dokumentieren, was man schließlich zu einem erfassbaren Ergebnis zusammenführt. Daher der Versuch, eine kurze baubeschreibende Geschichte jedes einzelnen der sieben Häuser zu verfassen – von Süd-Ost nach Nord-West, schlicht in der Reihenfolge ihrer Nummerierung.
An der Ecke, wo die Pfarrgasse ihren Ausgang nimmt, steht das kleinste und zugleich jüngste Haus des Schöndorfer Platzes. Zwei Fensterachsen gliedern die einfache Platzfassade in drei unterschiedlich hohe Obergeschoße. Fensterrahmungen, Ecklisenen und Gesimszone heben sich weiß und geglättet ab vom grün gefassten Rieselputz der Nullflächen. (Abb. 1)
Im Erdgeschoß verweist die Natursteinverkleidung des Geschäftsportals mit gemeißelter Aufschrift noch auf den Inhaber, die bis in das ausgehende 20. Jahrhundert hier ansässige Fleischhauerei Rosenberger. Betritt man den ehemaligen Verkaufsraum, gelangt man weiter rückwärts in einen verwinkelten tonnengewölbten Keller, dessen geringe Raumhöhe zu gebückter Haltung zwingt. Auffallend sind eine stichkappenähnliche Verformung über der südwestlichen Raumecke und der unregelmäßige Verlauf der Kellerrückwand. Etwa in der Mitte der Außenwand zur Pfarrgasse befindet sich ein Fensterchen, dessen Gewände eine Wandstärke von mehr als einen Meter verrät; man erkennt es außen knapp über dem ansteigenden Straßenniveau, gleich links vom seitlichen Hauseingang. (Abb. 3)
An der Gliederung der Süd-Ost-Fassade selbst fallen zwei Merkmale auf, die beide auf die nord-östliche Trennwand des mittleren Flurs Bezug nehmen; das sind einerseits die ungleichen Abstände der fünf Fensterachsen, andererseits der Versprung der Geschoßhöhe auf Ebene des Seiteneingangs.
Nicht unerwähnt bleiben darf das in der Süd-Ost-Fassade vermauerte Wappenrelief aus dem frühen 17. Jahrhundert. Vermutlich befindet es sich an dieser Stelle, zwischen den beiden Toren der Schlachträume, erst seit der Fassadenrenovierung des Jahres 1979/80. Der besonders gute Erhaltungszustand der rechteckigen Tafel aus Adneter Rotmarmor spricht für einen ursprünglich vor direkten Witterungseinflüssen besser geschützten Standort als den jetzigen. Unter dem Hochrelief des Wappenschildes mit aufwendiger Helmzier steht die baugeschichtlich interessante Inschrift: (Abb. 2)

>   Ludwig Mundtigler,
>   Bürgermeister zum Hal-
>   lein erpaut diis Haus
>   von Neuem im Jar
>   1 6   1 7 .

Letztlich fehlt auch der archivalische Nachweis, dass sich der Inhalt der Tafel wirklich auf

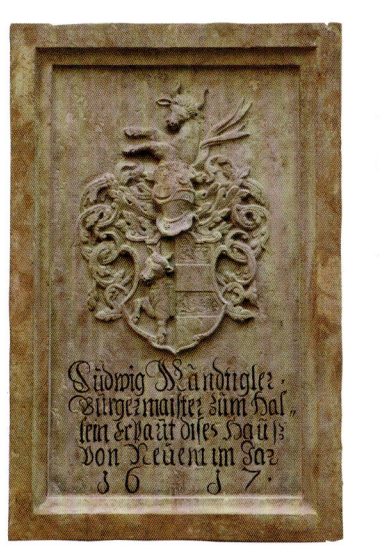

1) Bestandsplan der Nord-Ost-Fassade von Haus 1
Arge Fleischmann/Messbildstelle
2) Wappenreliefstein am Haus 1
Foto BDA, Petra Laubenstein
3) Bestandsplan der Süd-Ost-Fassade von Haus 1
Arge Fleischmann/Messbildstelle

Schöndorfer Platz 1

4) Rückfassade von Haus 1 zur
Franz-Ferchl-Straße
Foto Stefan Zenzmaier

5) Blick von der Pfarrgasse Richtung Nord-Westen; der Schwibbogen trägt die Jahreszahl „1748"
Foto BDA, Petra Laubenstein
6) Schwibbogen über der Franz-Ferchl-Straße
Foto BDA, Petra Laubenstein

dieses Haus bezieht, denn die Reihe der Hausbesitzer setzt erst mit den Aufzeichnungen im Notelbuch des Stadtgerichts Hallein im Jahr 1707 ein. Damals hatte der Bürger Dionysius Moser, „Glasser [Glaserer] allhier, und dessen Ehewürthin Maria Hinderbichlerin […] die obige Herberg in der Schmazen Behausung […] kheufflich an sich gebracht […]." 1712 begegnet uns der bürgerliche Gartkoch Lorenz Mundtigler als Mitbesitzer von Erdgeschoß und Keller. Auch sein Sohn Wolf Mundigler wird anlässlich der Übergabe 1743 genannt. Aus dieser Zeit stammt eine weitere Inschrift, die Jahreszahl „1748". Sie ist auf einen in der Mitte des Schwibbogens vermauerten Kalksteinblock gemeißelt, der zwischen süd-westlicher Gassenfassade und Nachbargebäude die Ferchl-Straße überbrückt. (Abb. 5, 6)
Die gekrümmte Abschrägung der rückwärtigen Hausfassade ist dem Verlauf der hier zur Gasse verengten Straße angepasst, die zum alten Hauptverkehrsweg auf den Dürrnberg führte. Nicht zufällig bezieht sie sich auf den noch heute bestehenden öffentlichen Durchgang zur Goldgasse im gegenüber liegenden Haus der Pfarrgasse. Insgesamt vermittelt der Anblick der rückwärtigen Fassaden Schöndorfer Platz 1 und 2 einen mittelalterlich geprägten Eindruck. Das Obergeschoß kragt ein wenig vor, die Steingewände der kleinen Fenster hinterer Nebenräume sind zum Teil abgefast. Auf Umbauten deuten der vertikal verlaufende Fassadenrücksprung über dem Schwibbogenauflager und eine schräge Putzkante, die von links unter der Dachtraufe bis zur südöstlichen Hauskante, etwa auf Bodenniveau des 2. Obergeschoßes, verläuft. (Abb. 4)

Unsichtbar, hinter den Gesimsen und der platzseitigen Vorschussmauer verborgen, bleibt das Flachdach, das über ein Fallrohr an der Süd-Ost-Fassade entwässert wird. (Abb. 3)
Das Haus nimmt die gesamte Grundfläche der Parzelle mit rund 7 mal 17 bis 20 Meter ein. Seine Nutzfläche beträgt knapp 350 m², wovon etwa ein Drittel Keller und Erdgeschoßräume ausmachen, die rein wirtschaftlich beziehungsweise gewerblich genutzt wurden. Die Hanglage einerseits und ein Zwischengeschoß andererseits bedingen, dass das schmale, lang gestreckte Gebäude im vorderen nord-östlichen Teil fünf-, im hinteren süd-westlichen dagegen nur dreigeschoßig ist. (Abb. 7)
Einläufige Stiegen, die in der Hausmitte entlang der Trennwand zum Nachbargebäude Schöndorfer Platz 2 liegen, vermitteln zwischen den Geschoßen. Natürlich sind die Wohnräume zum Platz und zur Pfarrgasse ausgerichtet, die Nebenräume zur hinteren Gasse.
Als Bauforscher und Restauratoren im November 2002 mit ihren Untersuchungen am Schöndorfer Platz beginnen konnten, waren die letzten Mieter des Hauses kaum ausgezogen. In die hinteren Räumen waren die Tauben allerdings schon seit längerer Zeit durch zerbrochene Fensterscheiben gedrungen.
Im Erdgeschoß hatte sich in den fest verschlossenen, weiß gekachelten Räumen, die sich in dieser Ausstattung der 1970er Jahre über schmale Stiegen weiter in zwei Kellergeschoßen labyrinthisch fortsetzten, der eigentümlich süßliche Geruch der Fleischhauerei konserviert. Im tiefsten Bereich des Kellers befanden sich die Kühlräume, von wo ein breiter Aufzugsschacht in den ebenerdigen Schlachtraum führte.

7) Baualtersplan Längsschnitt von Haus 1
Plangrundlage Arge Fleischmann/Messbildstelle, Planbearbeitung Arge Linsinger/IBD/Elisabeth Wahl
8) Baualtersplan Grundriss Erdgeschoß Haus 1
Plangrundlage Arge Fleischmann/Messbildstelle, Planbearbeitung Arge Linsinger/IBD/Elisabeth Wahl

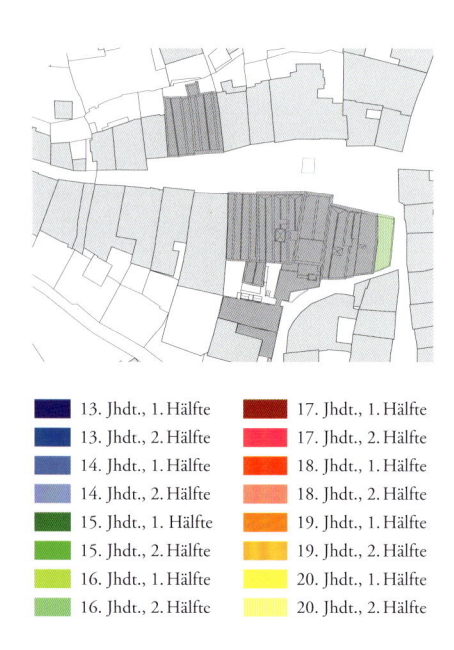

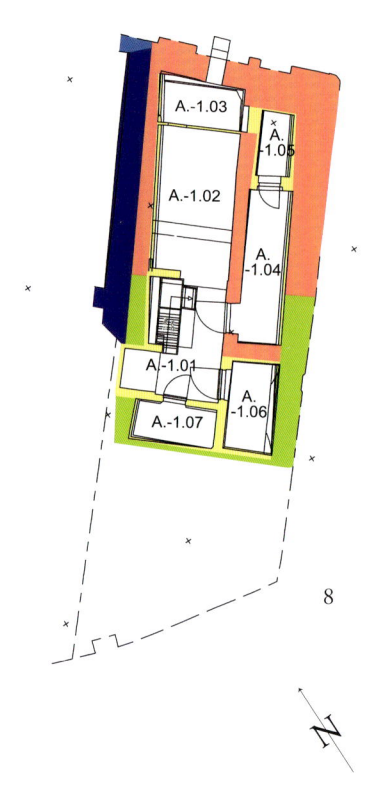

- 13. Jhdt., 1. Hälfte
- 13. Jhdt., 2. Hälfte
- 14. Jhdt., 1. Hälfte
- 14. Jhdt., 2. Hälfte
- 15. Jhdt., 1. Hälfte
- 15. Jhdt., 2. Hälfte
- 16. Jhdt., 1. Hälfte
- 16. Jhdt., 2. Hälfte
- 17. Jhdt., 1. Hälfte
- 17. Jhdt., 2. Hälfte
- 18. Jhdt., 1. Hälfte
- 18. Jhdt., 2. Hälfte
- 19. Jhdt., 1. Hälfte
- 19. Jhdt., 2. Hälfte
- 20. Jhdt., 1. Hälfte
- 20. Jhdt., 2. Hälfte

9) Stube mit historischem Kachelofen im Zwischengeschoß von Haus 1
Foto BDA, Petra Laubenstein

Die übrige Ausstattung des Hauses, unter anderem eine kleine vertäfelte Stube mit Kachelofen im Zwischengeschoß, war vorwiegend aus den 1940/50er Jahren erhalten geblieben. (Abb. 9) Zu den wenigen älteren Ausstattungsteilen gehörten ein einfacher, mit rhombenförmigen Bändern an Stützkloben angeschlagener Flügel eines Fensters an der Süd-West-Fassade und die zuletzt grün gestrichene Treppenbalustrade, beide wohl aus dem frühen 19. Jahrhundert. (Abb. 10)
Die restauratorische Untersuchung der Wandfassungen konnte in den nord-östlich gelegenen Wohnräumen des Zwischen- und des darüberliegenden 1. Obergeschoßes eine große Anzahl an Farbschichten nachweisen. Die einzelnen Sondagen bieten einen kleinen Einblick in die Vielfalt der dekorativen, teils sehr bunten Wandfassungen ab der Zeit des späten 18. Jahrhunderts.
Die bauhistorischen Befunde bieten eine Reihe von Fakten, deren wichtigste kurz angesprochen seien: Die Trennwand zum Gebäude Schöndorfer Platz 2 besteht aus Bruchstein und bildet mit der aus Ziegel gebauten Nordfassade des Hauses 1 eine vertikale Baunaht. Am anderen Ende dieser Trennwand ist die Ausbildung der Ecke zur rückwärtigen Süd-West-Wand, die selbst aus Bruchstein besteht, wegen eines hier nachträglich eingebauten Fallrohres nicht eindeutig. Es erscheint eher so, dass die Fassade zugleich mit der des Nachbarhauses gebaut wurde. Eine eindeutige vertikale Baunaht findet man dagegen in der süd-östlichen Außenwand zwischen zweiter und dritter Fensterachse von Nord-Osten. Sie korrespondiert mit dem Befund im Keller (A.0.03/A.0.04), wo dieselbe Mauerflucht einen Rücksprung zeigt beziehungsweise das Tonnengewölbe endet.

Die Baugeschichte des Hauses 1 erscheint in ihren Anfängen eng verbunden mit der des Nachbargebäudes. Die gemeinsame Trennwand war ehemals Außenwand des um Jahrhunderte älteren Hauses Schöndorfer Platz 2; als man dessen süd-westliche Haushälfte im späten Mittelalter großzügig ausbaute, wurde vermutlich zugleich ein kleineres Gebäude in Richtung Osten angebaut. Dafür spricht auch, dass sich im süd-westlichen Abschnitt der gemeinsamen Trennwand die beiden ältesten Kamine befinden. Wenn die 1617 datierte Inschrifttafel tatsächlich von hier stammt, hat man das erste, eventuell beim Stadtbrand 1607 zerstörte Haus im folgenden Jahrzehnt wiederaufgebaut. Unabhängig von dieser Frage war das im Spätmittelalter an dieser Stelle errichtete Haus zweigeschoßig und zu zwei Dritteln unterkellert. Die Rückwand dieses Kellers, von dem eine innenliegende Stiege in das süd-westliche Erdgeschoß führte, mit seinem Tonnengewölbe sowie Teile der Süd-West-Fassade sind noch immer vorhanden. Insgesamt nahm das spätmittelalterliche Haus eine Grundfläche von 6 mal 10 bis 13 Meter ein, das vordere Drittel der heute überbauten Fläche war frei. Auf der Stadtansicht der Zeit um 1726 ist das „Schmazenhäußl am obern plaz" mit seiner deutlich zurückspringenden Fassadenflucht abgebildet. Erst das Stadtmodell aus der Zeit um 1800 überliefert eine gemeinsame Fassadenflucht mit Schöndorfer Platz 2. Eine zusätzliche Annäherung, diese Anbauphase in das späte 18. Jahrhundert zu datieren, bieten die Wanddekorationen der nord-östlichen Wohnräume. Schließlich erfolgten im 20. Jahrhundert eingreifende Um- und Ausbauten, die anhand von Einreichplänen belegt sind. Sebastian

10) Fenster in der Süd-West-Fassade im
1. Obergeschoß von Haus 1
Foto Elisabeth Wahl 2002

10

Saurwein, Inhaber der Fleischhauerei nach Marie Nademlenski, hatte den Keller zu einem Schlachthaus ausbauen lassen, wofür er im Februar 1935 eine vorläufige Benützungsbewilligung erhielt. 1941 erwirkten die neuen Hausbesitzer, Erna und Franz Rosenberger, die zeitgemäße Adaptierung der oberen Geschoße für Wohnzwecke. Gleich nach Kriegsende wurde ein Gesuch an die Stadtgemeinde gestellt, zur Verlegung des Geschäftslokals zum Platz hin und zur Abtiefung und Erweiterung des Kellergeschoßes. Ein Einreichplan von 1946 belegt die umgesetzten Maßnahmen. Wenig später konnte der Ausbau des Dachbodens zu einem Vollgeschoß mit Flachdach verwirklicht werden. Die Neigung des früheren Pultdaches erkennt man noch heute am schrägen Verlauf einer Putzkante an der Süd-West-Fassade.

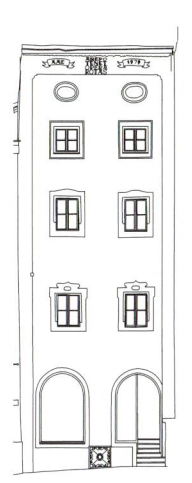

1) Bestandsplan der Nord-Ost-Fassade von Haus 2
Arge Fleischmann/Messbildstelle

Bewahrtes Mittelalter – Schöndorfer Platz 2   *Elisabeth Wahl*

Als am 21. September des Jahres 1700 derselbe Glaserer, Dionysius Moser, der uns schon als Mitbesitzer des Nachbarhauses begegnet war, zusammen mit seiner Frau Maria Hinterpichlerin den Kaufbrief über 500 Gulden für die halbe „Feldbacher-Burgrechtsbehausung" unterzeichnete, befand sich das Haus Schöndorfer Platz 2 äußerlich noch im Zustand einer Ausbauphase des 16. Jahrhunderts. Im Inneren hatte sich allerdings eine Kleinräumigkeit breit gemacht, die in nichts an den großzügigen Grundriss des späten Mittelalters mehr erinnerte, denn inzwischen war das Gebäude in fünf einzelne Wohnungen geteilt. Auch seinen Keller vorn zum Platz hatte es in der Zwischenzeit verloren. Er gehörte schon damals zum nord-westlich angrenzenden Haus 3 und ist noch heute nur vom benachbarten Kellerraum zugänglich. Dieser kuriose Umstand war damals das Glück der Bauforscher. Denn als die Untersuchungen beginnen sollten, war das Haus Schöndorfer Platz 2 zwar vollständig entmietet, geräumt und in so gutem Zustand, dass man versucht war, sich hier das benötigte Baubüro einzurichten – allein, das Haus durfte zu diesem Zeitpunkt aus besitzrechtlichen Gründen nicht betreten werden.

Nun sind an den unverputzten Wänden des Kellers Befunde sichtbar, die Schlüsse auf den hochmittelalterlichen Gründungsbau und zwei folgende Umbauphasen zulassen. Es war also möglich, vorerst einen Teil des Hauses zu untersuchen, ohne es formell betreten zu haben. Das Gebäude, wie es heute vor uns steht, nimmt die gesamte Parzellenfläche von rund 7 mal 21 Metern ein. Zusammen mit Haus 1 und der süd-östlichen Hälfte des Hauses 3 liegt es mit zwei Fensterachsen an einer geschlossenen Fassadenfront zum Schöndorfer Platz. Es hat wie das Haus 3 vier Hauptgeschoße, wirkt jedoch insgesamt niedriger. Das liegt in der Dachform begründet, einem flach geneigten Pultdach, dessen Firstlinie am süd-östlichen Auflager des benachbarten Satteldaches verläuft. Wegen der Richtung Süd-Osten abnehmenden Raumhöhe ist der Dachraum nur etwa zur Hälfte nutzbar. (Abb. 1)

An der Nord-Ost-Fassade ist zu beobachten, dass keine der Fensterhöhen mit denen der Nachbarhäuser korrespondiert, ausgenommen im 2. Obergeschoß des Hauses 3. Das gleiche gilt auch für die Süd-West-Seite des Hauses, wenn man dort vom vollständigen Fehlen regelmäßiger Achsen einmal absieht, die am Haus 3 durchaus vorhanden sind. Für die Baugeschichte von Bedeutung sind Machart und Form der Fenstergewände. Hierin heben sich die später verputzten Gewände des 1. und 2. Obergeschoßes insofern ab, als sie aus Stein mit abgefasten Außenkanten gefertigt sind.

Das 3. Obergeschoß ist auch Richtung Süd-Osten durchfenstert, knapp über dem Flachdach von Haus 1. Hier befindet sich etwa auf halber Hauslänge ein Lichtschacht, der die Erschließungsräume in der Gebäudemitte bis in das erste Obergeschoß mit natürlichem Licht versorgt. Die Raumteilung aller Geschoße wird von zwei grundlegenden Bauelementen bestimmt, die am Längsschnitt auf einen Blick erkennbar sind: erstens von einer etwa 80 cm starken Trennmauer, die auf der Süd-West-Wand des Kellers gründet. Sie verjüngt sich bis in das Dachgeschoß auf 40 cm und teilt das Haus in eine kürzere nord-östliche und eine längere süd-westliche

2) Süd-West-Fassaden der Häuser 2 und 3
Foto Stefan Zenzmaier

1 Die Datierung der frühen Bauphasen basiert einerseits auf einer relativen Chronologie, die im Zuge der Bauforschung am Schöndorfer Platz erarbeitet wurde, andererseits auf der für die Zeit typischen Mauerwerkstruktur; siehe zum Vergleich das Kapitel über die „Mittelalterlichen Keller und ihre Mauerwerke".
2 Das vermauerte Türgewände ist an der unverputzten Kelleraußenwand sichtbar.
3 Daher liegt das ehemalige Fundament des hochmittelalterlichen Gebäudes inzwischen im aufgehenden Mauerwerk frei.
4 Vermutlich war auch das 1. Obergeschoß des spätmittelalterlichen Gebäudes wie der Keller gewölbt. Zum Vergleich siehe hierzu Haus 3 und Haus 4 im Querschnitt.

Hälfte. Zweitens ist auf die Lage der Stiegen hinzuweisen, die über alle Geschoße entlang der Trennwand zu Haus 3 verlaufen. (Abb. 3) Anhand einer Befundanalyse des Kellermauerwerks kann nun gezeigt werden, dass der aktuelle Grundriss des Hauses Schöndorfer Platz 2 von der Anlage eines noch als hochmittelalterlich zu bezeichnenden Gebäudes bestimmt wird.[1] Seine Fundamente liegen frei und sind an den trockenen, also ohne Mörtel versetzten Steinlagen zu erkennen, die das Kellermauerwerk bis in die Höhe von ca. einem Meter kennzeichnen. Das Bodenniveau des hochmittelalterlichen Sockelgeschoßes lag demnach rund 2 Meter tiefer als das heutige Straßenniveau am Platz vor dem Hauseingang. An der süd-westlichen Kellerwand ist sein Mauerwerk noch weitgehend erhalten, wo es rund einen Meter links von der Raumecke an der Trennwand zu Haus 3 eine gemauerte Kante bildet. Sie ist bezeichnenderweise aus quaderartig zugerichteten Ortsteinen versetzt. (Abb. 4, 6)

Im Frühjahr 2005 konnten bei archäologischen Sondierungen im rückwärtigen, nicht unterkellerten Bereich des Hauses das nordöstliche Fundament und die Nord-Ost-Ecke eines weiteren Steingebäudes aus dem 13. Jahrhundert aufgedeckt werden. Sein nord-westlicher Abschluss entspricht der Trennwand zu dem Haus Schöndorfer Platz 3, der südwestliche Abschluss zur Gasse ist nicht nachgewiesen. Die Mauerstärke dieses massiven, schiefwinkelig angelegten Gebäudes beträgt im Fundamentbereich etwa 90 cm. Es war 5,3 Meter breit und zumindest 7 Meter lang. In der Epoche, die Hallein zur Stadt werden ließ, waren auf der Geländeterrasse unter der Pfarrkirche einige Gebäude aus Stein errichtet worden. Auf der Parzelle des Hauses 2 waren es zwei Steinbauten, die einen Hofraum von etwa 5 mal 6 Metern bildeten. Von diesem Hof gelangte man über eine Stiege entlang der westlichen Außenwand in das tiefer gelegene Erdgeschoß des zum Platz orientierten Hauptgebäudes. In derselben Flucht wie die Stiege lag in der Nordwand eine Türöffnung zum Platz.[2] Erst im Spätmittelalter erhielt das Hauptgebäude einen gewölbten Keller. Das Erdgeschoß war in der Zwischenzeit im Verhältnis zum Platzniveau „abgesunken", was auf ein allmähliches Anwachsen des Straßenniveaus zurückzuführen ist. Dieser Raum wurde um rund einen Meter weiter abgetieft[3] und erhielt anstelle der früheren Balkendecke ein Gewölbe.[4] Stichkappen über dem südwestlichen Stiegenaufgang und dem Eingang vom Platz sind ein Hinweis darauf, dass man die alte Erschließung des Gebäudes bei dieser eingreifenden Baumaßnahme beibehalten hatte. Fraglich ist, ob schon zur gleichen Zeit das rückwärtige Gebäude abgebrochen worden war. Das geschah jedoch spätestens im 15. Jahrhundert, nachdem das Haus 2 zusammen mit dem süd-östlichen Teil des Hauses 3 in gemeinsamen Besitz gelangt war. Der neue Eigentümer, der uns namentlich nicht bekannt ist, war wahrscheinlich verantwortlich für die geschlossene Überbauung des Hofes. Mit Sicherheit ließ er die süd-westliche Hälfte der beiden Häuser mit einer neuen durchlaufenden Fassade errichten. Erst ein Nachfolger scheint nach dendrochronologischem Ergebnis zu Beginn des 16. Jahrhunderts die gemeinsame Aufstockung mit einem 2. Obergeschoß veranlasst zu haben. Auf diese Baumaßnahme geht die nachträgliche Einwöl-

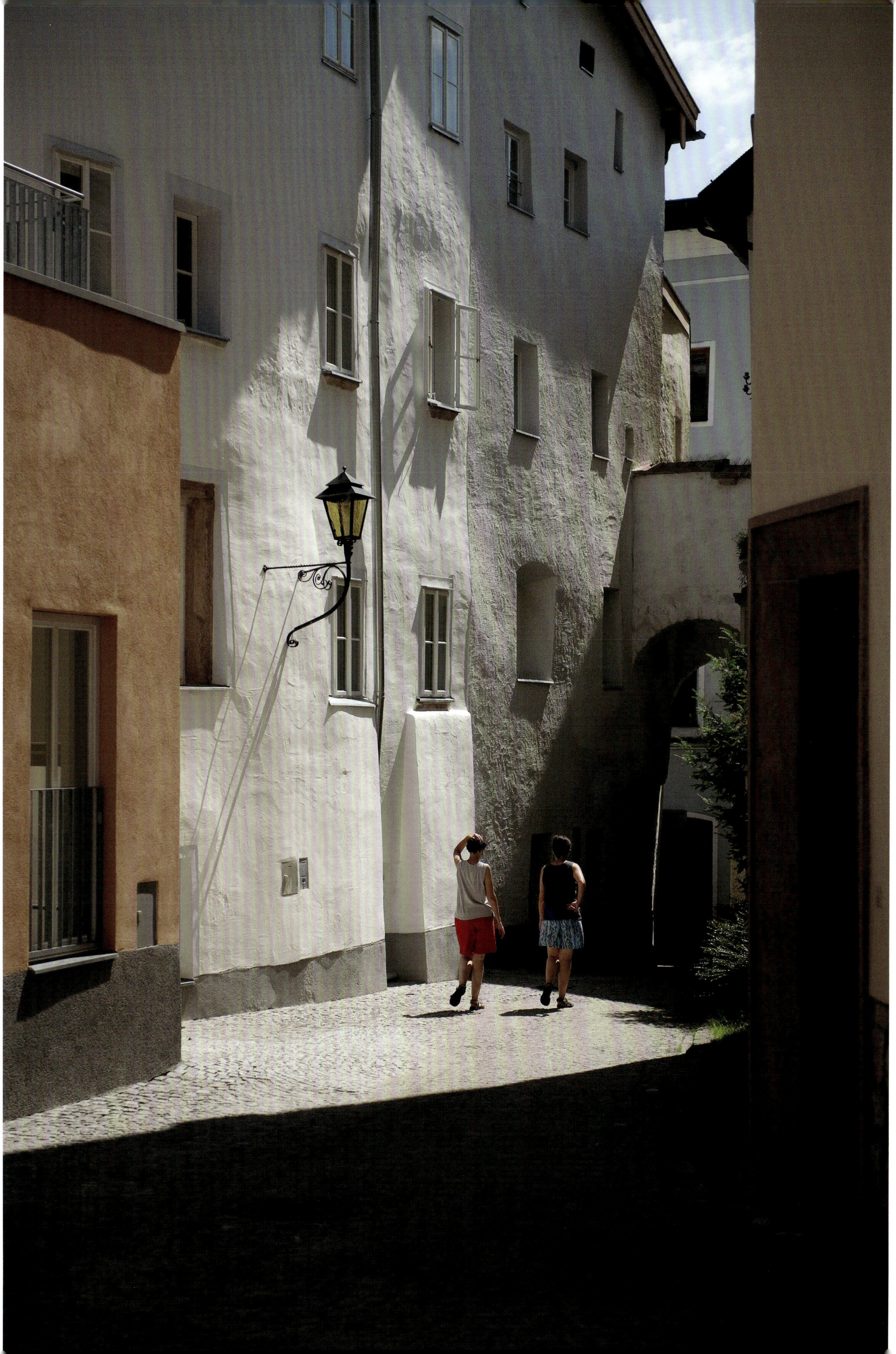

3) Baualtersplan Längsschnitt von Haus 2
Plangrundlage Arge Fleischmann/Messbildstelle, Planbearbeitung Arge Linsinger/IBD/ Elisabeth Wahl
4) Baualtersplan Kellergeschoß von Haus 2
Plangrundlage Arge Fleischmann/Messbildstelle, Planbearbeitung Arge Linsinger/IBD/ Elisabeth Wahl
5) Baualtersplan 1. Obergeschoß von Haus 2
Plangrundlage Arge Fleischmann/Messbildstelle, Planbearbeitung Arge Linsinger/IBD/ Elisabeth Wahl
6) Süd-West-Wand im Keller von Haus 2
Foto Elisabeth Wahl 2002
7) Stiegenaufgang im 1. Obergeschoß von Haus 2
Foto BDA, Petra Laubenstein
8) Blick Richtung Nord-Osten im Dachgeschoß von Haus 2, links die Trennwand zu Haus 3sö, rechts die bauzeitliche Ausstiegsluke
Foto Elisabeth Wahl 2002

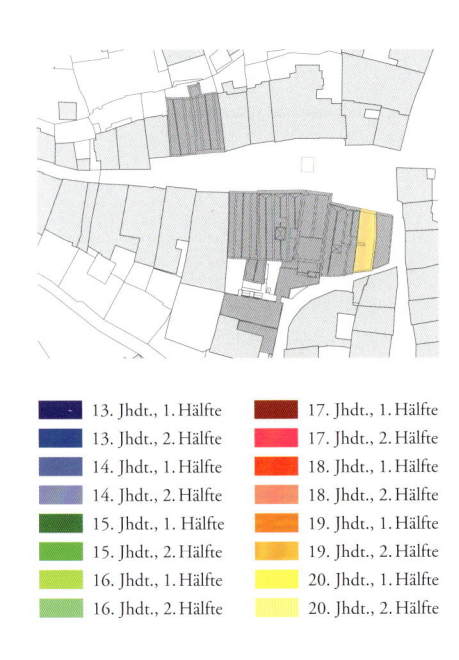

13. Jhdt., 1. Hälfte
13. Jhdt., 2. Hälfte
14. Jhdt., 1. Hälfte
14. Jhdt., 2. Hälfte
15. Jhdt., 1. Hälfte
15. Jhdt., 2. Hälfte
16. Jhdt., 1. Hälfte
16. Jhdt., 2. Hälfte
17. Jhdt., 1. Hälfte
17. Jhdt., 2. Hälfte
18. Jhdt., 1. Hälfte
18. Jhdt., 2. Hälfte
19. Jhdt., 1. Hälfte
19. Jhdt., 2. Hälfte
20. Jhdt., 1. Hälfte
20. Jhdt., 2. Hälfte

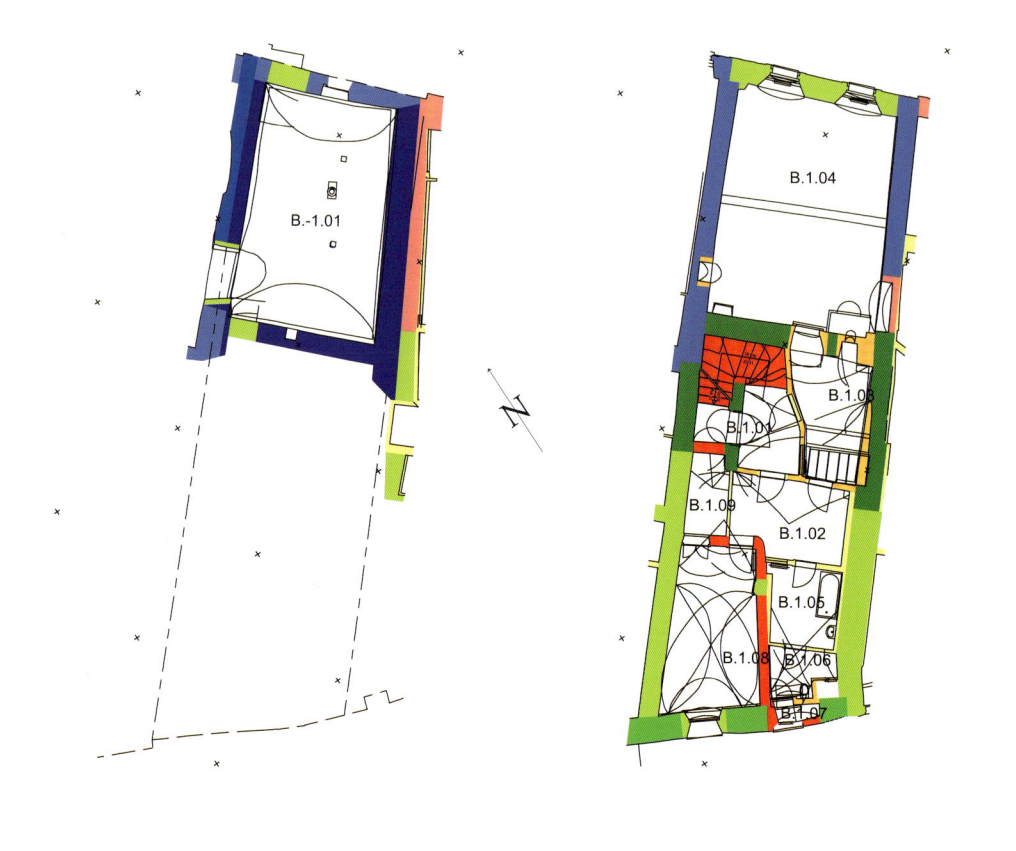

Die Häuser am Schöndorfer Platz

| 6 | 7 | 8 |

bung des süd-westlichen Raumes im 1. Obergeschoß zurück. Über die Treppe aus dem Erdgeschoß gelangte man damals direkt in die 45 m² große Halle, deren Kreuzgratgewölbe auf einem Mittelpfeiler ruht, und von hier weiter in einen 40 m² großen, zum Platz orientierten Wohnraum mit Holzbalkendecke. Weitere Wohn- und Nebenräume erstreckten sich nach Nord-Westen bis in den süd-östlichen Bereich von Haus 3. An mehreren Verbindungstüren in der Trennwand zwischen den beiden Häusern 2 und 3sö lässt sich die gemeinsame Nutzung in allen Geschoßen nachweisen. (Abb. 5)

Noch vor der Mitte des 17. Jahrhunderts erhielt das Haus 2 ein neues Pultdach,[5] das Haus 3sö ein neues Satteldach. Die konstruktiv getrennten Dächer deuten auf die Trennung der seit dem 15. Jahrhundert vereinigten Häuser hin. Der Keller von Haus 2 ist im Besitz des Nachbarhauses geblieben.

Das heutige Pultdach ist nach der dendrochronologischen Datierung aus der Mitte des 18. Jahrhunderts erhalten. Es wurde flacher geneigt, um bei gleicher Firsthöhe ein drittes Vollgeschoß einzurichten (Abb. 3, 8). Der gleichzeitige Umbau der Stiegen mit gewendelten Anläufen zur Abtrennung eines eigenen Stiegenhauses markiert deutlich das Ende der repräsentativen, großräumigen Nutzung des Hauses (Abb. 7). Mit weiteren Trennwänden schuf man kleine Wohneinheiten, die in den zeitgenössischen Grundbuchaufzeichnungen genannten Herbergen[6].

5 Es gibt im heutigen Dachgeschoß Hinweise auf insgesamt drei verschiedene Pultdächer, deren Firstlinie um jeweils circa 50 cm höher gelegt wurde.
6 Stadtgericht Hallein, EZ 113, Notelbuch, U1218, Fol. 120–121

Bürgerhäuser werden zum Hotel – Schöndorfer Platz 3 *Ulrich Klein*

Das große, mehrteilige Gebäude Schöndorfer Platz 3 war bei Untersuchungsbeginn im Oktober 2002 unbewohnt und ohne Nutzung. Es war jahrhundertelang als Gasthaus, Gaststätte, Restaurant und Hotel- und Beherbergungsbetrieb genutzt worden, bis die letzte Betreiberfirma etwa zwei Jahre vorher in Konkurs ging. Eine Beräumung des Hauses von Möbeln und Ausstattungsgegenständen hatte danach nicht stattgefunden, sodass fast alle Räume noch wie zum Zeitpunkt der letzten Nutzung möbliert waren, was stellenweise, vor allem auch in den Kellerräumen, eine nicht unbeträchtliche Behinderung der Untersuchung darstellte. Hinzu kam das schwer beschreibbare Flair eines aufgegebenen Hotels, früher für viele Menschen vorgesehen, nun aber menschenleer.

Die Nord-Ost-Fassade zum Schöndorfer Platz gliedert sich in einen zurückliegenden süd-östlichen Fassadenteil mit fünf Fensterachsen und die in die Platzflucht vorspringende nord-westliche Fassade mit drei Achsen. (Abb. 1) Sieht man von der etwas zu grellen, weil in den 1960er Jahren zuletzt erneuerten gelben Farbigkeit mit dem großen Putzgrafitto eines schreitenden Löwen und der Inschrift „Löwenbräu, Hotel Scheicher" ab, vermittelt die oben von einer typischen waagerecht durchlaufenden, gekehlt vorkragenden Vorschussmauer abgeschlossene Fassade durchaus noch ein barockes Gepräge. Hierzu gehören das spätbarocke, auf „1761" datierte, gedrückt rundbogige Portal aus Adneter Rotmarmor, die weiß abgesetzten Putzlisenen an den Ecken und in allen Obergeschoßen weiße, so genannte „geohrte" Rokoko-Stuckrahmen, die sich sogar von Geschoß zu Geschoß in den Details der Gestaltung unterscheiden. Die wesentlich schlichteren Erdgeschoßfenster mit ihren segmentbogigen Stürzen und glatten Gewänden werden dagegen einbruchsicher von den schmiedeeisernen neobarocken Fensterkörben besonders betont. (Abb. 1, 2)

Die Untersuchung konnte zeigen, dass die Stuckverzierungen, wenn auch vielfach überarbeitet und zugestrichen, und das Portal tatsächlich noch originaler barocker Bestand waren, während die augenfälligen Fensterkörbe in qualitätvoller Arbeit in den 1950er Jahren nach historischen Vorbildern neu angefertigt worden sind. Die barocke Erscheinung der Fassade wurde so als Ergebnis der Untersuchungen nach und nach fassbar; man hat sie sorgfältig in den nachfolgenden Veränderungsphasen zu erhalten gesucht. Und neue Bauteile wurden in den Bestand eingepasst: Im 2. Obergeschoß des vortretenden Bauteils, dem Saalgeschoß, das die Höhe von zwei Vollgeschoßen einnimmt, gibt es rundbogig abgeschlossene Fenster in einem Stuckrahmen, der in seinen formalen Details dem des 2. Obergeschoßes des östlichen Fassadenbereichs entspricht, aber für die größere Fensterform umkonzipiert wurde. Es handelt sich hierbei um Fenster, die einschließlich der historisierenden Stuckierung in hoher Qualität erst in Zusammenhang mit dem Saaleinbau 1911/12 entstanden, dabei aber handwerklich gut angepasst worden sind.

Nun würde zu einer barocken Fassade auch eine gleichmäßige Anordnung der Fenster in regelmäßigen Achsen gehören. Dies allerdings trifft hier nicht zu: Die Achsen sind nicht gleichmäßig über die Fassade verteilt, sondern bilden in allen Geschoßen zwei Gruppen mit einem dazwischen liegenden, deutlich breiteren

1) Bestandsdarstellung der Nord-Ost-Fassade von Schöndorfer Platz 3
Arge Fleischmann/Messbildstelle
2) Nord-Ost-Fassade zum Platz um 2002
Foto BDA, Petra Laubenstein

3) Bestand Grundriss Kellergeschoß von
Schöndorfer Platz 3
Arge Fleischmann/Messbildstelle
4) Bestand Grundriss Erdgeschoß von
Schöndorfer Platz 3
Arge Fleischmann/Messbildstelle

74   Die Häuser am Schöndorfer Platz

5) Eingangsbereich im Erdgeschoß von Haus 3
Foto BDA, Petra Laubenstein

Mauerwerksstreifen, durch den bei den beiden unteren Geschoßen je eine, darüber je zwei Achsen von den übrigen beiden beziehungsweise drei Achsen getrennt sind. Solche Unregelmäßigkeiten entstanden, weil hier kein barocker Neubau errichtet wurde, sondern man versucht hat, eine bereits vor 250 Jahren historische Architektur von teilweise hohem Alter moderner erscheinen zu lassen. Zu diesem Zweck hat man in den älteren Fensteröffnungen hölzerne Kastenfenster eingebaut. Dabei wurden der äußere und der innere hölzerne Fensterrahmen jeweils mit einem Drahtknebel kraftschlüssig verbunden und der dazwischen liegende Gewändebereich überputzt – mit vergleichsweise wenig Aufwand entstand ein modern anmutendes Fenster. Inzwischen war allerdings der Putz teilweise wieder abgefallen, und an den Fehlstellen ist zu erkennen, dass darunter die älteren Fenstergewände aus Rotmarmor, die noch vorbarocken Bauphasen angehören, erhalten sind. Unter der barocken Fassade liegt also noch die des 16. und frühen 17. Jahrhunderts, und wenige weitere vorgenommene Putzöffnungen ergaben Hinweise auf Öffnungen in noch ganz anderen, heute geschlossenen Fassadenbereichen: Hier verbergen sich die mittelalterlichen Fenster.
Die Süd-West-Fassade aus überputztem Bruchstein gliedert sich in einen vorspringenden süd-östlichen und einen rückspringenden nord-westlichen Bereich, dem im Erdgeschoß ein eingeschoßiger Anbau vorgelagert ist. Bedingt durch die unterschiedliche Art und Anordnung der Durchfensterung und die Dachformen – waagerechte Vorschussmauer beim nord-westlichen Bereich und Satteldach, kombiniert mit Grabendachkontur beim süd-östlichen – sowie die Putzanstriche wirken diese beiden Hausbereiche anders als bei der repräsentativen einheitlichen Platzfassade völlig unterschiedlich. Im süd-östlichen Fassadenbereich sind wiederum zwei eigenständige Hauseinheiten zu unterscheiden, nämlich das von dem Satteldach überdeckte nord-westliche und das mit dem Grabendach abgeschlossene süd-östliche Gebäude, sodass insgesamt drei unterschiedliche Gebäude ablesbar sind. Hier ist die Barockisierung der Fassade also weit weniger entwickelt, wodurch sich die älteren Baukörper wesentlicher deutlicher abzeichnen, auch in den unterschiedlichen Dachkonturen; schließlich blieben hier zum Teil die älteren Rotmarmorgewände sogar sichtbar erhalten.
Der Grundriss des Kellergeschoßes von Schöndorfer Platz 3 gliedert sich in drei untereinander verbundene Raumkompartimente, die durch auffallend starke parallele Längsmauern getrennt sind: eine deutlich nach Nord-Osten vor- und im süd-westlichen Bereich zurücktretende nord-westliche Raumeinheit (3nw), eine mittlere (3m) und eine süd-östliche (3sö) Raumeinheit. (Abb. 3) Ebenfalls hier angeschlossen ist der Keller von Schöndorfer Platz 2. Der Zugang in die Kelleranlage erfolgte zuletzt über eine moderne zweiläufige Treppe nord-westlich des nord-westlichen Raumkompartimentes; ein Durchgang von hier in den süd-östlichen Keller von Haus 4 war vorhanden, aber zuletzt verschlossen.
Der Grundriss des Erdgeschoßes von Schöndorfer Platz 3 gliedert sich ebenfalls wie die darunter liegenden Kellerräume in drei Raumkompartimente unterschiedlicher Komplexität, die durch starke parallele Längsmauern getrennt sind. (Abb. 4) Hinter jedem dieser Raumkom-

6) Prunktür in der Altdeutschen Stube im Erdgeschoß von Haus 3
Foto BDA, Petra Laubenstein

7) Verbauter barocker Saal im 1. Obergeschoß 2003
Foto BDA, Petra Laubenstein

partimente verbirgt sich, wie die Untersuchung erbrachte, jeweils ein mittelalterliches Einzelhaus, bis im 18. Jahrhundert alle für die Nutzung als Gasthof zusammengefasst worden sind.
Hier im Erdgeschoß lagen zuletzt der mittige Eingangsbereich und die Governments des Betriebes, nord-westlich die eigentliche Gaststube mit der dahinter liegenden großen Küche, süd-östlich die qualitätvolle Schöndorferstube, rückseitig ein weiterer gewölbter Gastraum. Ältere Fotografien zeigen noch die Möblierung dieser Räume des lange Zeit hoch angesehenen Gasthofes. (Abb. 5, 6)
Auch beim Grundriss des 1. Obergeschoßes sind wieder die drei Raumkompartimente ablesbar. In diesem Geschoß hat man konsequent für die Hotelnutzung die ehemals großzügigen Räume, darunter im mittigen Haus ein barocker Saal, unterteilt; als letzte Modernisierungsstufe brachte dann der Einbau von Bädern weitere Unterteilungen. (Abb. 7)
Dies gilt auch für das 2. Obergeschoß mit seinen wiederum drei Raumkompartimenten. Allerdings wird hier das gesamte nord-westliche Kompartiment 3nw von dem für die Stadtgeschichte Halleins wichtigen großen Saal eingenommen, zu dem bis zu einer jüngeren Abtrennung auch noch der Raum D.2.13 in Haus 4 gehörte. Im süd-östlichen Kompartiment 3sö haben sich im mittleren Bereich in ehemaligen Nebenräumen noch ältere Befunde erhalten, so in Raum C.2.15, der nord-westlich ein nach Nord-Osten ansteigendes Gewölbe und daneben ein Gratgewölbe mit Sternmuster besitzt. Damit liegt die Gestaltung des 16. Jahrhunderts unmittelbar frei, während sie an anderen Stellen mühsam unter modernen Oberflächen gesucht werden musste.

Der Grundriss des 3. Obergeschoßes gliedert sich ebenfalls in drei Raumkompartimente. Das nord-westliche Kompartiment 3nw wird hier ausschließlich durch den Luftraum des Saales eingenommen. Die übrigen Zimmer waren hier einfach ausgestattete Personalräume, während sich im Süd-Westen eine modern ausgebaute Wohnung anschloss.
Auch im Dachgeschoß sind die drei Kompartimente noch ablesbar. Das nord-westliche Kompartiment 3nw gliedert sich in den erhaltenen historischen Dachstuhl aus einem Grabendach aus zwei gegeneinander geneigten Pultdächern in Pfettenbauweise mit Rofen und mittiger Grabenrinne zum Platz hin und einen modernen Wohnungsausbau mit Flachdach rückwärtig. Das mittlere Kompartiment 3m besitzt eine durchlaufende Satteldachkonstruktion auf Pfetten mit Rofen und nord-östlicher Abwalmung, die bis auf einige jüngere Reparaturen original erhalten ist. Im süd-westlichen Bereich ist sogar noch eine historische Aufzugsvorrichtung vorhanden gewesen. Das süd-östliche Kompartiment 3sö gliedert sich in zwei Dachkonstruktionen, eine etwa das nord-östliche Drittel einnehmende Satteldachkonstruktion auf Pfetten mit Sparrenpaaren und nord-östlicher Abwalmung, die fast vollständig original erhalten ist, und ein die süd-östlichen zwei Drittel des Grundrisses einnehmendes Grabendach aus zwei gegeneinander geneigten Pultdächern in Pfettenbauweise mit Rofen und mit mittiger Grabenrinne. Die vor allem dem 17. Jahrhundert zuzurechnenden historischen Dachkonstruktionen bieten hier geradezu ein Kompendium der verschiedenen Möglichkeiten, frühbarocke Grabendächer zu konstruieren.

8) Baualtersplan Grundriss Kellergeschoß von Schöndorfer Platz 3
Plangrundlage Arge Fleischmann/Messbildstelle, Planbearbeitung Arge Linsinger/IBD
9) Baualtersplan Grundriss Erdgeschoß von Schöndorfer Platz 3
Plangrundlage Arge Fleischmann/Messbildstelle, Planbearbeitung Arge Linsinger/IBD

■ 13. Jhdt., 1. Hälfte		■ 17. Jhdt., 1. Hälfte	
■ 13. Jhdt., 2. Hälfte		■ 17. Jhdt., 2. Hälfte	
■ 14. Jhdt., 1. Hälfte		■ 18. Jhdt., 1. Hälfte	
■ 14. Jhdt., 2. Hälfte		■ 18. Jhdt., 2. Hälfte	
■ 15. Jhdt., 1. Hälfte		■ 19. Jhdt., 1. Hälfte	
■ 15. Jhdt., 2. Hälfte		■ 19. Jhdt., 2. Hälfte	
■ 16. Jhdt., 1. Hälfte		■ 20. Jhdt., 1. Hälfte	
■ 16. Jhdt., 2. Hälfte		■ 20. Jhdt., 2. Hälfte	

Schöndorfer Platz 3

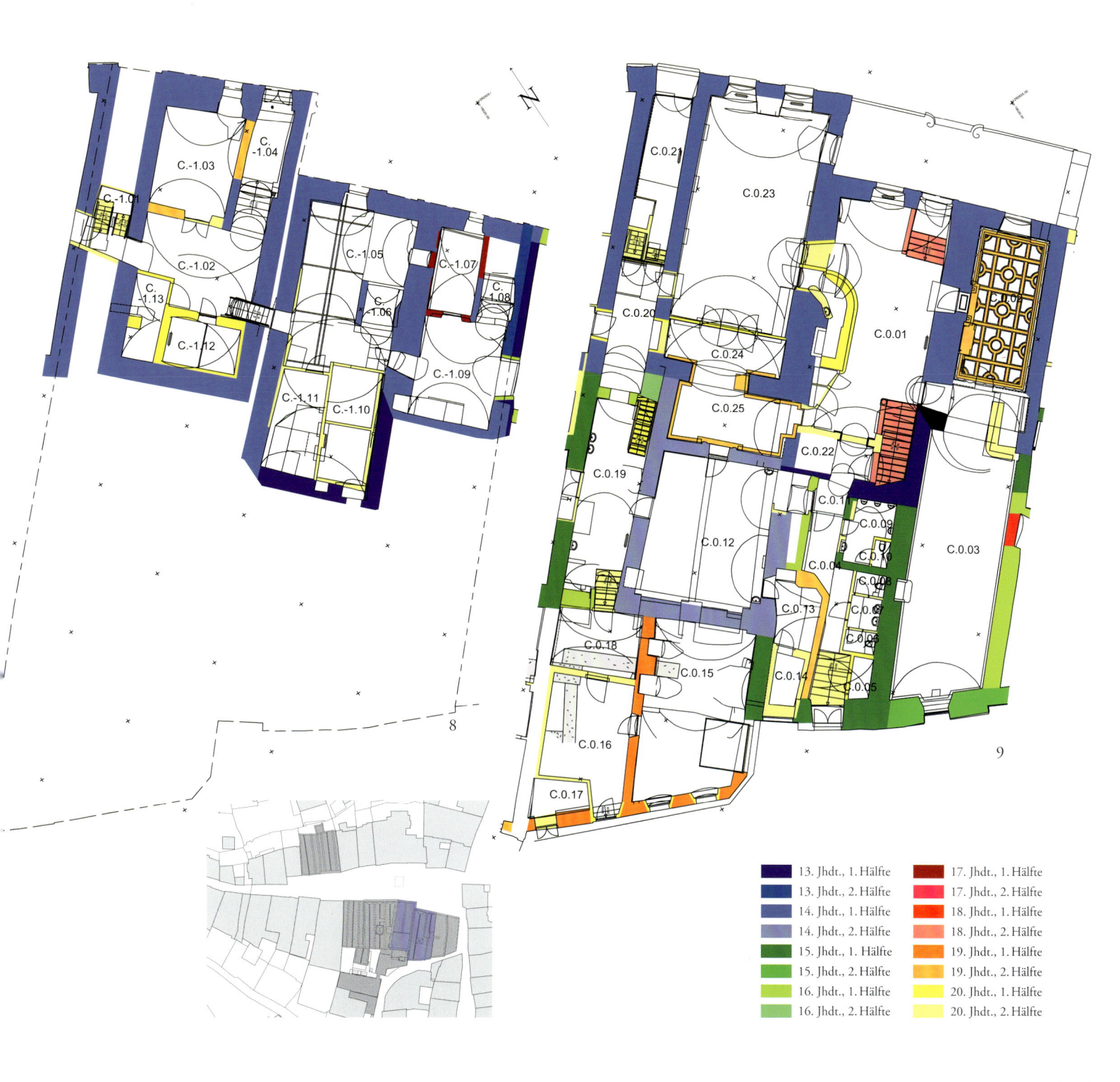

Als Ergebnis der bauhistorischen Untersuchung ist festzuhalten: Der große, zuletzt als Hotel genutzte Gebäudekomplex ist im Verlauf von mehreren Jahrhunderten aus den drei mit den Augen des Bauforschers noch deutlich ablesbaren Einzelhäusern mit ihren jeweiligen Rückgebäuden – dem westlichen Bau 3nw, dem mittleren Bau 3m und dem östlichen Bau 3sö – zusammengewachsen und wurde erst im Laufe des 18. Jahrhundert in einer heute noch weitgehend ablesbaren Form zusammengefasst. (Abb. 8, 9) Wie aber sahen die Gebäude vorher genau aus? Die älteren Häuser entlang der nördlichen Begrenzung des Baublocks sind im Gegensatz zu den jüngeren Gebäudeteilen unterkellert, wobei die Keller zugleich die Ausdehnung der (Stein-)Bauten in der mittelalterlichen Hauptbauphase definieren, die nach den Mauerwerksmerkmalen in die zweite Hälfte des 13. oder die erste Hälfte des 14. Jahrhunderts datiert wird. Eine genauere Datierung innerhalb dieses Spielraumes ist zum jetzigen Zeitpunkt nicht möglich, da die Mauerwerkschronologie für Hallein bislang noch auf zu wenig sicher datierten Beispielen beruht. Dabei besitzen die Keller von Anfang an ein großes, auf einer hölzernen Schalung gemauertes Tonnengewölbe mit einem deutlich abgesetzten platzseitigen Zugangsbereich; diese Situation ist bei heute allen drei Häusern noch weitgehend ablesbar, wenn auch nicht unverändert vorhanden.

Noch ältere bauliche Reste als bei diesen Kellerräumen finden sich nur bei dem am weitesten nach Süd-Westen reichenden Haus 3m, bei dem die rückwärtige Schildmauer des Kellers ebenso wie noch Teile der Widerlagermauern des Gewölbes einer älteren, noch romanisch geprägten Phase angehören, die in die Zeit der Stadtentstehung in der ersten Hälfte des 13. Jahrhunderts zu datieren ist. Ein zugesetztes rundbogiges Portal in der Süd-Westmauer, das zu einem später im Rahmen der archäologischen Untersuchung noch freigelegten Kellerabgang hinführt, deutet darauf hin, dass die Erschließung früher vom Hofgelände her erfolgte.

Während die ältesten Befunde aus Haus 3m sonst nur noch mit ähnlich altem Mauerwerk im Keller des Hauses 2 vergleichbar sind, also nicht unmittelbar nebeneinander liegende Gebäude auf offenbar noch größeren Parzellen betreffen, wurde in der darauf folgenden Phase vermutlich bereits der konsequente Übergang zu straßenseitig angeordneter Zeilenbebauung vollzogen. Dabei ist allerdings auffallend, dass in der Anfangszeit auch unmittelbar nebeneinander errichtete Gebäude noch jeweils eigene Außenmauern besitzen, was sich heute an teilweise erheblichen Mauerstärken ablesen lässt. Dies ist ein Hinweis darauf, dass ein so genanntes Kommunbaurecht, das die gemeinsame Nutzung einer Wand regelte, damals in Hallein noch nicht existierte. In München stammen die ältesten gut belegten Nachrichten über Kommunbaurechte aus der ersten Hälfte des 14. Jahrhunderts; Ähnliches muss es auch in Hallein gegeben haben, denn ab den Phasen des 14. und 15. Jahrhundert werden auch hier die nebeneinander gesetzten Mauern zugunsten von gemeinsam genutzten Trennmauern aufgegeben, was eine entsprechende rechtliche – aber nicht unbedingt schriftlich festgehaltene – Regelung voraussetzt.

Neben den verdoppelten Mauern sind auch die in mehreren Geschoßen übereinander gesetzten Tonnengewölbe charakteristisch für die ältere Phase: Bei den Häusern 3nw und 3m sind im Erdgeschoß noch jeweils die geometrisch gleichen Tonnen wie im Keller vorhanden, während bei 3sö die Erdgeschoßtonne durch einen Umbau im 19. Jahrhundert entfernt worden ist, aber vorher wohl genauso konzipiert war. Die große Ähnlichkeit der Tonnengewölbe in Ausführung, Maßen und Formen lassen sich bautechnisch nur damit erklären, dass die hölzernen Leergerüste aus den Kellern jeweils in den Geschoßen darüber wieder verwendet worden sind. Dies machte nicht nur bautechnisch, sondern auch statisch Sinn, weil man so die immer gleichen Lastableitungen bewältigen konnte. Zu den gewölbten Bereichen im Keller und Erdgeschoß kommt bei den drei früheren Häusern noch nachweisbare Mauerwerkssubstanz aus dieser Phase im 2. und 3. Obergeschoß, bis darüber die jüngeren Aufstockungen beginnen. In keinem Geschoß lassen sich bei den ca. 5 (3sö) bis 7 Meter (3m) breiten und 11 (3sö) bis 15 Meter (3m und 3nw) langen Kernbauten Unterteilungen feststellen, sodass sie mit großer Wahrscheinlichkeit so genannte „Saalgeschoßbauten" darstellten, soweit nicht zusätzlich hölzerne, bislang nicht nachweisbare Wände oder Einbauten vorhanden waren. Zu solchen Saalgeschoßbauten gehören in der Regel für die nichtrepräsentativen Wohnfunktionen zusätzliche Gebäude, die hier dann vor allem auf der Süd-West-Seite zu suchen wären. Die in den folgenden Phasen feststellbaren massiven Anbauten in diesem Bereich wären dann „Versteinerungen" solcher bereits früher hier vorhandener Holzarchitektur.

Der Ausbau im süd-westlichen Bereich beginnt in der zweiten Hälfte des 14. Jahrhunderts mit dem Rückgebäude von Haus 3nw, wodurch sich die Grundfläche des Gebäudes fast verdoppelt. Hiermit ist eine Entwicklung vorgegeben, die nun fast regelhaft dazu führt, dass alle platzseitigen Gebäude durch Rückgebäude erweitert werden; parallel erfolgte die Aufstockung zuerst der Vorder-, dann der Rückgebäude. In der ersten Hälfte des 15. Jahrhunderts wurde ein Rückgebäude zu Haus 3m errichtet, das den Rücksprung des Vorderhauses als Vorsprung nach Süd-Westen aufnimmt, und in derselben Phase erfolgte eine im Grundriss annähernd quadratische Erweiterung von Haus 3sö nach Süd-Westen. Hierbei könnte es sich möglicherweise um einen vor allem zu Lagerzwecken errichteten kleinen Turmbau gehandelt haben. Spätestens jetzt muss ein Kommunbaurecht vorhanden und angewendet worden sein, denn bei den nun vorgenommenen Neubauten wird systematisch auf die Mauerverdoppelung verzichtet. Diese rückwärtigen Erweiterungen lassen sich bis jeweils in das 2. Obergeschoß verfolgen, während 3nw nun bereits mit einem massiven 3. Obergeschoß erhöht wird. In der zweiten Hälfte des 15. Jahrhunderts scheint dann Haus 3sö mit Haus 2 von einem gemeinsamen neuen Besitzer umgebaut worden zu sein, denn die Baumaßnahmen betrafen beide Häuser gleichzeitig: Hierzu gehörte im Erdgeschoß und 1. Obergeschoß eine neue Südfront in der Verlängerung der von Haus 3m bereits besetzten Flucht sowie die Aufstockung um ein gemeinsames 2. Obergeschoß, bei dem zugunsten einer gemeinsamen durchlaufenden Fassade die bestehende Fassade von Haus 3sö ausgetauscht wurde. In dieser Zeit bekam auch das Haus 3m ein massives drittes Obergeschoß. In der ersten Hälfte des 16. Jahrhunderts ist dann wohl vor allem als Widerlagermauer für jetzt neu eingezogene Gewölbe die frühere Trennwand zwischen Haus 2 und 3sö bis zur Süd-West-Fassade verlängert worden; Durchgänge sicherten weiterhin die gemeinsame Nutzung der Räume. Zugleich wurde nun der vordere Hausbereich um ein 1. Obergeschoß aufgestockt, in der zweiten Hälfte des 16. Jahrhunderts, möglicherweise zusammen mit dem datierten Deckenaustausch in Raum C.2.05 um 1560, folgte der süd-westliche Hausteil. Damit waren zu diesem Zeitpunkt die Häuser 2/3sö, 3m und 3nw bereits vierstöckig. Inzwischen war 1530 (d)[1] der Durchgang zwischen Haus 3nw und Haus 4 bis zum 2. Obergeschoß überbaut worden, sodass das Haus 3nw nun um einen seitlichen Flur im Nord-Westen erweitert werden konnte, was die Erschließung des tief bebauten Grundstückes deutlich erleichterte. Die Errichtung eines neuen Daches über Haus 3sö 1643 (d) markiert den Beginn der Trennung von Haus 2, die sich in den einzelnen Geschoßen, bedingt durch das in Hallein übliche Geschoßeigentum, noch über einen längeren Zeitraum hinziehen sollte; ein Raum am Lichthof im 2. Obergeschoß von Haus 3sö wurde offenbar noch im 19. Jahrhundert von Haus 2 aus genutzt.

In der ersten Hälfte des 17. Jahrhunderts sind etliche Baumaßnahmen vorgenommen worden: Um 1612 (d) bekam das um den nord-westlichen Gang erweiterte Haus 3nw ein neues Grabendach, und 1620 wurde der Boden des Raumes C.3.19 neu eingezogen. Um 1642 scheint dann das Dach von Haus 3m erneuert worden zu sein, und es kam der Turm über dem mittleren Dachbereich als oberer Abschluss des Lichtschachtes von Haus 3m hinzu. Anlass für die Erneuerungen im Dachbereich war vielleicht ein für 1607 überlieferter Brand des gegenüber liegenden Rathauses gewesen. Die jetzt nachweisbare Lage des Lichtschachtes gibt auch einen Hinweis auf die Position der damaligen, spätestens bei dem Umbau von 1912 vollständig verschwundenen Treppenerschließung. Die zweite Hälfte des 17. Jahrhunderts war vor allem durch den weiteren Ausbau insbesondere der jüngeren süd-westlichen Gebäudeteile geprägt, die nun in den Erdgeschoßen auch eingewölbt wurden. Um 1671 (d) errichtete man das Dach über dem süd-westlichen Teil des Hauses 3m.

Im frühen 18. Jahrhundert sind dann die drei Einzelhäuser 3sö, 3m und 3nw unter einem gemeinsamen Besitzer zur Nutzung als Gasthof zusammengefasst und später umgebaut worden; möglicherweise begann bereits das Ausgreifen bis in das Haus 4 hinein. Zu den datierten Umbauten der zweiten Hälfte des 18. Jahrhunderts gehörten neben der Stuckierung der Nordfassade der Bau einer neuen zentralen Erschließung im Hausteil 3m und die Einrichtung eines Saales im nördlichen 1. Obergeschoß von Hausteil 3nw. Neu entstehende oder bereits vorhandene Räume bekamen nun Stuckrahmendecken. Gleichzeitig wurden neue Wände eingebaut, die für eine kleinteiligere Aufteilung der Grundrisse sorgten. Allerdings lassen sich diese anspruchsvollen Umbauten nur im Bereich von Erdgeschoß, 1. und 2. Obergeschoß nachweisen, während darüber offenbar keine wesentlichen Veränderungen vorgenommen wurden, weil das 2. Obergeschoß möglicherweise ohnehin nur mehr als Lagergeschoß diente. Durch die

---

[1] Die Bezeichnung „(d)" bezieht sich auf die dendrochronologische Ermittlung des betreffenden Datums

10) Stadtmodell von Hallein Erzabtei St. Peter, als Leihgabe im Salzburg Museum

intensive Nutzung des Gasthauses haben sich ansonsten keine Ausstattungen des 18. Jahrhunderts erhalten, obwohl davon auszugehen ist, dass die beschriebenen Umbauten auch mit einer entsprechenden Ausstattungsphase einhergingen. Zu Beginn des 19. Jahrhunderts fanden im 1. (Raum C.1.06) und 3. Obergeschoß (Räume C.3.09 und C.3.19) nachweisbare Bodenausbesserungen statt, 1821 Arbeiten im nord-östlichen Dach über Hausteil 3nw. In der ersten Hälfte des 19. Jahrhunderts oder in den ersten Jahren der zweiten Jahrhunderthälfte wurde vor der Süd-West-Fassade das neue Stallgebäude errichtet, das auf dem Stadtmodell um 1800 noch nicht erkennbar ist. (Abb. 10) Damalige Veränderungen in den Kellern dürften auf die zu einem Gasthof gehörende Brauereinutzung zurückzuführen sein. Die zweite Hälfte des 19. Jahrhunderts ist dann vor allem durch den weiteren Ausbau des Gasthofes geprägt, wozu auch der Einbau der qualitätvollen altdeutschen Stube aus den Werkstätten Schöndorfer im Erdgeschoß des Hausteiles 3sö 1893 zu rechnen ist. Spätestens jetzt begann auch die Inanspruchnahme von Räumen im süd-östlichen Bereich von Haus 4, nachdem Wanddurchbrüche die Verbindung hergestellt hatten. Für die Vergrößerung der Küche hat man den darunter liegenden Kellerraum aufgegeben und zugeschüttet. Durchgreifendster Umbau des 20. Jahrhunderts war zweifellos 1912 die Einrichtung des großen Saales im 2. und 3. Obergeschoß des Hausteils 3nw, dem ein gesamtes (Dach-)Geschoß und die bisherige Treppenerschließung zum Opfer fielen, und der mit seiner zugehörigen Treppenhauserweiterung auch weit bis in den mittleren Hausbereich eingriff. Bereits 1919 ist der Saal um bislang schon genutzte Räume in Haus 4 erweitert worden, und gleichzeitig ermöglichten neue Wanddurchbrüche die Nutzung von Räumen des Erdgeschoßes des Nachbarhauses. In diese Phase fällt auch der Beginn der Unterteilung des Hauses durch Leichtbauwände in kleinere Einheiten, vor allem für Gästezimmer. Durch massive Einbauten wurden gleichzeitig im Keller neue Räume für die Heizanlage geschaffen. Zur Schaffung zusätzlicher Gästezimmer hat man in den Obergeschoßen in der zweiten Hälfte des 20. Jahrhunderts immer weitere Unterteilungen mit Leichtbauwänden vorgenommen, die die vorhandene Substanz weitgehend nicht beeinträchtigten. Der Ausbau der Küchen- und Kühltechnik führte zu größeren Umbauten im Keller und vor allem in dem an die Küche anschließenden süd-westlichen Bereich von Hausteil 3m, wo auch Teile der Fassade ausgetauscht worden sind. Sehr viel weitergehend waren dagegen im 1. Obergeschoß von Hausteil 3nw, im 3. Obergeschoß von Hausteil 3m und 3sö sowie im Dachgeschoß von Hausteil 3nw im ausgehenden 20. Jahrhundert die Umbauten, aus denen neue Wohnungen entstanden sind oder entstehen sollten.

Insgesamt ist also die bewegte Geschichte von Schöndorfer Platz 3 die Geschichte dreier Häuser mit ihren jeweiligen Zubauten, bis durch die Nutzung als Gasthof im 18. Jahrhundert die bislang getrennten Hauseinheiten zusammengefasst wurden. Die seitdem vorgenommenen Unterteilungen verwandelten die bis dahin recht großzügigen Raumzuschnitte und gaben damit dem ganzen Hauskomplex ein neues, bis zur Gegenwart überliefertes Gepräge.

11) Die „Altdeutsche Stube" im Haus 3
nach der Restaurierung, 2008
Foto Stefan Zenzmaier

12) Der wiederhergestellte Saal im Haus 3
Foto Stefan Zenzmaier

Der erste Sitz der Administration – Schöndorfer Platz 4   *Ulrich Klein*

Das große, mehrteilige Gebäude Schöndorfer Platz 4 war bei Untersuchungsbeginn im Oktober 2002 anders als erwartet noch von mindestens sieben Mietparteien bewohnt. Daher konnten lediglich während einer Woche nach jeweiliger Voranmeldung Untersuchungen stattfinden, und in der Wohnung des 3. Obergeschoßes/Dachgeschoßes war sogar nur eine kurze Besichtigung möglich. Dabei waren natürlich alle Räume noch vollständig möbliert, was neben dem eingeschränkten Zeitfenster eine große Behinderung für die Untersuchung darstellte. An Stellen, die nicht im Kernbereich von Wohnungen lagen, konnten von den Restauratorinnen Befundschnitte angelegt werden. Weitergehende, zum Erkenntnisgewinn eigentlich erforderliche Eingriffe in die Wand- und Deckensubstanz schieden in dem bewohnten Gebäude aus. Schöndorfer Platz 4 hatte damit die schlechtesten Untersuchungsbedingungen aller drei Häuser. Erst im Zuge der Baubegleitung während der Sanierungsarbeiten konnten schließlich einige ergänzende Untersuchungen des Gebäudes durchgeführt werden.

Die Nord-Ost-Fassade des entlang des Platzes lang gestreckten giebelständigen Baues gliedert sich in fünf, insbesondere in der süd-östlichen Haushälfte nicht konsequent durchgehaltene Fensterachsen in den drei Vollgeschoßen und im Dachgeschoß. (Abb. 1–3) Die Platzfassade wird oben abgeschlossen von der waagerecht durchlaufenden, tief gekehlt weit vorkragenden Vorschussmauer. Die gesamte verputzte Fassade ist nach unten an Breite zunehmend ausgestellt. Hier ist also der barocke Zustand, wie er am Nachbarhaus noch so bestimmend war, weitgehend durch jüngere Fassadenüberarbeitungen des 19. und 20. Jahrhunderts überprägt. Selbst diese konnte aber nicht verbergen, dass auch hier die Unregelmäßigkeiten in der Durchfensterung Hinweise auf ältere Bauphasen waren.

Die ebenfalls verputzte Süd-West-Fassade gliedert sich in eine süd-östliche (4sö) und eine nord-westliche (4nw) Haushälfte, die durch unterschiedliche Arten der Durchfensterung, unterschiedliche Fensterhöhen und vor allem durch die Dachform mit zwei Satteldächern noch deutlich zeigen, dass hier früher zwei Einzelhäuser nebeneinander standen. (Abb. 4)

Der Grundriss des Kellergeschoßes von Haus 4 gliedert sich in ein nord-westliches Kompartiment quadratischer Form mit einem gegenüber der Platzflucht zurückliegenden Tonnengewölbe (Haus 4nw) und ein süd-östliches Kompartiment, mit Tonnengewölbe auf einem deutlich trapezförmigen, langrechteckigen, sich nach Süd-Westen verschmälernden Zuschnitt (Haus 4sö). (Abb. 5) Ein ehemals vorhandener niedriger Verbindungsgang zwischen den beiden Kellern unter dem mittleren Hausbereich hindurch war zuletzt zugesetzt.

Der Grundriss des Erdgeschoßes von Haus 4 gliedert sich in ein nord-westliches Kompartiment rechteckigen Zuschnitts mit zwei hintereinander angeordneten großen Tonnengewölben (4nw), in den durchlaufenden mittleren Gang (Haus 4m) und das süd-östliche Kompartiment mit deutlich trapezförmiger, sich nach Süd-Westen verschmälernder Form (Haus 4sö) sowie schließlich in die den rückwärtigen Hof U-förmig einfassenden Hintergebäude. (Abb. 6)

Der Grundriss des 1. und 2. Obergeschoßes entspricht dem des Eingangsgeschoßes. Der Grundriss des 3. Obergeschoßes ist dagegen

1) Bestandsdarstellung der Nord-Ost-Fassade
von Schöndorfer Platz 4, 2003
Arge Fleischmann/Messbildstelle
2) Nord-Ost-Fassade von Haus 4 in
1970er Jahren
Foto BDA

3) Die Nord-Ost-Fassade von Haus 4
im Jahre 2008
Foto Stefan Zenzmaier

durch jüngere Umbauten der zweiten Hälfte des 20. Jahrhunderts völlig anders als in den darunter liegenden Geschoßen organisiert, wobei nun auch die verschiedenen Hauseinheiten nicht mehr zu unterscheiden sind. Bedingt durch die jüngeren Umbauten ist eine eigentliche Dachkonstruktion nur über dem süd-westlichen Teil des Grundrisses vorhanden; hier liegen nebeneinander zwei identische Satteldächer mit Pfettenkonstruktionen und Sparren, die Mitte des 20. Jahrhunderts (1945d) vollständig erneuert worden sind. Während die nord-westliche Dachkonstruktion etwa bis zur Hausmitte reicht, endet die süd-östliche bereits an der Südkante des Lichtschachtes. Die beiden nord-westlichen Drittel der nord-östlichen Haushälfte werden dagegen von einem bündig mit der Oberkante der Vorschussmauer abschließenden Flachdach eingenommen, während das süd-östliche Drittel eine tiefer liegende Terrasse aufweist. Ältere Fotografien zeigen den Zustand des Daches vor den durchgreifenden Veränderungen, die eine völlige Zerstörung des historischen Gefüges nach sich zogen. Baugeschichtlich ist als Ergebnis der Untersuchung festzuhalten, dass dieses Haus aus zwei unterschiedlichen Gebäuden mit ihren jeweiligen Hinterhäusern am Platz zusammengewachsen ist. Daher wird baugeschichtlich zwischen Haus Schöndorfer Platz 4nw und 4sö als zwei ehemals selbständigen unterschiedlichen Gebäuden unterschieden. (Abb. 7–10)
Nach Auswertung der Kellermauerwerke und der Gebäudegeometrie stammt hier der älteste Bereich aus der zweiten Hälfte des 13. Jahrhunderts; es handelt sich um den nord-westlichen Hausteil mit einem von der Platzflucht weit zurückliegenden, etwa quadratischen Keller, dessen Mauerwerk, Größe und Geometrie entwicklungsgeschichtlich zwischen dem ältesten Teil von Haus 3m und der dortigen mittelalterlichen Hauptbauphase anzusiedeln sind. In diese noch der ersten Hälfte des 13. Jahrhunderts zugeordneten Bauphase gehört oberirdisch ein langrechteckiges, unmittelbar an den Platz grenzendes Gebäude mit nachweisbaren drei gewölbten Geschoßen über dem den süd-westlichen Hausbereich unterfangenden Keller. Die Gewölbe von Keller und Erdgeschoß sind noch vorhanden, während das Gewölbe des 2. Obergeschoßes in den 1960er Jahren abgerissen worden ist und das baustatisch eigentlich erforderliche Gewölbe des 1. Obergeschoßes bereits barockzeitlich entfernt worden sein dürfte. Bei den auf Schalung gemauerten, erhaltenen oder wie im 2. Obergeschoß wenigstens mit älteren Bauzeichnungen dokumentierten Gewölben lässt sich wiederum das Phänomen beobachten, dass offensichtlich das Leergerüst des Gewölbes in den verschiedenen Geschoßen wieder verwendet worden ist, was deren gleichzeitige Entstehung belegt. Damit ist hier beim Gebäude Schöndorfer Platz 4nw ein auffällig hohes, in vier Ebenen übereinander gewölbtes Gebäude auf langrechteckigem Grundriss mit teilweiser Unterkellerung nachweisbar. Dieser Bau ist damit im Gegensatz zu allen Bauten, die später in Schöndorfer Platz 3 aufgegangen sind, schon früher deutlich höher ausgeführt und zudem in mehrere Ebenen gewölbt gewesen. Man wird wohl richtig interpretieren, wenn man in diesem frühen, mit dem beschriebenen Aussehen repräsentativen Gebäude das urkundlich hier lokalisierbare Stadtrichterhaus sieht, das

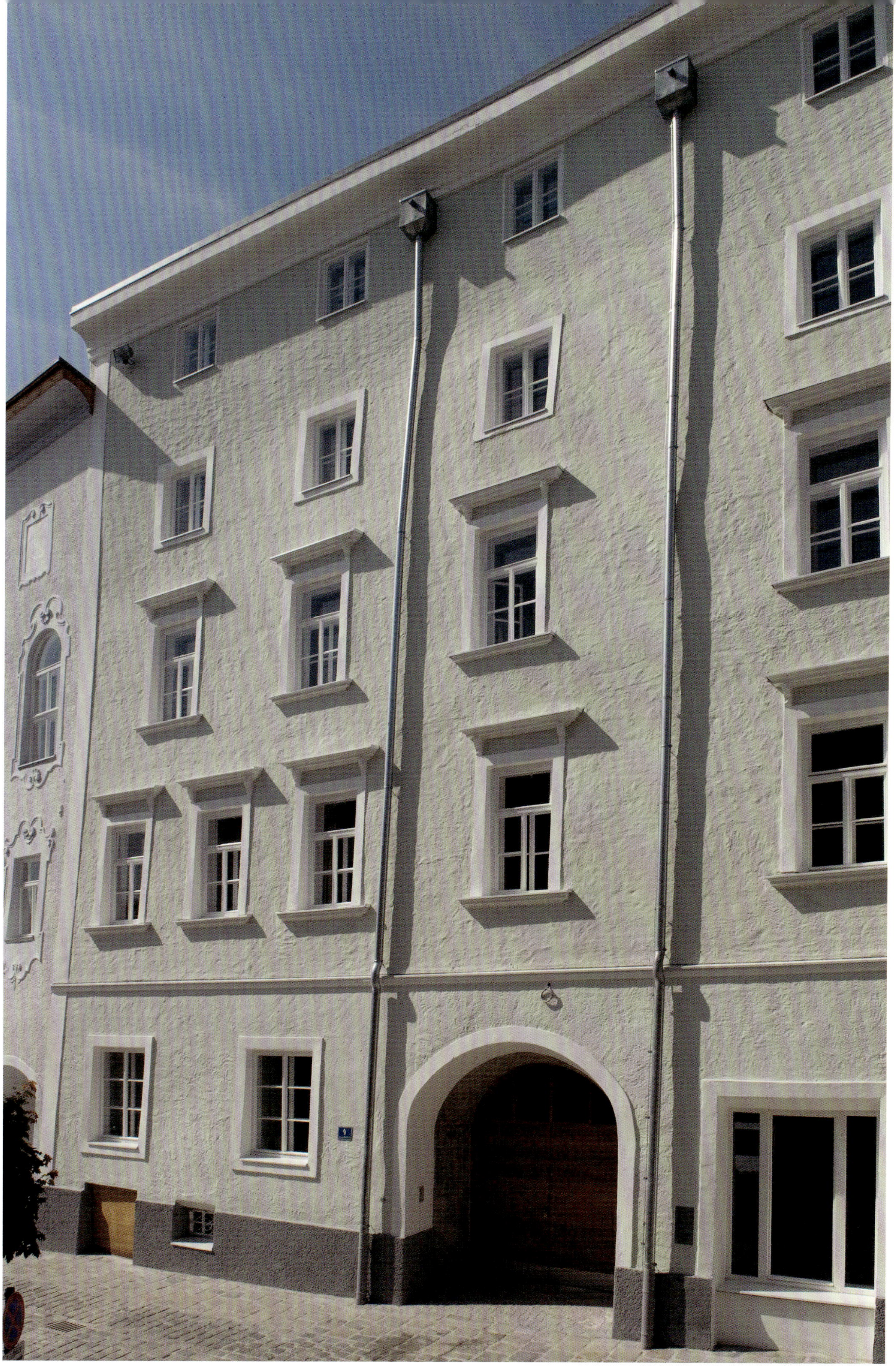

3

4) Die Rückfassade von Haus 4
Foto Stefan Zenzmaier

5) Bestand Grundriss Kellergeschoß von Schöndorfer Platz 4
Arge Fleischmann/Messbildstelle
6) Bestand Grundriss Erdgeschoß von Schöndorfer Platz 4
Arge Fleischmann/Messbildstelle

Schöndorfer Platz 4

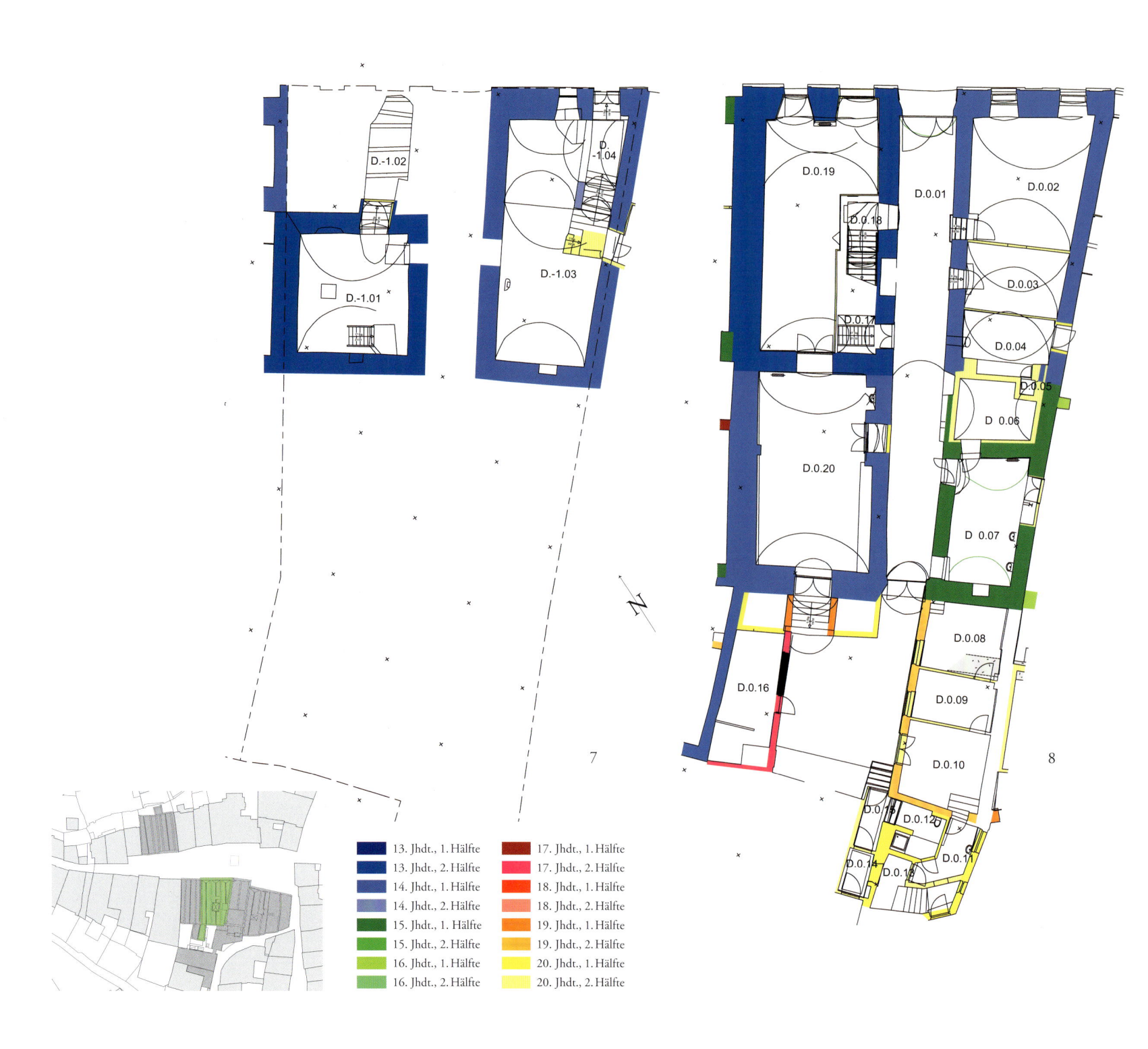

7) Baualtersplan Grundriss Kellergeschoß von Schöndorfer Platz 4
Plangrundlage Arge Fleischmann/Messbildstelle, Planbearbeitung Arge Linsinger/IBD
8) Baualtersplan Grundriss Erdgeschoß von Schöndorfer Platz 4
Plangrundlage Arge Fleischmann/Messbildstelle, Planbearbeitung Arge Linsinger/IBD

- 13. Jhdt., 1. Hälfte
- 13. Jhdt., 2. Hälfte
- 14. Jhdt., 1. Hälfte
- 14. Jhdt., 2. Hälfte
- 15. Jhdt., 1. Hälfte
- 15. Jhdt., 2. Hälfte
- 16. Jhdt., 1. Hälfte
- 16. Jhdt., 2. Hälfte
- 17. Jhdt., 1. Hälfte
- 17. Jhdt., 2. Hälfte
- 18. Jhdt., 1. Hälfte
- 18. Jhdt., 2. Hälfte
- 19. Jhdt., 1. Hälfte
- 19. Jhdt., 2. Hälfte
- 20. Jhdt., 1. Hälfte
- 20. Jhdt., 2. Hälfte

90 Die Häuser am Schöndorfer Platz

9) Baualtersplan Grundriss 1. Obergeschoß
von Schöndorfer Platz 4
Plangrundlage Arge Fleischmann/Messbild-
stelle, Planbearbeitung Arge Linsinger/IBD
10) Baualtersplan Grundriss 2. Obergeschoß
von Schöndorfer Platz 4
Plangrundlage Arge Fleischmann/Messbild-
stelle, Planbearbeitung Arge Linsinger/IBD

Schöndorfer Platz 4   91

dann vom Bautyp her ein an adeligen Baugewohnheiten orientierter Kemenatenbau gewesen wäre. Auch hier muss, wie bei den anderen frühen Steinbauten, davon ausgegangen werden, dass ein solcher Saalgeschoßbau von weiteren, wohl vor allem hölzernen Gebäuden auf dem Grundstück begleitet worden ist. Platz für solche zusätzlichen Bauten wäre süd-westlich, wo vor allem die Erschließung des Hauses zu vermuten ist, und süd-östlich des Hauses gewesen, wo sich für diese frühe Zeit bislang keine massiv ausgeführte Bebauung nachweisen lässt.
Ausgangspunkt für die Einordnung von Bauteilen in die nächste Bauphase der ersten Hälfte des 14. Jahrhunderts sind wiederum das Kellermauerwerk, hier von Schöndorfer Platz 4sö, die Kellertypologie und die Auswertung der Geometrie und Stratigraphie. Danach besitzen die südliche Erweiterung von Schöndorfer Platz 4nw und der nördliche Hausteil von Schöndorfer Platz 4sö sichere Merkmale, die auf eine Entstehung in der Hauptbauphase von Schöndorfer Platz 3 hinweisen. Da die betreffenden Hausteile aber keinen direkten stratigraphischen Zusammenhang haben, kann nicht sicher gefolgert werden, dass beide Baumaßnahmen gleichzeitig stattfanden, denn es könnte sich genauso gut um zwei verschiedene Maßnahmen innerhalb des betreffenden Zeitraumes handeln. Damit bleibt festzuhalten: In der Zeit der mittelalterlichen Hauptbauphase auf dem Nachbargrundstück Schöndorfer Platz 3 wurde die Bausubstanz auf dem Grundstück Schöndorfer Platz 4 bereits in zwei Richtungen erweitert, wobei berücksichtigt werden muss, dass die neue Massivbebauung wahrscheinlich bereits ältere Holzbauten in diesen Bereichen ersetzte:

Rückwärtig setzte man an das in der beschriebenen Form bestehende Vorderhaus 4w nun einen nicht unterkellerten, aber ebenfalls drei Geschoße hohen Bau mit Gewölben im Erdgeschoß und 1. Obergeschoß an, während man süd-östlich daneben als Gebäude 4sö einen unterkellerten dreigeschoßigen Neubau mit Gewölben in Keller und Erdgeschoß errichtete, der mit Überwölbungen des verbleibenden gangartigen Zwischenraumes in Erdgeschoß und 1. Obergeschoß zugleich an den älteren Bau 4nw anschloss. Die Überbauung des Zwischenraumes zwischen Schöndorfer Platz 4w und 4ö ist offenbar Ergebnis des auch sonst in Hallein zu beobachtenden Prozesses, dass die – wahrscheinlich ursprünglich öffentlichen – Durchgänge zwischen den Häusern von den angrenzenden Gebäuden etappenweise annektiert worden sind. In der ersten Hälfte des 15. Jahrhundert ist dann der Bau 4sö um ein Hinterhaus ohne Unterkellerung, aber mit gewölbtem Erdgeschoß, in dem auch der überwölbte Durchgang im Erdgeschoß nach Süd-Westen als Erschließung des Hofes fortgeführt wurde, erweitert worden. In den Obergeschoßen verzichtete das neue Hinterhaus aber auf den sonst deutlich zu unterscheidenden eigenen Bauteil des Durchganges, sondern schloss – nun mit Kommunmauern – unmittelbar an das bestehende Hinterhaus von Schöndorfer Platz 4nw an. Der Prozess der Aneignung des Durchganges dürfte damit bereits abgeschlossen gewesen sein. Damit hatte das Haus im Prinzip bis Mitte des 15. Jahrhunderts den heutigen Umfang erreicht. Dies wird auch dadurch belegt, dass ab 1450 (d) der Neubau von Schöndorfer Platz 5 an der gesamten Längenausdehnung der Kommunwand errichtet worden ist.

Infolge späterer Umbauten war nicht zu klären, in welchem Bereich die ursprüngliche Erschließung lag und wo eventuell weitere Unterteilungen vorhanden waren.

In der ersten Hälfte des 16. Jahrhunderts wurde der turmartige Aufbau des später stark veränderten Lichtschachtes errichtet, möglicherweise ein Hinweis auf eine durch die Veränderungen des 20. Jahrhunderts nicht mehr nachweisbare Umbaumaßnahme im Dachbereich, bei der auch die waagerecht durchlaufende Vorschussmauer zum Schöndorfer Platz errichtet wurde, spätestens im Laufe des 16. Jahrhunderts. Möglicherweise überlieferungsbedingt sind dann für etwa 200 Jahre keine wesentlichen Umbauten an dem Haus belegbar.

Erst in der zweiten Hälfte des 18. Jahrhunderts fanden wieder einige Umbauten in dem Gebäude statt, die sich vor allem im Bereich der Treppenerschließung im Hausbereich 4nw niedergeschlagen haben: Es entstand die bis heute genutzte, im 20. Jahrhundert aber noch einmal stark veränderte Treppe. Die platzseitigen Räume im 1. Obergeschoß, bei denen nun eine kleine Enfilade über die Hausbreite eingerichtet worden zu sein scheint, bekamen eine Ausstattung mit Stuckrahmendecken, durch die rekonstruierbar ist, dass die damaligen Grundrisse noch einen recht großzügigen Zuschnitt gehabt haben müssen, nämlich noch den von den mittelalterlichen Massivmauern vorgegebenen. Ohne dass sich dies in den Bauakten niedergeschlagen hätte, ist in der zweiten Hälfte des 19. Jahrhunderts die Fassade neoklassizistisch umgebaut worden. Ob dieser Umbau bereits eine barocke Phase mit aufgeputzten Fensterlaibungen wie beim Nachbarhaus Schöndorfer Platz 3 ablöste, war nicht sicher zu klären. Nun lassen sich im südlichen 2. Obergeschoß Unterteilungen durch neu eingezogene Wände nachweisen, wahrscheinlich ein Hinweis auf die intensivere Nutzung des Gebäudes durch eine größere Anzahl von Bewohnern. Jetzt sind auch bereits verschiedene Räume im östlichen 1. und 2. Obergeschoß bis zur Hausmitte durch die Anlage von Wanddurchbrüchen an das Nachbarhaus Schöndorfer Platz 3w angeschlossen worden, von wo aus sie im Prinzip bis zur Sanierung genutzt worden sind.

Im Rahmen eines Umbaues von bislang bereits von Schöndorfer Platz 3w aus benutzten Räumen wurde 1919 der Saal im 2. Obergeschoß in das Haus Schöndorfer Platz 4ö erweitert; in den neuen Durchbruch setzte man eine von zwei Betonsäulen getragene Bogenstellung ein und baute den zugehörigen Dachabschnitt zu einem Flachdach um. Ein neuer Durchgang im Erdgeschoß schloss dort vorhandene Räume an. Im Jahre 1945 ist dann das schadhafte Dach zumindest teilweise erneuert worden; die damals eingebauten zwei Satteldächer über dem südlichen Hausteil sind der letzte Rest einer älteren Dachkonstruktion, nachdem seit 1963 der größere Teil des Hauses durch neue Flachdächer abgedeckt wird.

Die zuletzt festzustellenden kleinteiligen Zuschnitte der vorhandenen Wohnungen waren fast ausschließlich das Ergebnis von Umbauten der zweiten Hälfte des 20. Jahrhunderts. In die 1960er Jahre fallen auch die durchgreifenden Umbauten des 3. Obergeschoßes und des Dachgeschoßes – Bereiche, bei denen daher kaum noch historische Substanz erhalten blieb.

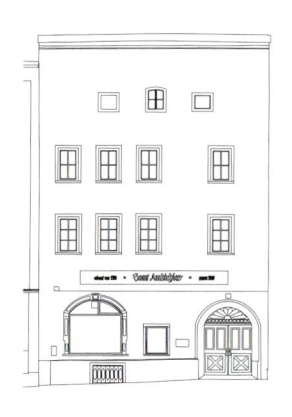

Ein Haus mit Badehaus und Tonstudio
Schöndorfer Platz 5 *Ulrich Klein*

1) Bestand Nord-Ost-Fassade von Schöndorfer Platz 5
Arge Fleischmann/Messbildstelle
2) Die Nord-Ost-Seite des Schöndorfer Platzes um 1947, ehemaliges Kaufhaus Ambichler
Foto BDA, Max Puschej

Das im Erdgeschoß zuletzt als Geschäftshaus und in den Obergeschoßen als Wohnhaus genutzte Haus SchöndorferPlatz 5 war bei Untersuchungsbeginn im Oktober 2002 seit einigen Jahren unbewohnt. Eine Beräumung des Hauses hatte danach allerdings nicht stattgefunden, was schließlich eine starke Behinderung der Untersuchung darstellen sollte. Hinzu kam weiter, dass Abschnitte im Norden des 2. Obergeschoßes nicht betreten werden konnten: Infolge eines schadhaften Dachgrabens waren die Holzbalkendecken durch Feuchtigkeit stark beschädigt worden. Schließlich hatten sich in etlichen Räumen vor allem der nördlichen Haushälfte durch die lange andauernde Durchfeuchtung bereits solche Schimmelbeläge auf Wänden, Decken und Ausstattung gebildet, dass ein Aufenthalt hier nur kurzzeitig und unter Atemschutz möglich war.

Die verputzte Nordfassade des Baues zum Schöndorfer Platz gliedert sich in vier Fensterachsen in den drei Vollgeschoßen und im Dachgeschoß und wird oben abgeschlossen von der waagerecht durchlaufenden, tief gekehlt weit vorkragenden Vorschussmauer. (Abb. 1, 2) Auch hier ist es nicht gelungen, die Spuren älterer Bausubstanz, die sich durch Unregelmäßigkeiten in der Durchfensterung zu erkennen geben, zu tilgen. Die Südfassade gliedert sich ebenfalls in vier nicht sehr stringent eingehaltene Fensterachsen in drei Vollgeschoßen und dem Dachgeschoß. Im Erdgeschoß wird das östliche Viertel der Fassade von dem im Hof in Nord-Süd-Richtung anschließenden Längsgebäude mit seinem noch mittelalterlichen Kern abgedeckt. Vor der restlichen Fassade liegt eine breite Galerie, deren hausseitiger Teil auf spätbarocken Ziegelkonsolen ruht. (Abb. 3)

Der langrechteckige tonnengewölbte Keller von Schöndorfer Platz 5 entspricht in seiner grundsätzlichen Gliederung den Kellern von Schöndorfer Platz 4sö, 3nw, 3m und 3sö, denn er besteht aus einem zurückliegenden Hauptgewölbe E.1.04, dem nördlich ein kleineres Gewölbe E.1.02 und der ehemalige, heute abgemauerte äußere Kellerabgang E.1.03 vorgelagert sind. Im Gegensatz zu den anderen angeführten Kellern besitzt dieser aber zwei breite Gurtbögen und einen gewölbten inneren Kellerzugang aus dem Erdgeschoß. Zwei deutlich unterscheidbare Bauphasen lassen erkennen, dass der süd-westliche Hauptkeller E.1.04 ursprünglich ebenso wie der Keller von Schöndorfer Platz 4nw einen etwa quadratischen Grundriss besaß, der erst in einer zweiten Phase erweitert worden ist.

Im Erdgeschoß gliedert sich der Grundriss in zwei parallele gewölbte Kompartimente, getrennt von einer durchlaufenden Längsmauer. Rechts liegt die gewölbte Eingangshalle, links ein schmalerer, ebenfalls tonnengewölbter Raum. (Abb. 4)

Im 1. Obergeschoß gibt es wiederum zwei parallele Kompartimente, getrennt von einer im nördlichen Viertel des Grundrisses nach Westen verspringenden Längsmauer. Auch das 2. Obergeschoß halbiert eine Längsmauer, hinzu kommt hier eine etwa mittige Quermauer. In den beiden oberen Vollgeschoßen waren noch Räume mit barocker Ausstattung erhalten. (Abb. 5) Die Dachkonstruktion ist eine einheitliche Grabendachkonstruktion mit zwei Gräben. Sie weist Pfetten mit Sparren auf und ruht auf Unterzügen. In diesen ur-

3) Oberer Teil der Rückfassade über der Arkade 2008
Foto Stefan Zenzmaier

sprünglich freien Dachraum sind nachträglich mit Leichtbauwänden Raumeinheiten eingebaut worden. Im mittleren Bereich sind dies westlich die Räume E.3.02 und E.3.03 und östlich davon getrennt E.3.05, während südlich das westliche Grundrissdrittel von den Räumen E.3.06–E.3.09 eingenommen wird. Nach den bislang vorgestellten Bauten würde man vermuten, dass hier wieder zwei Gebäude und ihre rückwärtigen Anbauten nachträglich zusammengewachsen sind. Das ist aber als Ergebnis der Untersuchungen bei diesem insgesamt jüngeren Gebäude nicht der Fall: Das Gebäude Schöndorfer Platz 5 ist in seiner aufgehenden Bausubstanz in sich einheitlich in einer Bauphase aus Bruchstein errichtet worden. Dies geht zurück auf die im Vergleich zu den anderen Bauten recht späte Entstehung dieses Hauses in der Mitte des 15. Jahrhunderts, einem Zeitpunkt, zu dem die anderen Bauten bereits entsprechende Umbauten und Erweiterungen erfahren hatten. (Abb. 6–9) Ältere Substanz stellt hier dagegen nur der in zwei Phasen errichtete Keller dar, wobei die erste Phase wiederum noch in die erste Hälfte des 13. Jahrhunderts datiert werden kann und dem Keller von Schöndorfer Platz 4nw – wenn auch mit deutlich höher liegendem Scheitel – vergleichbar ist, während die Erweiterung nach Norden in ihren Baustrukturen denen der sonst in die erste Hälfte des 14. Jahrhunderts datierten Bauteile entspricht. Warum sich – bis auf das hier außer Betracht bleibende Hinterhaus, dessen ursprüngliche Zuordnung zu Schöndorfer Platz 4, 5 oder auch 6 ohnehin unklar bleibt – dann aufgehend keine ältere Substanz mehr findet, kann verschiedene Gründe haben:

Es ist hierbei zu bedenken, dass zu den massiven gewölbten Kellern an der Platzflucht ursprünglich Holzbauten gehört haben können, die dann – wie sonst vor allem die Hintergebäude – der festgestellten Tendenz zu „Versteinerung" folgend, massiven Nachfolgebauten weichen mussten. Ebenso könnte aber natürlich auch ein massiver Vorgängerbau durch ein Schadfeuer zerstört oder zugunsten eines modernen Nachfolgebaues abgerissen worden sein. Wahrscheinlich ebenfalls in die erste Hälfte des 14. Jahrhunderts gehört aber das kleine Hintergebäude an der Ostseite des Hofes, das in seinem spätmittelalterlichen Ausbau tatsächlich Merkmale eines Badehauses gemäß lokaler Überlieferung besitzt, wofür insbesondere die Struktur des Erdgeschoßes spricht. Eine endgültige Klärung ließ hier die stark umgebaute Substanz aber nicht mehr zu. Unklar bleiben muss daher auch das Verhältnis dieses völlig anders ausgerichteten Gebäudes zu der umgebenden Bebauung. Das heutige aufgehende Gebäude wurde nach konstruktiven und statigraphischen Kriterien in die erste Hälfte des 15. Jahrhunderts datiert; dann konnte mit der dendrochronologischen Datierung der obersten Balkenlage – als einzige im Hause noch original erhalten – diese Zeit jahrgenau auf 1450 (d) präzisiert werden. Die an die Westmauer von Haus 3 unmittelbar angebaute Bausubstanz aus dieser Phase erstreckt sich über Erdgeschoß, 1. und 2. Obergeschoß bis in das Dachgeschoß, wo zumindest die unteren Bereiche der Vorschussmauern auch dazu gehören, in der gesamten Tiefe des Gebäudes, also ohne eine Trennung in Vorder- und Hinterhaus. Gewölbe sind hier nur im Erdgeschoß

4) Erdgeschoß-Halle in Haus 5, seit 2008 als Galerie genutzt
Foto Stefan Zenzmaier

5) Rückwärtiger Stuckraum im
2. Obergeschoß von Haus 5
Foto Stefan Zenzmaier

6) Baualtersplan Grundriss Kellergeschoß von Schöndorfer Platz 5
Plangrundlage Arge Fleischmann/Messbildstelle, Planbearbeitung Arge Linsinger/IBD
7) Baualtersplan Grundriss Erdgeschoß von Schöndorfer Platz 5
Plangrundlage Arge Fleischmann/Messbildstelle, Planbearbeitung Arge Linsinger/IBD

13. Jhdt., 1. Hälfte	17. Jhdt., 1. Hälfte
13. Jhdt., 2. Hälfte	17. Jhdt., 2. Hälfte
14. Jhdt., 1. Hälfte	18. Jhdt., 1. Hälfte
14. Jhdt., 2. Hälfte	18. Jhdt., 2. Hälfte
15. Jhdt., 1. Hälfte	19. Jhdt., 1. Hälfte
15. Jhdt., 2. Hälfte	19. Jhdt., 2. Hälfte
16. Jhdt., 1. Hälfte	20. Jhdt., 1. Hälfte
16. Jhdt., 2. Hälfte	20. Jhdt., 2. Hälfte

100   Die Häuser am Schöndorfer Platz

8) Baualtersplan Grundriss 1. Obergeschoß von Schöndorfer Platz 5
Plangrundlage Arge Fleischmann/Messbildstelle, Planbearbeitung Arge Linsinger/IBD
9) Baualtersplan Grundriss 2. Obergeschoß von Schöndorfer Platz 5
Plangrundlage Arge Fleischmann/Messbildstelle, Planbearbeitung Arge Linsinger/IBD

Schöndorfer Platz 5   101

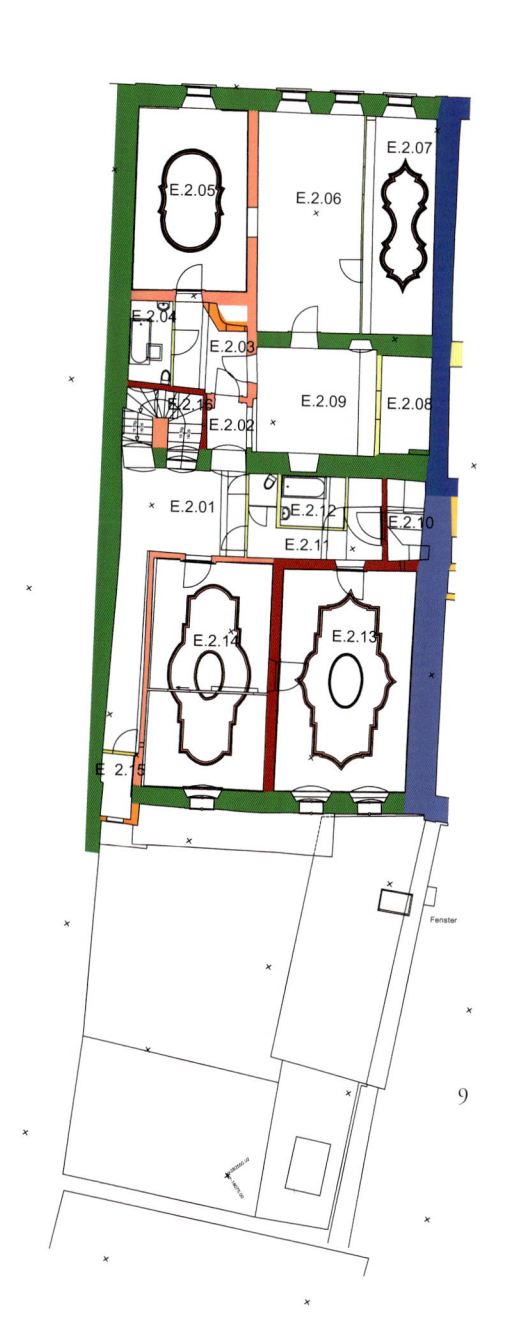

vorhanden. In den übrigen Geschoßen ist von Anfang an von der Verwendung hölzerner Trambalkendecken auszugehen, wobei sich in den Obergeschoßen auch ursprüngliche massive Längs- und Querwände erhalten haben. Das Übereinanderlegen der einzelnen Grundrisse zeigt, dass man sich dabei nicht scheute, massive Wände auch auf Gewölben abzulasten, wie es bereits beim Kellergewölbe der Fall ist. Ebenfalls in dieser Bauphase wurde der innere Kellerabgang neu errichtet, der den äußeren Zugang um einen schmalen, gewölbten Gang aus der Mitte des großen tonnengewölbten Eingangsraumes im Erdgeschoß ergänzte.

Der Grundriss war 1450 zweischiffig mit zwei parallelen Kompartimenten aufgebaut, wobei im Erdgeschoß eine große durchgehende westliche Halle mit Tonnengewölbe von zwei höher gelegenen Räumen in dem etwas schmaleren östlichen Schiff flankiert wurde. Etwa im vorderen Drittelspunkt der Halle lag an der Westmauer die Treppe in die Obergeschoße. Die beiden Obergeschoße waren dann zusätzlich zu der Zweischiffigkeit dreizonig organisiert mit jeweils einer von Massivmauern eingefassten Erschließungs- und Küchenzone im vorderen Drittelspunkt, an die nach jeweils Norden zwei kürzere und nach Süden zwei längere Räume anschlossen.

In der ersten Hälfte des 17. Jahrhunderts, nach den dendrochronologischen Datierungen der damals neu eingezogenen Deckenbalken über 1. und 2. Obergeschoß um 1615/16, fanden durchgreifende Umbauten statt. Dabei wechselte man einen großen Teil der älteren Trambalkendecken aus und veränderte mit Bögen und neuen Gewölben aus den damals üblichen Ziegeln durchgreifend die Erschließungszone, in der auch eine neue Treppe eingebaut wurde. Seit der ersten Hälfte des 18. Jahrhunderts gibt es sichere Hinweise auf die Besitzer des Hauses, das damals „H. Joseph Ernest Hochpichler des Raths Weingastgeb" gehörte und beschrieben wurde als „Ain Burgrechtsbehaußung und Hoffstatt das Khueffenhauß genant sambt dem hinten daran stossenten gärtl und darinn erbauten Bäädl". Das damalige Aussehen der Fassade mit der auch platzseitig noch sichtbaren Dachkontur zeigt sehr deutlich der Vogelschauplan von Georg Joseph Sigmund aus dem Jahre 1726.

In der zweiten Hälfte des 18. Jahrhunderts wurde der Grundriss durch Einziehen zusätzlicher Wände weiter differenziert. Stuckrahmendecken aus dieser Zeit im 2. Obergeschoß und einige weitere überlieferte Ausstattungsstücke sprechen dafür, dass auch die Ausstattung des Gebäudes damals umfassend modernisiert worden ist. Auch der galerieartige Vorbau an der Südfassade stammt aus dieser Ausbauphase.

In Fortsetzung der Umbauaktivitäten des 18. Jahrhunderts bekam das Gebäude 1816 ein neues Dach. In diesem Zusammenhang ist wohl auch erst die waagerecht abschließende Vorschussmauer eingebaut worden, während vorher, wie ältere Abbildungen zeigen, die Dachkontur des älteren Grabendaches von 1450 – wie heute noch rückwärtig auch an der Nordseite zum Schöndorfer Platz – ablesbar gewesen war.

In der zweiten Hälfte des 19. Jahrhunderts erfolgte der Anbau des Abortes an der Südfassade und der Einbau weiterer Wände, 1894 richtete der Stadtapotheker Wilhelm Supp im Erdgeschoß des Hauses (Raum E.0.10) eine kleine Sudpfanne ein, um Mutterlaugen-

salz für Badetabletten zu erzeugen. 1896 ist diese Mutterlaugensudpfanne in den rückwärtigen Anbau verlegt worden, der nun zu diesem Zweck umfassend umgebaut wurde. Die Tendenz zur Verkleinerung der ehemals großzügigen Raumeinheiten durch neue Zwischenwände setzte sich auch im 20. Jahrhundert fort; für 1935 belegen die Bauakten den Einbau zusätzlicher (Leichtbau-)Wände.
1957 wurde zur Nutzung durch das Kaufhaus Ambichler der Einbau eines rechteckigen Schaufensters zwischen dem bestehenden großen Fenster und dem Portal sowie der Einbau von zwei Wandvitrinen in der Portalnische genehmigt. In der zweiten Hälfte des 20. Jahrhunderts erfolgte zusätzlich der Einbau neuer Sanitärräume, verbunden mit einer generellen Erneuerung der Haustechnik. Schöndorfer Platz 5 besaß bis auf diese nachträglich eingebauten Sanitärbereiche der 1960er und 1970er Jahre vor allem einen Ausbaustandard der ersten Hälfte des 20. Jahrhunderts.
Im Erdgeschoß wurde schließlich ein modernes Tonstudio eingerichtet, das der bekannte Volksmusik-Interpret Karl Moik zeitweise nutzte.

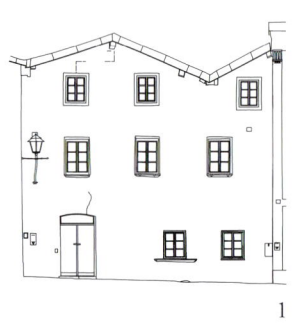

Ein Handwerkerhaus mit vielen Bewohnern
Schöndorfer Platz 10 *Ulrich Klein*

Das Gebäude Schöndorfer Platz 10 war bei Untersuchungsbeginn im Dezember 2002 bereits langjährig unbewohnt und ohne Nutzung. Eine Beräumung des Hauses von Möbeln und Ausstattungsgegenständen hatte mit dem Auszug der letzten Mieter stattgefunden, sodass fast alle Räume bei Untersuchungsbeginn vollständig leer geräumt waren.

Die Süd-West-Fassade aus verputztem Bruchsteinmauerwerk ist die Hauptfassade des Hauses zum Schöndorfer Platz. (Abb. 1, 2) Sie gliedert sich in das Erdgeschoß und die beiden Obergeschoße mit jeweils drei Öffnungsachsen und wird abgeschlossen vom Grabendach mit sichtbarer Kontur, das in den beiden westlichen Dritteln der Fassade als Satteldach, über dem östlichen Drittel aber als Pultdach konstruiert ist. Anders als bei den Häusern auf der Süd-West-Seite des Platzes ist hier noch keine durchlaufende Vorschussmauer vorhanden, der letzte Entwicklungsschritt anderer Salzach-Inn-Häuser wurde also bei diesem auch deutlich kleineren Haus noch nicht vollzogen. Auch ist die Barockisierung hier nicht so weit fortgeschritten, denn die Fenster besitzen fast durchgehend die älteren, an den Kanten abgefasten Fensterbänke aus Rotmarmor.

Die Nord-Ost-Fassade aus verputztem Bruchsteinmauerwerk mit Ziegelausflickungen in den unteren drei Geschoßen und Ziegelmauerwerk im 2. Obergeschoß ist die hofseitige Rückfassade des Hauses. Sie gliedert sich in das – bedingt durch die Hanglage wie ein Vollgeschoß ausgebildete – Kellergeschoß, Erdgeschoß, 1. und 2. Obergeschoß sowie das Dachgeschoß in vier Öffnungsachsen, wobei die östliche Achse alleine vom großen vortretenden Aborterker im 1. und 2. Obergeschoß eingenommen wird. Abgeschlossen wird die Fassade vom weit vorkragenden und mit Giebelbrettern abgeschlossenen Grabendach, das über den beiden westlichen Dritteln des Hauses aus einem flachen Satteldach, über dem östlichen Drittel aber aus einem Pultdach besteht und diese Kontur auch als oberen Fassadenabschluss zeigt. Die unregelmäßige Durchfensterung gibt auch hier Hinweise auf die älteren Bauzustände.

Der Grundriss des Kellergeschoßes gliedert sich in zwei voneinander unabhängige Raumabschnitte, je einen im Nord-Osten und Süd-Westen, während der mittlere Hausteil nicht unterkellert ist. Im Nord-Osten liegt ein komplettes flachgedecktes Souterraingeschoß, das, sogar tiefer gelegen als der süd-westliche Keller und bedingt durch das am Hang abfallende Gelände, hier auf der dem Platz abgewandten Seite als Vollgeschoß hervortritt. Entsprechend ist dieser Bereich des Kellergeschoßes, wie die Archivalien zeigen, zumindest seit dem 17. Jahrhundert als normaler Wohnraum genutzt worden.

Der Grundriss des Erdgeschoßes gliedert sich in die beiden etwa gleichgroßen nord-östlichen und mittleren Hauszonen, während die süd-westliche etwa die doppelte Größe besitzt. (Abb. 3) Anders als die kleineren Zonen, die keine ältere Unterteilung besitzen, ist die süd-westliche Hauszone durch eine massive Längswand in den etwas größeren süd-östlichen Wohnraumbereich und den etwas schmaleren nord-westlichen Flur unterteilt; beide Bereiche sind tonnengewölbt.

Der Grundriss des 1. Obergeschoßes gliedert sich wie das Erdgeschoß in die beiden etwa gleich großen nord-östlichen und mittleren Hauszonen, während die süd-westliche etwa die doppelte

1) Bestand Süd-West-Fassade von
Schöndorfer Platz 10
Arge Fleischmann/Messbildstelle
2) Süd-West-Fassade von Haus 10
im Jahre 2008
Foto BDA, Petra Laubenstein

3) Innenansicht des Eingangsraumes im Erdgeschoß von Haus 10
Foto BDA, Petra Laubenstein

Größe besitzt. Da hier keine Flurabtrennung vorhanden ist, bildet die süd-westliche Zone ursprünglich einen – wie der ältere Querunterzug zeigt – großen, ehemals zusammenhängenden Raum aus. Die mittlere Raumzone ist hier dagegen wesentlich komplexer: Eine Längswand trennt das nord-westliche Drittel mit dem flachgedeckten Raum F.1.07 von den zwei überwölbten süd-östlichen Dritteln. Hier liegt mittig der Flurbereich mit T-förmigem Grundriss. Die nord-östliche Raumzone wird von einer Längswand in einen größeren nord-westlichen Raum F.1.09 und einen kleineren süd-östlichen Raum F.1.10 geteilt. Der Grundriss des 2. Obergeschoßes gliedert sich wie in den beiden darunter liegenden Geschoßen in die beiden etwa gleichgroßen nord-östlichen und mittleren Hauszonen, während die süd-westliche Zone etwa die doppelte Größe besitzt. Da es sich bei dem 2. Obergeschoß um ein nachträglich ausgebautes Dachgeschoß handelt, ist hier an einigen Stellen bereits die Dachkonstruktion zu sehen. Ein eigentliches Dachgeschoß existiert nur über dem nord-östlichen Hausteil, während über dem mittleren und dem süd-westlichen der obere Teil der Dachkonstruktion unzugänglich verschalt ist. Frei liegt hier lediglich die Pultdachkonstruktion über dem süd-westlichen Hausbereich, die bereits im 2. Obergeschoß (Raum F.2.07.) sichtbar wird.
Das Gebäude Schöndorfer Platz 10 besteht in seiner aufgehenden Bausubstanz aus einem süd-westlichen platzseitigen Kernbau, der in verschiedenen Bauphasen rückwärtig erweitert und aufgestockt worden ist. (Abb. 4–7)
Bei vergleichbarer topografischer Situation gibt es hier anders als beim Nachbarhaus Schöndorfer Platz 11 keinen sicheren Hinweis auf das Vorhandensein einer älteren Bausubstanz im rückwärtigen Grundstücksbereich. Erst in der ersten Hälfte des 14. Jahrhunderts entstand der platzseitige Kernbau von Schöndorfer Platz 10. Durch die Untersuchung der Anschlussstellen in den Raumecken konnte er in seinen Ausmaßen eindeutig erfasst und durch die Struktur seines Mauerwerks annähernd datiert werden. Danach setzte sich dieser Bau im Kellergeschoß zusammen aus dem flachgedeckten süd-östlichen Keller mit dem nord-westlich vorgelagerten Zugang, im Erdgeschoß aus dem etwas schmaleren nord-westlichen Gang und dem breiteren süd-östlichen Wohnraum, und wies im 1. Obergeschoß einen großen, nicht weiter unterteilten Raum in der Gesamtgröße des Gebäudes auf. Schwierig zu klären ist die Frage nach dem oberen Abschluss des Gebäudes, denn die in Raum F.2.07 in Fußbodenhöhe sichtbare Mauerkrone wirkt wie nachträglich abgebrochen, sodass möglicherweise sogar mit einem weiteren Stockwerk des Kernbaues in Massivbauweise oder Holz zu rechnen ist.
Die Erschließung des Kernbaues geschah wahrscheinlich von der nord-östlichen Rückseite her, wofür auch das Fehlen einer nachweisbaren Abschlusswand im Gangbereich des Erdgeschoßes spricht. Für sonstige Baulichkeiten im rückwärtigen Bereich gibt es keine Hinweise. Allerdings sind im nord-östlichen Kellergeschoß die Ostmauer von Raum F.1.08 ebenso wie das nach Norden anschließende Mauerstück (Westmauer von Raum G.1.03) ebenfalls dieser Bauphase zuzurechnen. Diese Mauer gehört, wie die jüngeren aufsitzenden Bereiche, konstruktiv und besitzrechtlich zu Schöndorfer Platz 11 und grenzt möglicherweise einen zu erschließenden

Durchgang zwischen den beiden Häusern ab. Da die Mauer aber nach Nord-Westen immer schon auf Sicht konzipiertes Mauerwerk zeigte, also keine vor dem Erdreich errichtete Futtermauer war, muss hier bereits der Geländeversprung um ein Geschoß von Anfang an existiert haben. Die zugehörige Quermauer liegt als Futtermauer wahrscheinlich süd-westlich der heutigen, deutlich jüngeren Quermauer als südlicher Abschluss dieses Versprunges. Sinn macht dieser vor allem mit einer Bebauung, entweder in Form eines Rückgebäudes zum platzseitigen Kernbau oder vielleicht auch als Vorbau nach Süd-Westen für einen schon vorhandenen Bau an der rückwärtigen Grundstücksgrenze.

In der ersten Hälfte des 15. Jahrhunderts entstand an der westlichen Gebäudegrenze im Anschluss an das Mauerwerk des Kernbaues nach Norden eine neue Mauer in Zusammenhang mit dem westlichen Nachbargebäude Schöndorfer Platz 9. Diese Mauer in der Flucht der Westmauer des Kernbaues lässt sich in Kellergeschoß, Erdgeschoß, 1. und 2. Obergeschoß finden. Ob es sich hierbei um eine Erweiterung des bestehenden Hauses oder um einen kompletten Neubau dieses bis in das 18. Jahrhundert die Bebauung auf der Nord-Ost-Seite des Schöndorfer Platzes im Nord-Westen abschließenden Gebäudes handelte, war ohne nähere Untersuchung dieses Hauses nicht zu klären. Im rückwärtigen Bereich von Schöndorfer Platz 10 war nun mit dieser Mauer ein neuer Abschluss nach Westen vorhanden. Es ist möglich, dass diese als Kommunmauer eine vorher hier vorhandene Mauer ersetzte und den Anschluss an ein heute vollständig verschwundenes rückwärtiges Gebäude herstellte.

In der ersten Hälfte des 16. Jahrhunderts sind drei wichtige Baumaßnahmen durchgeführt worden. Zuerst wurde nun im Bereich von Erdgeschoß, 1. und 2. Obergeschoß über den im Kellergeschoß vorhandenen älteren Mauern eine neue Längsmauer in Verlängerung der Süd-Ost-Mauer des Kernbaues, um Mauerstärke nach Süd-Osten versetzt, als Trennung zwischen Schöndorfer Platz 10 und 11 errichtet. Diese Baumaßnahme ging eindeutig von Schöndorfer Platz 11 aus. Insbesondere im Erdgeschoß scheint hierbei auch noch älteres Mauerwerk mitverwendet worden zu sein, sodass es sich bei dieser Baumaßnahme zumindest teilweise um die Erneuerung einer vorhandenen Mauer handeln dürfte. In einer zweiten Baumaßnahme, die die beschriebene Mauer, mit der sie nicht verzahnt sind, voraussetzt, entstanden dann die beiden Quermauern von Schöndorfer Platz 10 einschließlich des nordwestlichen Mauerwinkels, der die Verbindung zum hier vorhandenen älteren Mauerwerk der Längswand zu Schöndorfer Platz 9 herstellte. Nach der dendrochronologischen Datierung der Trambalkendecken wurden diese Baumaßnahmen um 1514 (1. Obergeschoß) und 1527 (2. Obergeschoß) durchgeführt. Die beiden trotz ihrer auffälligen Biegung nach Süd-Osten exakt parallel verlaufenden Quermauern bilden die erstmalig nachweisbare mittlere und nord-östliche Zone des Hauses. In der mittleren Zone wurde nun anliegend an die Nordwand des Kernbaues die neue massive Treppe in die Obergeschoße eingebaut und der Raum mit einer Wölbung versehen, indem man das vorhandene Tonnengewölbe des Ganges des Kernbaues bis zur ersten neuen Quermauer durchlaufen ließ und mit dem rechtwinklig dazu von Süd-Osten her anlaufenden Gewölbe über einem – noch

4) Baualtersplan Grundriss Kellergeschoß
von Schöndorfer Platz 10
Plangrundlage Arge Fleischmann/Messbildstelle, Planbearbeitung IBD
5) Baualtersplan Grundriss Erdgeschoß
von Schöndorfer Platz 10
Plangrundlage Arge Fleischmann/Messbildstelle, Planbearbeitung IBD
6) Baualtersplan Grundriss 1. Obergeschoß
von Schöndorfer Platz 10
Plangrundlage Arge Fleischmann/Messbildstelle, Planbearbeitung IBD
7) Baualtersplan Grundriss 2. Obergeschoß
von Schöndorfer Platz 10
Aufmaß: Arge Fleischmann
Plangrundlage Arge Fleischmann/Messbildstelle, Planbearbeitung IBD

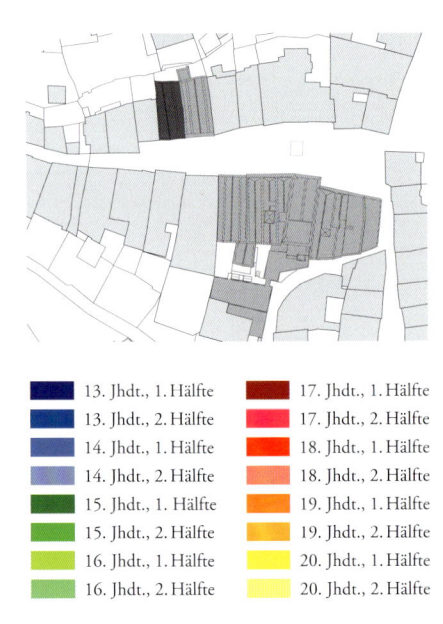

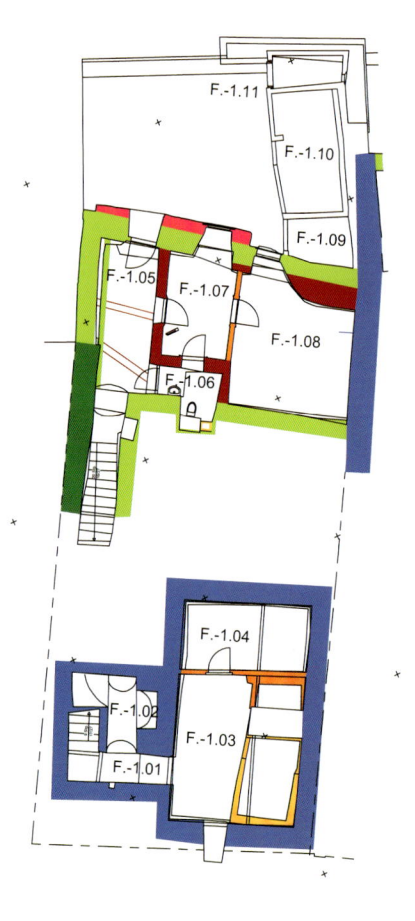

- 13. Jhdt., 1. Hälfte
- 13. Jhdt., 2. Hälfte
- 14. Jhdt., 1. Hälfte
- 14. Jhdt., 2. Hälfte
- 15. Jhdt., 1. Hälfte
- 15. Jhdt., 2. Hälfte
- 16. Jhdt., 1. Hälfte
- 16. Jhdt., 2. Hälfte
- 17. Jhdt., 1. Hälfte
- 17. Jhdt., 2. Hälfte
- 18. Jhdt., 1. Hälfte
- 18. Jhdt., 2. Hälfte
- 19. Jhdt., 1. Hälfte
- 19. Jhdt., 2. Hälfte
- 20. Jhdt., 1. Hälfte
- 20. Jhdt., 2. Hälfte

6

7

Schöndorfer Platz 10   109

im Ansatz erhaltenen – Grat verschränkte. Eine dritte Baumaßnahme betraf die Aufstockung des vorderen Hausteiles und kann durch die dendrochronologische Datierung der Trambalkendecken wohl um 1545 angesetzt werden. Die erwähnten Befunde in Raum F.2.07 sprechen dagegen, dass dieses eine erstmalige Aufstockung des vorhandenen Kernbaues war; vielmehr hat man nun wahrscheinlich ein bereits vorhandenes Obergeschoß (in Holzbauweise?) durch ein neues ersetzt. Dies betraf dann auch die Nord-West- und Süd-Ost-Mauern, die nun als relativ dünne (die Süd-Ostmauer hat noch die halbe Stärke der Süd-Ost-Mauer des Kernbaues darunter) Kommunmauern ausgeführt worden sind. Durch spätere Veränderungen unklar ist die Lage des oberen Abschlusses des neuen Geschoßes, denn das vorgefundene 2. Obergeschoß ist der ausgebaute untere Teil eines Dachgeschoßes. Möglicherweise erfolgte bereits jetzt ein Rückbau gegenüber dem noch viergeschoßigen (Kellergeschoß, Erdgeschoß, 1. und 2. Obergeschoß) älteren Kernbau, wofür spricht, dass bis zum Einsetzen der schriftlichen Überlieferung in der zweiten Hälfte des 17. Jahrhunderts, die den heutigen Zustand prinzipiell schon beschreibt, kein größer Umbau mehr nachweisbar ist. Ausgeschlossen werden kann aber auch nicht, dass jetzt ein 2. Obergeschoß als Vollgeschoß errichtet und erst später in einer nicht mehr nachvollziehbaren Baumaßnahme reduziert worden ist. In der zweiten Hälfte des 16. Jahrhunderts hat man im 1. Obergeschoß südlich in den Räumen F.1.04–F.1.06 einen neuen, stark profilierten Querunterzug eingebaut, wahrscheinlich in Zusammenhang mit einer neuen Trambalkendecke im Kernbaubereich.

In der ersten Hälfte des 17. Jahrhunderts (dendrochronologische Datierung um 1639) wurden, möglicherweise in zwei Phasen, die bis in die zweite Hälfte des 17. Jahrhunderts reichen, im nord-östlichen Keller des Souterraingeschoßes eine neue Trambalkendecke und eine Abtrennung in einen nord-westlichen Gang und einen oder mehrere süd-östliche Wohnräume sowie eine kleine, dahinter liegende Küche eingebaut. Zugleich verstärkte man den offenbar damals bereits geschädigten nord-östlichen Mauerwerksbereich durch eine mehr als doppelt so starke Hintermauerung. Aus dieser Phase stammt auch in der Nord-Ost-Fassade das süd-östliche Fenster im 1. Obergeschoß; es wurde wahrscheinlich im Rahmen einer Erneuerung der Durchfensterung dieser Fassade eingebaut und ist der einzige erhaltene Rest hiervon, während die anderen Fenster später wiederum verändert worden sind. In der zweiten Hälfte des 17. Jahrhunderts hat man das Mauerwerk der Nord-Ost-Fassade in Kellergeschoß und Erdgeschoß durch eine starke äußere Vormauerung verstärkt; seitdem sind die nord-westlichen zwei Drittel dieser Fassade ausgestellt.

Die seit dieser Phase überlieferten historischen Quellen zum Gebäude zeigen, dass dieses damals im Prinzip wie heute vorgefunden gegliedert war. Das Haus wurde nach seinem Besitzer Christoph Petz „Petzische Behausung" genannt. Diese hatte sechs Herbergen (Wohnungen). Drei lagen im Erdgeschoß (die zweite wird als „neu erbaut" bezeichnet), zwei im 1. Stock und eine im 2. Stock: 1. Herberge: „zu Eben fueß hierin, alß ain stuben, cammer, Khuchel und Pachofen, dann Holzlegstatt, auch Höfel und Red. (= Reverendo) Sinckhgrueben aldort"[1]

2. Herberge: „die andert und neu erbaute über ain Stiegen hinunter im Ellent genannt mit einer Stuben und Kuchl"[2]

3. Herberge: „auch zu ebenen Fuß, als ain Stuben, Kammer, Kuchl, bachofen und Kellerloch samt der Holzlegstatt, dann Höfl und Revd Sünck-Grueben"[3]

4. Herberge: „über ain Stiegen vornen auf die Gass hinaus […] als ain Stuben, Cammer und Khuchel, dan zway Cämerl under Tach, auch ain Erdt Kellerl Und ain Claines Cämmerl zu eben fueß hierin, sambt d(er) Trickherstatt ob solcher hörberg, nit wenig(er) den besuezten abtritt über ain Stiegen Und Gebührlichen ein- und ausgang"[4]

5. Herberge: „über ain stiegen zuruck hinauß ligend, als ain Stuben, Cammer, Kuchel und Holzlögstatt sambt dem Redo abtritt und Trückerstatt, auch freyen Auß: und Eingang"[5]

6. Herberge: „yber zwo Stügen zuruck hinauß als Kuchl, Cammer und ain Holzlegstatt"[6] aber: „yber 2 Stüegen hinten hinaus als ain stuben, Cammer, khuchl und rev(erendo) abtriedt"[7]

Von den zwei oberen Herbergen im 1. Stock lag die vierte Herberge vorne auf die Gasse hinaus und die fünfte hinten hinaus. Zur vierten Herberge gehörten außerdem zwei Dachkammern sowie ein Kammerl im Erdgeschoß, und zur fünften Herberge gehörte ein Trockenraum unter dem Dach. Im 2. Stock war (bis 1811) nur die sechste Herberge, die hinten hinaus lag. Gegenüber der Darstellung von 1682 wurde genau diese Herberge um eine Stube vergrößert. Vorne waren offenbar die zwei, zur vierten Herberge gehörigen Dachkammern und der zur fünften Herberge gehörige Trockenraum. Zur ersten und dritten Herberge im Erdgeschoß gehörten außerdem je ein Backofen, Holzlage, Höfel und Senkgrube, zur zweiten Herberge ein Schweinestall. Nach den erhaltenen Quellen wohnten in den einzelnen Herbergen meist einfache Handwerker unterschiedlicher Gewerke. Wahrscheinlich ist in der ersten Hälfte des 18. Jahrhunderts die südliche Dachkonstruktion entstanden (1730 d); was bedeutet, dass spätestens jetzt das Haus die bis heute erhaltene Dachkontur aufwies, also wohl zurückgebaut worden war. Hierfür spricht, dass im gesamten 2. Obergeschoß keine älteren Fenstergewände erhalten sind. Dies wird auch von den Beschreibungen der Wohnungen in den Archivalien bestätigt, wo Abstellkammern in diesem Dachbereich beschrieben werden. Den Zustand der Häuser im Jahre 1726 zeigt die Stadtdarstellung von Georg Joseph Sigmund.

Die Umbauten der zweiten Hälfte des 18. Jahrhunderts ersetzten dann im Prinzip nur bereits vorhandene Bauteile und schufen mit den Stuckdecken neue Ausstattungen. Die jüngst freigelegten, spiegelbildlichen Beschriftungen der Stuckdecke im hinteren Raum des 1. Obergeschoßes entstanden in den 1750er Jahren. Im Erdgeschoß wurde nun der untere Bereich der Treppe in das 1. Obergeschoß verändert und in dem größeren Raum des Kernbaues eine neue Querwand eingebaut, durch die der gewölbte Raum in zwei unterschiedlich große Einheiten geteilt wurde. Wahrscheinlich hat man hierdurch allerdings nur eine bereits vorher vorhandene Wand ersetzt. Im 1. Obergeschoß baute man nun in der südwestlichen Raumzone eine neue Längswand ein, die den vorher sicher ungeteilten Raum in ein nord-westliches und zwei süd-östliche Drittel aufteilte. Gleichzeitig verschwanden der Unterzug und die Trambalkendecke des 16. Jahrhun-

1 Laut Kaufbrief vom 25. Jänner 1677 (NB Nr. 185)
2 Laut Kaufbrief vom 6. September 1758 (NB Nr. 266)
3 Laut Kaufbrief vom 6. September 1758 (NB Nr. 266)
4 Laut Kaufbrief vom 8. Februar 1708 (NB Nr. 216)
5 Laut Erbansatz vom 19. Dezember 1743 (NB Nr. 251)
6 Laut Kaufbrief vom 10. März 1682 (NB Nr. 190)
7 Beschreibung im Ansatzbrief vom 6. September 1736 (NB Nr. 244)

8) Die Süd-West-Seite des Hauses um 1800
Teilansicht des Stadtmodells Hallein
Erzabtei St. Peter, als Leihgabe im
Salzburg Museum

derts unter Putz, und es wurden entsprechend der Bedeutung der Räume Stuckornamente an der Decke angebracht. Im mittleren Raumbereich entstand nun eine neue Küchenanlage mit Ziegelgewölben, in der nord-östlichen Zone eine neue Längswand und Stuckdecken, die auf die neue Raumaufteilung Bezug nahmen, sowie der Aborterker vor der Nord-Ost-Ecke. Im 2. Obergeschoß errichtete man, wahrscheinlich in Zusammenhang mit einer Dachveränderung, im nord-östlichen Kompartiment eine vollständig neue Nord-Ost-Wand mit einer zugehörigen Querwand in Ziegelbauweise, baute ebenfalls Rahmenstuckdecken mit Bezug auf die neue Raumaufteilung ein und einen Aborterker an. In der mittleren Raumzone veränderte man die Treppenanlage und trennte im nord-östlichen Bereich zwei Kammern vom Dachbereich ab. Das Stadtmodell von Hallein aus der Zeit um 1800 zeigt den Zustand des Hauses zu dieser Zeit. (Abb. 8)

In der ersten Hälfte des 19. Jahrhunderts entstand im Souterrain des Kellergeschoßes eine neue Längswand, die die dortige Wohnung – wieder – in zwei Räume teilte, während der süd-westliche große Kellerraum durch eine neue Querwand unterteilt wurde. Spätestens jetzt scheinen Probleme mit dem Überschneidungsbereich der beiden Tonnengewölbe im Erdgeschoß aufgetreten zu sein. Man ersetzte daher die Überwölbung des Flurbereiches durch eine flache Balkendecke und mauerte die wahrscheinlich bei dem Umbau eingebrochene nord-westliche Hälfte der Gewölbeschale mit Ziegeln neu auf. Ein gleichzeitig oder wenig später in der Trennwand zwischen Raum F.o.04 und F.o.05 eingebautes Fenster, das wohl der Belichtung der dunklen mittleren Hauszone dienen sollte, destabilisierte aber zugleich das Widerlager der süd-östlichen, erhalten gebliebenen Gewölbeschale. Im 2. Obergeschoß hat man im süd-westlichen Bereich eine neue Raumeinteilung angebracht, im mittleren Bereich süd-östlich drei Kammern abgeteilt und an der Nord-Ost-Mauer einen neuen Schornstein eingebaut. Nun entstand auch die Dachkonstruktion im nord-östlichen Bereich (1838 d), wohl als Erneuerung einer hier bereits vorhandenen älteren Konstruktion.

In der zweiten Hälfte des 19. Jahrhunderts baute man im süd-westlichen Kellerraum große Vorratsbehälter ein, im Erdgeschoß neue Schornsteine, und in der nord-östlichen Zone dieses Geschoßes wurde eine neue Längswand errichtet.

In der ersten Hälfte des 20. Jahrhunderts entstanden, beginnend im Erdgeschoß, neue Schornsteine, einer davon als Einbau in dem beibehaltenen schliefbaren Schornstein in der Nord-West-Ecke, der andere in der Nord-Ost-Ecke des Kernbaues. Diese neuen Schornsteine setzten sich im 1. Obergeschoß fort, wo nun im südlichen Raumbereich eine neue Leichtbauwand in Längsrichtung eingebaut wurde. Ebenso entstanden im mittleren Bereich eine neue kurze Längswand, die einen Vorraum am Durchgang zur nördlichen Raumzone abtrennte, und der Lichtschacht vor der Westwand.

Nur noch wenige Veränderungen wurden in den letzten fünfzig Jahren vorgenommen. Dabei erhielt Raum F.o.03 eine flächendeckende Wandverkleidung, um die inzwischen eingetretenen Verformungen der Massivwände zu verbergen, und im 2. Obergeschoß wurden die Rofen im südlichen Dachbereich erneuert.

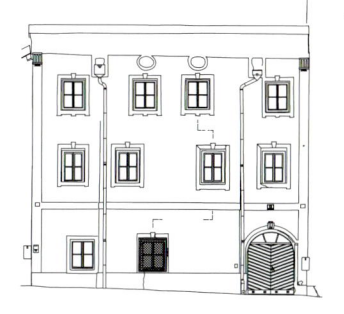

1) Bestand Süd-West-Fassade von Schöndorfer Platz 11
Arge Fleischmann/Messbildstelle

Gewölbte Räume und Balkendecken
Schöndorfer Platz 11 *Hermann Fuchsberger*

Das zum Zeitpunkt der Untersuchung schon seit Jahren entmietete Haus war teils geräumt, teils möbliert zurückgelassen worden. Nahezu unzugänglich waren die beiden niedrigen Dachräume über dem nord-östlichen und dem südwestlichen Drittel des Gebäudes, die noch mit Unmengen an Verlassenschaften gefüllt waren. Während das Dach einigermaßen gut erhalten erschien, wiesen einige Räume im 2. Obergeschoß einsturzgefährdete, von abgehängten Decken verborgene Konstruktionen auf. Die Ursache für diese Schäden lag an undichten oder verstopften Dachabwasser-Rinnen.
Ein verstopftes Abflussrohr war auch der Grund für beträchtliche Feuchtigkeitsschäden in drei übereinander liegenden Räumen (G.0.02, G.1.10 und G.2.11) auf der zum Platz gewandten Südseite des Gebäudes. Wände und Decken waren über Jahre hinweg durchnässt worden.
Die Fassade zum Platz (Abb. 1) zeigt eine dreigeschoßige, in den Obergeschoßen vierachsige Gliederung. Im Erdgeschoß sind zwei Fensterachsen vorhanden, ganz rechts nahe der Trennwand zum Haus Schöndorfer Platz 12 befindet sich die rundbogige Toröffnung. (Abb. 2, 3) Die Fensteröffnungen in den verschiedenen Geschoßen sind nicht axial ausgerichtet, sie spiegeln vielmehr die dahinter liegende Raumteilung wider. Einzig die beiden querovalen, unverschließbaren Wandöffnungen des Dachraums beziehen sich auf die unmittelbar darunter liegenden mittleren Fenster des 2. Obergeschoßes. Zwischen erstem und zweitem sowie drittem und viertem Fenster sind die beiden Fallrohre mit ihren Kästen am Ende der Dachwasser-Rinnen des Grabendaches symmetrisch angeordnet.

Die mit Rieselputz versehene, blassgrün gestrichene Fassade schließt nach oben hin mit einem waagerecht durchlaufenden, glatt geputzten und weiß gestrichenen, gekehlten Gesims ab, das in der Art einer Vorschussmauer das zweiteilige Grabendach verdeckt. Ein horizontales aufgeputztes Band trennt das Erdgeschoß von den Obergeschoßen. Glatt geputzte, geweißte Ecklisenen, die die Fassade seitlich begrenzen, enden unter dem Gesims mit einem triglyphenähnlichen Abschluss. Die Putzrahmen der hochrechteckigen Fensteröffnungen und des rundbogigen Eingangstors sind gleich beschaffen.
An der gartenseitigen Nord-Ost-Fassade sind dagegen weitgehend regelmäßige Fensterachsen für die drei Hauptgeschoße festzustellen; auch die seitliche Türöffnung und das doppelte Fenster des Kellergeschoßes beziehen sich auf diese Achsen.
Die circa 14 Meter hohe Fassade ist ungegliedert und glatt verputzt. An Verwitterungsspuren konnte man vor der Restaurierung erkennen, dass die Wandfläche bis unter Sohlbankhöhe des 1. Obergeschoßes anzieht.
An der Grenze zu Haus 10 steht ein zweigeschoßiges, mit dem Hauptgebäude verbundenes Hofgebäude über einer Grundfläche von 4,5 mal 3,5 Metern in geringem Abstand vor der nördlich gelegenen Terrassenmauer und verdeckt den unteren Teil des Abtritts im 1. Obergeschoß. Seine östliche Mauer ragt noch rund 1,8 Meter über seine eigene Nordfassade vor und endet schräg wie eine Stützmauer.
Das Dach kragt mit Fuß- und Mittelpfetten über die Fassadenfläche vor, in deren Giebel zwei kleine rechteckige Wandöffnungen der Belüftung des nördlichen Dachraums dienen.

2) Die Süd-West-Fassade im Jahre 2008
Foto BDA, Petra Laubenstein
3) Detail des Portals in der
Süd-West-Fassade
Foto BDA, Petra Laubenstein
4) Die Rückfassade von Haus 11
im Jahre 2008
Foto BDA, Petra Laubenstein
5) Raumansicht im Kellergeschoß von
Haus 11 2008
Foto Stefan Zenzmaier

2

1 Die 1726 datierte Stadtansicht bildet die Terrassenmauer am nördlichen Abschluss der Parzellen ab.

Das drei- bzw. viergeschoßige Gebäude nimmt eine Grundfläche von rund 11 Metern Breite und 21 Metern Länge ein, hinzu kommt ein zweigeschoßiger Vorbau an der Nordfassade mit rund 4,5 Metern Breite und 3,5 Metern Länge. Vom Schöndorfer Platz ist das Haus über ein seitliches Tor zugänglich, das sich in ein tonnengewölbtes Vorhaus öffnet. In der Eingangsachse liegt entlang der Trennwand zu Haus 12 eine einläufige Stiege, die in das Untergeschoß führt. Aufgrund des nach Nord-Osten abfallenden Geländes kann es nicht als Keller bezeichnet werden, denn es hat einen Ausgang in den von einer Terrassenmauer begrenzten Hinterhof. (Abb. 4) Die südwestliche Gebäudehälfte ist im Gegensatz zum benachbarten Haus 10 nicht unterkellert. Das lang gestreckte Vorhaus erreicht mit 11 Metern Länge die unbelichtete Gebäudemitte, die von drei unterschiedlich großen Wirtschaftsräumen und der gewendelten Stiege in das Obergeschoß eingenommen wird. Die größeren Wohnräume sind wie in den oberen Geschoßen nach Nord-Osten und Süd-Westen ausgerichtet. (Abb. 6) Dort findet man süd-östlich der einläufigen Stiege einen Lichtschacht zur Belichtung von Gang und Nebenräumen.
Die Dachkonstruktion ist am besten im mittleren Drittel des Gebäudes zu erkennen, wo der Dachraum noch in seiner bauzeitlichen Höhe erhalten ist (Raum G.2.06). Die süd-westliche Seite zum Platz war schon zur Bauzeit Ende des 17. Jahrhunderts kein vollgeschoßiger Dachraum, während die nord-östliche Seite erst im Nachhinein zum Wohnen ausgebaut wurde und die Raumhöhe sich entsprechend reduzierte.
Das Dach besteht aus einer einheitlichen Grabendachkonstruktion mit zwei Dachabwasser-Rinnen, die in Nord-Ost/Süd-West-Richtung, in einem mittleren Abstand von 2 Metern zu der süd-östlichen beziehungsweise nord-westlichen Außenmauer des Gebäudes verlaufen. Die 19 Rofenpaare, die in einem Abstand von circa einem Meter auf der mittigen Firstpfette aufliegen, überspannen etwa 3 Meter bis zu den Fußpfetten längs der Wasserrinnen. Die letzten verbleibenden Mauern eines hochmittelalterlichen Gebäudes, das den heutigen Gartenbereich nord-östlich des heutigen Kellers eingenommen haben müsste, stecken allem Anschein nach in der Nord-Ost-Fassade des heutigen Gebäudes und in der Süd-Ost-Wand eines gartenseitigen Anbaus vor der Terrassenmauer (Raum G.1.03). In eben dieser Wand sind zwei bauzeitliche Wandöffnungen, ein Schlitzfenster und eine vermauerte Tür vorhanden, die in dieser gewölbten Kammer keine Funktion haben.
Die anzunehmende Mauerstärke von 1,4 bis 0,9 Meter einer ursprünglich süd-westlichen Außenmauer könnte sich also in der heutigen Nord-Ost-Fassade des Hauses 11 (Wand G.1.02a), wie im Vertikalschnitt erkennbar ist, noch bis über die Decke des Erdgeschoßes hinaus fortsetzen. (Abb. 7)
Man kann auch nur vermuten, wie weit sich dieses Gebäude Richtung Nord-Osten und Süd-Osten erstreckte; wahrscheinlich ist, dass seine süd-östliche Außenwand der hofseitig angrenzenden Nord-West-Wand des Nachbargebäudes Schöndorfer Platz 12 entsprach und seine Nord-Ost-Fassade in der Flucht der heute überdachten Terrassenmauer gelegen hat.[1] Daraus ergäbe sich eine überbaute Grundfläche von etwa 8 × 8 Metern.

Auf das Spätmittelalter geht die Errichtung eines süd-westlichen Anbaus über einer Fläche von 7 × 9 Metern zurück. Sein unterstes Geschoß hat sich in den heutigen Kellerräumen G.1.01 und G.1.02 erhalten. (Abb. 5) Im Süd-Osten wird es vom Haus 12 begrenzt, seine Nord-West-Wand, die nur im Kellergeschoß, ohne Fortsetzung im Erdgeschoß darüber, vorhanden ist, liegt dagegen innerhalb der überbauten Parzelle. Die nord-westlich angrenzende Parzelle des Hauses Schöndorfer Platz 10 war zu dieser Zeit an ihrem süd-westlichen Ende, also direkt am Platz, überbaut. Vielleicht gab es im Spätmittelalter hier einen Weg, der vom Schöndorfer Platz zwischen den Kernbauten der Häuser 10 und 11 Richtung Kornsteinplatz führte. (Abb. 8) Spätestens in der ersten Hälfte des 16. Jahrhunderts, als man das Haus des 14. Jahrhunderts vollständig, über die gesamte Parzellenbreite, überbaute, müsste der oben rekonstruierte hochmittelalterliche Bau über quadratischem Grundriss aufgegeben und großteils abgebrochen worden sein; seine Süd-West-Fassade hatte man also von Nord-Osten hinterfangen, um sie als neue Nord-Ost-Fassade weiter zu verwenden. Der Neubau der ersten Hälfte des 16. Jahrhunderts ist im nördlichen Drittel des heutigen Gebäudes bis in das 1. Obergeschoß erhalten geblieben. Wie weit er sich Richtung Süd-Westen zum Platz hin erstreckte, kann man wegen späterer Umbauten nicht mehr feststellen; schon aus Gründen der Proportion sollte das frühneuzeitliche Gebäude eine Grundfläche von 11 mal 15 Metern erreicht haben. Nachweisbar aus dieser Bauphase erhalten ist die damalige Küche (Raum G.0.09) an der Nord-Ost-Wand des Vorhauses. Eine Baunaht in dieser Ecke zeigt gleichzeitig, dass Süd-Ost-Wand und Gewölbe des Vorhauses an die Küche angebaut wurden, also einer nachfolgenden Bauphase angehören. Diese noch dem 16. Jahrhundert zuzuordnende Bauphase umfasst Maßnahmen, die vor allem die damalige süd-westliche Gebäudehälfte betrafen. Ihre Süd-West-Fassade, die rund 6 Meter hinter der heutigen Fassadenflucht lag, ist in Teilen noch bis in Höhe des 2. Obergeschoßes nachvollziehbar. Man findet sie als Zwischenwand im 1. (Wand G.1.08c) und im 2. Obergeschoß, wo auch noch eine bauzeitliche Fensteröffnung in Form eines Wandschranks erhalten ist (Wand G.2.08c). Das unmittelbar nördlich anschließende Gewölbe im 1. Obergeschoß der Räume G.1.06 bis G.1.08 gehört ebenso dieser Bauphase an wie jenes in den Räumen G.0.03 und G.0.04 im Erdgeschoß. Um sich von den beiden ineinander greifenden Bauphasen des 16. Jahrhunderts ein konkretes Bild zu machen, könnte man sich vorstellen, dass ein zunächst offener Hof in der Hausmitte (etwa im Ausmaß der Räume G.0.03 und G.0.05) am Ende doch geschlossen überbaut und mit einem neuen Stiegenaufgang versehen wurde. Die endgültige Überbauung der Parzelle in Richtung Süd-Westen wurde schließlich im 17. Jahrhundert erreicht. Die einheitliche, insgesamt erhaltene Dachkonstruktion, die in die 1690er Jahre dendrochronologisch datiert werden konnte, ist mit einer gesamten Aufstockung des Gebäudes in Zusammenhang zu setzen. Dieses 3. Obergeschoß war wahrscheinlich im Nord-Osten lediglich mit einer Bretterwand abgeschlossen und diente nur als Dachboden.[2] Im Süden zum Platz hin entspricht es dem 2. Obergeschoß mit Wohnräumen und einer massiven Außenwand.

2 Die Stadtansicht von 1726 bildet sogar den Abtrittschacht in der westlichsten Fensterachse des Hauses ab, der im 1. Obergeschoß nachträglich eingerichtet wurde.

6) Stuckraum im 1. OG von Haus 11
im Jahre 2008
Foto BDA, Petra Laubenstein
7) Baualtersplan Grundriss Erdgeschoß von
Schöndorfer Platz 10
Plangrundlage Arge Fleischmann/Messbildstelle, Planbearbeitung Hermann Fuchsberger
8) Baualtersplan Querschnitt durch
Schöndorfer Platz 10 und 11
Plangrundlage Arge Fleischmann/Messbildstelle, Planbearbeitung Hermann Fuchsberger

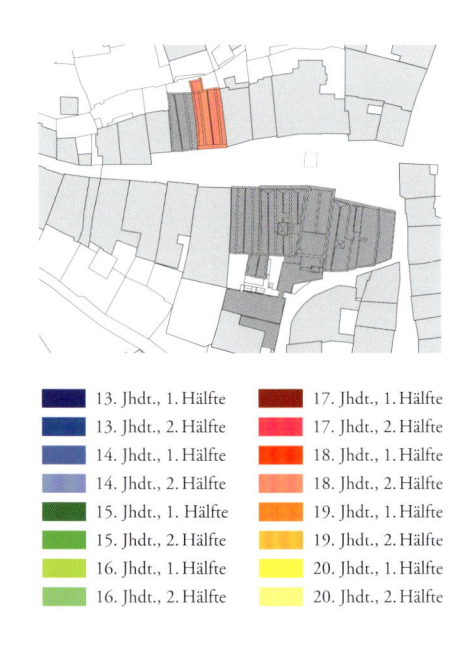

- 13. Jhdt., 1. Hälfte
- 13. Jhdt., 2. Hälfte
- 14. Jhdt., 1. Hälfte
- 14. Jhdt., 2. Hälfte
- 15. Jhdt., 1. Hälfte
- 15. Jhdt., 2. Hälfte
- 16. Jhdt., 1. Hälfte
- 16. Jhdt., 2. Hälfte
- 17. Jhdt., 1. Hälfte
- 17. Jhdt., 2. Hälfte
- 18. Jhdt., 1. Hälfte
- 18. Jhdt., 2. Hälfte
- 19. Jhdt., 1. Hälfte
- 19. Jhdt., 2. Hälfte
- 20. Jhdt., 1. Hälfte
- 20. Jhdt., 2. Hälfte

Zur selben Bauphase scheint ein nachträglich eingestellter Gurtbogen im Erdgeschoß (Raum G.0.02, Wand b) zu gehören, der die 60 Zentimeter starke Zwischenwand im darüber liegenden Geschoß (Wand G.1.09d) unterstützt. Die Aufstockung des Gebäudes muss zugleich Anlass gewesen sein, die stark nach vorne kippende Süd-West-Fassade im Bereich der beiden mittleren Fensterachsen abzustützen, wie man am Vertikalschnitt erkennen kann. In der zweiten Hälfte des 18. Jahrhunderts wurde vermutlich auch der nord-östlich gelegene Dachboden zu Wohnräumen mit massiver Außenwand ausgebaut.[3]
Die Baumaßnahmen während des 19. Jahrhunderts beschränkten sich auf Adaptierungen für eine verdichtete Raumnutzung. Neben den zahlreichen zusätzlichen Trennwänden in allen Geschoßen erhielt der große Kellerraum eine breitere Fensteröffnung, und in der Gebäudemitte wurde ein Lichtschacht errichtet. Die innere Erschließung blieb weitgehend unverändert. Die Eingriffe der zweiten Hälfte des vergangenen 20. Jahrhunderts stehen in Zusammenhang mit der Einrichtung sanitärer Anlagen in verschiedenen Räumen des Hauses, die mit Hilfe zusätzlicher Raumteilungen untergebracht wurden. Wesentlich beeinträchtigt wurde das Erscheinungsbild des Bestands durch provisorische Innenausbauten und die Verwendung minderwertigen Ersatzes für feste Ausstattungsteile. Zusammenfassend ist festzustellen, dass der Kernbau des Hauses außerhalb der heutigen Bebauung gelegen hat und nur noch aufgrund weniger Reste in und an der Nord-Ost-Fassade nachweisbar ist. Die Überbauung der Parzelle erfolgte zwischen dem 14. und dem 17. Jahrhundert von Nord-Osten Richtung Platz im Süd-Westen. Es ist jedoch grundsätzlich nicht auszuschließen, dass auch an der heutigen Südfront eine hochmittelalterliche Bebauung bestanden hat, die sich nicht mehr nachweisen lässt.

3   Vergleiche hierzu das Stadtmodell aus dem späten 18. Jahrhundert

Aspekte der Baugeschichte

Stuckdecke im Haus
Schöndorfer Platz 10. 1. OG
Freilegungsarbeit 2008
Foto Diplomrestauratoren Tinzl

Unerwartete Befunde aus der Archäologie *Ulrich Klein*

Archäologische Untersuchungen wurden in den Häusern am Schöndorfer Platz dort durchgeführt, wo für moderne Leitungsführungen, Tieferlegungen des Bodenniveaus oder Neufundamentierungen größere Eingriffe in den Böden erforderlich wurden. In mehreren, jeweils durch den Bauablauf bestimmten Kampagnen sind durch das IBD Marburg (Grabungsleitung Christoph Engels) in Zusammenarbeit mit Elisabeth Wahl und Marina Kaltenegger von Januar 2005 bis Februar 2007 die nachfolgenden Befunde bauarchäologisch dokumentiert worden.

Schöndorfer Platz 1

Auf der süd-östlichsten Parzelle des Quartiers wurde ein angebautes Wirtschaftsgebäude aufgedeckt, das den Kern des heutigen Gebäudes Schöndorfer Platz 1 bildet. Dieser 7 × 10 bis 13 Meter umfassende Anbau ist mit der zweigeschoßigen Süd-Ost-Fassade im heutigen Bestand weitgehend erhalten, ebenso wie der nord-ostseitige Keller. In einem dort angelegten Grabungsschnitt in Süd-Ost/Nord-West-Richtung wurden im Nord-Ost-Profil die Vermauerung eines ehemaligen Kellerhalses und im süd-westlichen Teil die nord-östliche Wange eines Streifenfundaments aus Bruchsteinen, das möglicherweise nach Süd-Westen abbiegt, angeschnitten. Auffällig ist hierbei, dass dieses Fundament etwa in der Flucht der heutigen Süd-West-Fassade gegen die hintere Gasse verläuft. Dieses Fundament schneidet und überbaut eine ältere Schichtenfolge, die sich jenseits der Trennwand zu Haus 2 fortsetzt, also älter ist als die bereits mittelalterliche Parzellentrennung zwischen diesen beiden Bauten. Dort ist in den anstehenden Boden eine breite Grube mit flachem Boden eingetieft, deren Durchmesser mit ungefähr 6 Metern rekonstruiert werden kann, verfüllt mit rotbraunem Schotter-/Erdmaterial und einer starken Holzkohle-Erdschicht. Der durch starke Hitzeeinwirkung rotverfärbte Lehm auf dem Boden der Grube deutet auf frühere Arbeitsprozesse mit großer Hitzeentwicklung, wie sie für Schmelzen, Gießen und auch Schmieden typisch sind, wobei die Arbeitsgrube vor allem auch dem Brandschutz diente. Damit belegen die Befunde eine gewerbliche Nutzung des Platzes als Schmelz-, Schmiede oder Gussanlage im Hochmittelalter und noch vor der frühesten hier nachweisbaren Bebauung.

Schöndorfer Platz 2

Im Haus Schöndorfer Platz 2 konnte im heutigen Keller der untere Teil eines Steinbaues des 13. Jahrhunderts identifiziert werden. Es handelt sich hierbei um das ursprünglich nur teilweise eingetiefte Sockelgeschoß eines nach Nord-Osten zum Schöndorfer Platz orientierten Gebäudes (Maße ca. 7 × 9 Meter), welches schon die gesamte Breite der Parzelle einnahm und später unterfangen und als Keller genutzt worden ist. Die Erschließung von Süd-Westen erfolgte durch eine Treppe entlang der Nord-West-Wand. Im süd-westlichen – rückwärtigen – Teil der Parzelle konnten weiterhin das Nord-Ost-Fundament und die nordöstliche Ecke eines weiteren Steingebäudes aufgedeckt werden. Sein nord-westlicher Abschluss entspricht der bestehenden Trennwand zum Haus Schöndorfer Platz 3, der süd-westliche Abschluss ist unbekannt, muss sich aber im Bereich der Gasse außerhalb, vor der heutigen Südwand befunden haben. Die Mauerstärke betrug im Fundamentbereich etwa 0,90 Meter, das Gebäude nahm nur den süd-westlichen Teil der Parzelle ein und war 5,30 Meter breit, die erhaltene Länge der Westwand beträgt 7 Meter. Damit blieb ein Durchgang von der Straße auf den Dürrnberg anstelle der heutigen Franz–Ferchl-Straße in einen Hof, der die beiden Gebäude trennte, unverbaut. Diese erste nachweisbare Bebauung und Erschließung der Parzelle Schöndorfer Platz 2 belegt deren Orientierung gleichermaßen nach Süd-Westen zur Straße auf den Dürrnberg wie auch nach Nord-Osten zum Platz hin. Wie durch einen weiteren Sondageschnitt im anschließenden Haus 3 festgestellt werden konnte, erfolgten die Überbauung oder Teilbebauung des Hofes vielleicht schon im Verlauf des 13. oder im 14. Jahrhundert. Im 15. Jahrhundert hat man dann die gesamte Parzelle gemeinsam mit dem östlichen Teil des Hauses Schöndorfer Platz 3, mit dem eine eigentumsrechtliche Verbindung auch während der folgenden Jahrhunderte bestehen blieb, massiv überbaut – sie führte zur gemeinsamen Neuerrichtung des 2. Obergeschoßes.

Schöndorfer Platz 3

Der heutige Gebäudekomplex Schöndorfer Platz 3 teilt sich ursprünglich in drei Häuser, die sich in SO-NW-Richtung aneinander reihen und erst im Laufe des 18. Jahrhunderts in der heute noch ablesbaren Form zusammengefasst worden sind. Jedes der Häuser ist im Nord-Osten zum Platz hin unterkellert, wobei die Keller zugleich die Ausdehnung der (Stein-)Bauten in der mittelalterlichen Hauptbauphase markieren, die nach den Mauerwerksmerkmalen in die zweite Hälfte des 13. bis in die erste Hälfte des 14. Jahrhunderts fällt. Nur bei dem am weitesten nach Süd-Westen reichenden Haus Schöndorfer Platz 3/Mitte finden sich in den Mauern des heute gewölbten Kellerraumes ältere, noch romanisch geprägte Bauteile, die wohl aus der ersten Hälfte des 13. Jahrhunderts stammen. Auf der Süd-West-Seite dieses Hauses konnte durch einen archäologischen Sondageschnitt in SO-NW-Richtung ein Treppenabgang ermittelt werden, der zunächst als offene Konstruktion zum Sockelgeschoß des Hauses im Nord-Osten herabführte, später dann mit der Auffüllung des Geländes aber überwölbt wurde. (Abb. 1, 2) Auch wenn die absolute Höhe des älteren Niveaus in diesem Bereich nicht ermittelt werden konnte, zeigt das Vorhandensein einer Treppe jedoch, dass sich hier, wie im Bereich von Haus 2, eine nicht unterkellerte höher gelegene Fläche an das älteste Steinhaus im Nord-Osten anschloss. Im hinteren Teil von Haus 3/Süd-Ost ergab die Grabung ein mittelalterliches Laufniveau ca. 3,80 bis 3,90 Meter oberhalb des heutigen Fußbodens im Kellergeschoß des Vorderhauses, das nach eindeutigen Spuren im 13. und 14. Jahrhundert unbebaut war. (Abb. 3) Dadurch, dass der hintere Bereich des Hauses 3/Süd-Ost nie unterkellert war, konnte unter dem mittelalterlichen Nutzungshorizont noch eine ältere schwarze Siedlungsschicht ermittelt werden, die nach dem Fundmaterial vorgeschichtlich, voraussichtlich in die Latènezeit, zu datieren ist. Kantengerundete Steine an der Oberfläche der natürlichen Schuttlage sind dort fast wie bei

1) Planum I mit den Schnitten 1d und 10a/b
im Erdgeschoß von Schöndorfer Platz 3
Zeichnung IBD 2005
2) Freigelegter Treppenabgang, Profil V
im Schnitt 1d im Erdgeschoß von
Schöndorfer Platz 3
Zeichnung IBD 2005
3) Planum I mit den Schnitten 1e
sowie 7 und 8 im Erdgeschoß von
Schöndorfer Platz 3
Zeichnung IBD 2005

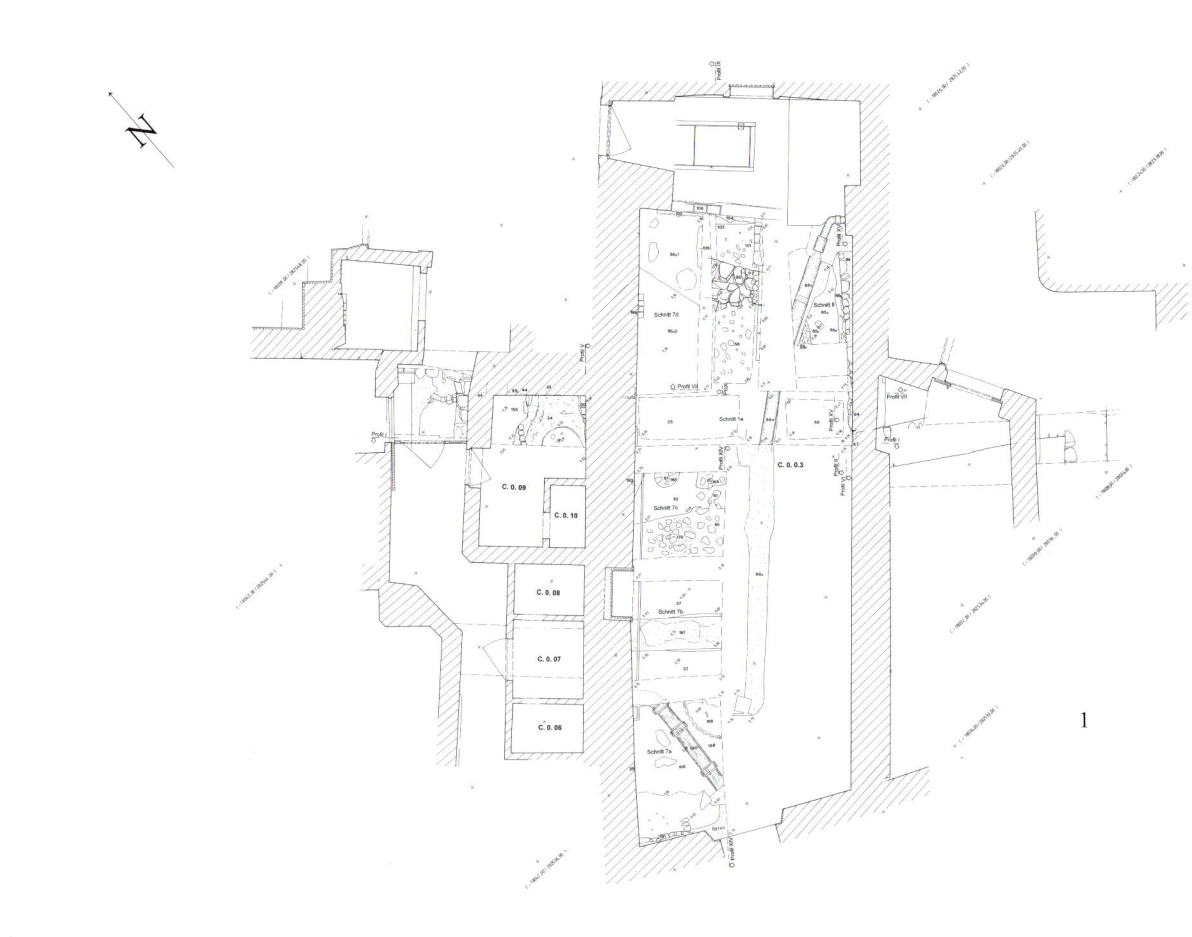

122 Aspekte der Baugeschichte

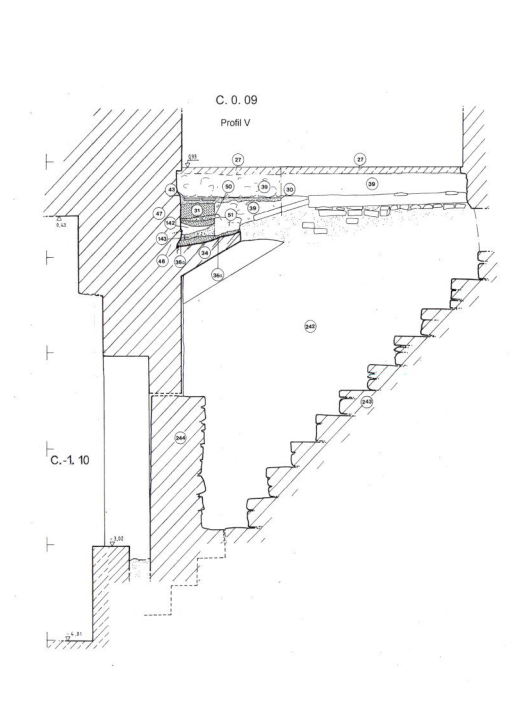

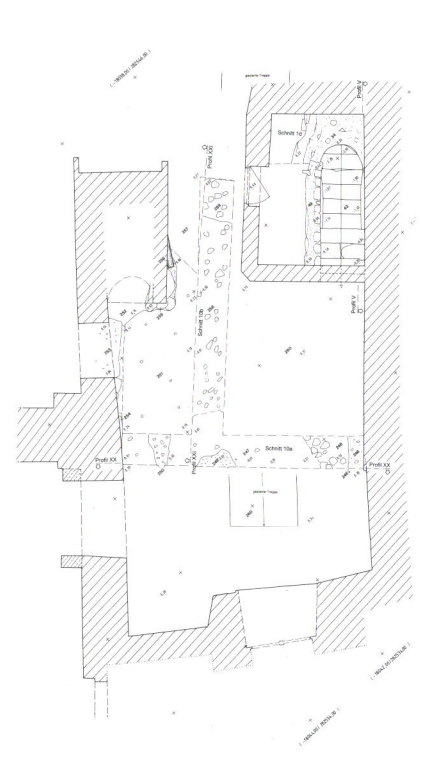

einem Steinpflaster angeordnet und zerbrechen leicht, was für eine starke Abnutzung spricht; das in die Zwischenräume eingetretene Tierknochenmaterial ist stark verwittert. Die darüber verlaufende schwarzbraune, humos-tonige Lehmschicht beinhaltet mit Ausnahme zweier mittelalterlicher Keramikfunde, die bei der Wiederaufdeckung der alten Oberfläche sekundär hierher gelangt sein müssen, ausschließlich eisenzeitliches Fundmaterial sowie stark aufgearbeitete Tierknochen in größeren Mengen, des weiteren einen Gussrest aus Bronze, das Fragment einer Bronzenadel, eine fragmentarische Glasperle, Eisenfragmente, Brocken aus sehr stark verziegeltem Lehm oder Rotmarmor, kleine Hüttenlehmbrocken, einen Kiesel sowie Schlackerest. Für die zeitliche Einschätzung ist auch der Fund einer Scherbe der römischen Kaiserzeit wichtig, der stratigraphisch zwischen der mutmaßlichen eisenzeitlichen Siedlungsschicht und dem mittelalterlichen Schichtpaket geborgen wurde. Das umfangreiche eisenzeitliche Fundmaterial besteht überwiegend aus Grobkeramik (Graphitton), daneben ist auch bemalte Feinkeramik vorhanden, was zusammen mit der Perle auf eine latènezeitliche Siedlungsstelle hindeutet. Versucht man, nach den Funden die Siedlung zu charakterisieren, so muss zunächst angemerkt werden, dass die kleinteilige Fragmentierung der Funde nicht auf besonders ungünstige Überlieferungsbedingungen zurückzuführen ist. Wie die stark abgelaufene Oberfläche des anstehenden Hangschuttes zeigt, ist es zu einer starken mechanischen Beanspruchung des Bodens im Rahmen der Siedlungstätigkeit gekommen.
Fast unmittelbar auf der Oberfläche der natürlichen Schuttlage sitzt eine in SO-NW-Richtung verlaufende Steinsetzung auf, die im Süd-Osten durch jüngste Abwasserleitungen gestört ist. Im Nord-Westen ebenfalls stark gestört, lässt sie dennoch erkennen, dass sie nach Nord-Osten im Viertelkreisbogen umbiegt. Die Steinsetzung ist vollständig eingebettet in die fette Lehmschicht, deren Schichtmaterial sämtliche Zwischenräume der Steinsetzung ausfüllt und teilweise auch bis unter die Steine quillt. Da innerhalb der Lehmschicht keine Binnenstrukturen erkennbar sind, ist die genaue stratigraphische Abfolge nicht zu klären, doch zwingt die Verzahnung beider Befunde zur Annahme eines ursächlichen und wohl auch zeitlichen Zusammenhangs. Die Funktion der Steinsetzung als Substruktion für eine Schwellbalkenkonstruktion kann nur vermutet werden.
Im hinteren Teil des Hauses 3/Nord-West ergab die archäologische Bodenuntersuchung unter dem rezenten Fliesenboden des Erdgeschoßes einen heute verfüllten, ehemals gewölbten Raum auf annähernd zwei Drittel der Gebäudebreite mit ursprünglich wohl L-förmigem Grundriss. Er besitzt eine Länge von ca. 6,50 Metern in Nord-Ost/Süd-West-Richtung und eine Breite von durchschnittlich 4,80 Metern in Ost-West-Richtung. Hieran schließt der heute noch begehbare Keller unter dem Vordergebäude erst nach 2 Metern an. Man wird also davon ausgehen müssen, dass auch hier bereits ein hochmittelalterliches Rückgebäude vorhanden war.
Am süd-westlichen Ende des heutigen Gebäudekomplexes Schöndorfer Platz 3 wurde auf dem natürlichen Boden eine mit der eisenzeitlichen Siedlungsschicht in Haus 3/Süd-Ost vergleichbare dunkelbraune, fette Lehmschicht mit Einschlüssen aus Holzkohle und Hüttenlehm

[1] Zu den „Schwarzen Schichten" zuletzt zusammenfassend Ingeborg Gaisbauer, „Schwarze Schicht" – Kontinuität/Diskontinuität, in: Fundort Wien. Berichte zur Archäologie 9/2006, Wien 2006, 182–190

aufgedeckt, die überwiegend vorgeschichtliche, aber auch mittelalterliche Keramik enthielt.
Von der Art und der Zusammensetzung ist der Lehm bedingt vergleichbar mit der Siedlungsschicht, womit zum einen die Ausdehnung der vorgeschichtlichen Siedlung weiter umschrieben wird, zugleich aber auch die mittelalterliche Beeinflussung und gegebenenfalls Durchmischung dieser Siedlungsschicht im Bereich des Hofes nachgewiesen wird. Damit existiert nun auch für Hallein zusammen mit den Befunden im Inneren von Haus 3 der Nachweis einer „Schwarzen Schicht", wie sie sich zum Beispiel in Wien und Regensburg zwischen römischen und mittelalterlichen Befunden nachweisen lässt,[1] wobei in Hallein die mächtigeren latènezeitlichen Siedlungsreste die deutlich schwächeren aus römischer Zeit in den Hintergrund drängen. Wie in Wien und Regensburg sind auch hier keine abschließenden Interpretationen zur Entstehung der „Schwarzen Schicht" möglich. Angesichts des stark abfallenden Geländes wäre aber zu bedenken, ob diese Schicht hier nicht das Ergebnis einer Abschwemmung vom eigentlichen, höher gelegenen Siedlungsplatz (im Bereich der Kirche?) sein könnte. Die gleiche Frage stellt sich schließlich auch bei der im Hause dokumentierten Schicht.
Im nord-westlichen Teil der Grabungsfläche konnte ein Graben zwischen der Franz-Ferchl-Straße im Süd-Westen und dem Schöndorfer Platz im Nord-Osten rekonstruiert werden, der zur Entwässerung diente. Erst nach Aufgabe dieses Grabens erfolgt die Bebauung des südwestlichen Grundstücksteils, also frühestens mit Errichtung der noch vorhandenen Gebäudeteile der ersten Hälfte des 14. Jahrhunderts. Zu beobachten ist eine dünne Holzkohleschicht an der Oberfläche des Grabenrandes, die nach Süd-Osten hin zunimmt und dort eindeutig als Brandschicht zu interpretieren ist. Ob es sich hierbei um ein lokal begrenztes Schadfeuer gehandelt hat, bleibt ebenso unklar wie die Zeitstellung, da die spärliche aus der Brandschicht geborgene Keramik nur grob dem Mittelalter zugeordnet werden kann.
Wohl unmittelbar nach dem Schadfeuer wurde eine Quermauer in den Graben gesetzt, die zu einem rückwärtigen Gebäude zum Vorderhaus Schöndorfer Platz 3/Nord-West gehörte. Der vollständige ursprüngliche Grundriss dieses massiven Hinterhauses möglicherweise der ersten Hälfte des 14. Jahrhunderts ist aus der Befundlage nicht hinreichend zu erschließen. Jünger als dieses rückwärtige Gebäude von Schöndorfer Platz 3/Nord-West ist ein nur in Resten erhaltener Mauerteil vor der nord-westlichen Grabungsgrenze, wobei die räumliche Lage im süd-westlichen Grundstücksbereich vermuten lässt, dass dieser zu einem ehemaligen, zur Franz-Ferchl-Straße ausgerichteten Gebäude gehörte. (Abb. 4, 5) In einer von Süd-Westen hieran angefüllten Bauschuttschicht wurde ein schlichtes mittelalterliches Kapitell geborgen, das wohl von einem Vorgängerbau stammt.

Schöndorfer Platz 4 und 5

In den Häusern Schöndorfer Platz 4 und 5, wo lediglich einige Quergräben gezogen wurden, konnten die Fußbodenaufbauten der vorhandenen Gebäude und ältere Laufhorizonte dokumentiert werden; hier fehlte durch intensivere jüngere Eingriffe in den Boden die

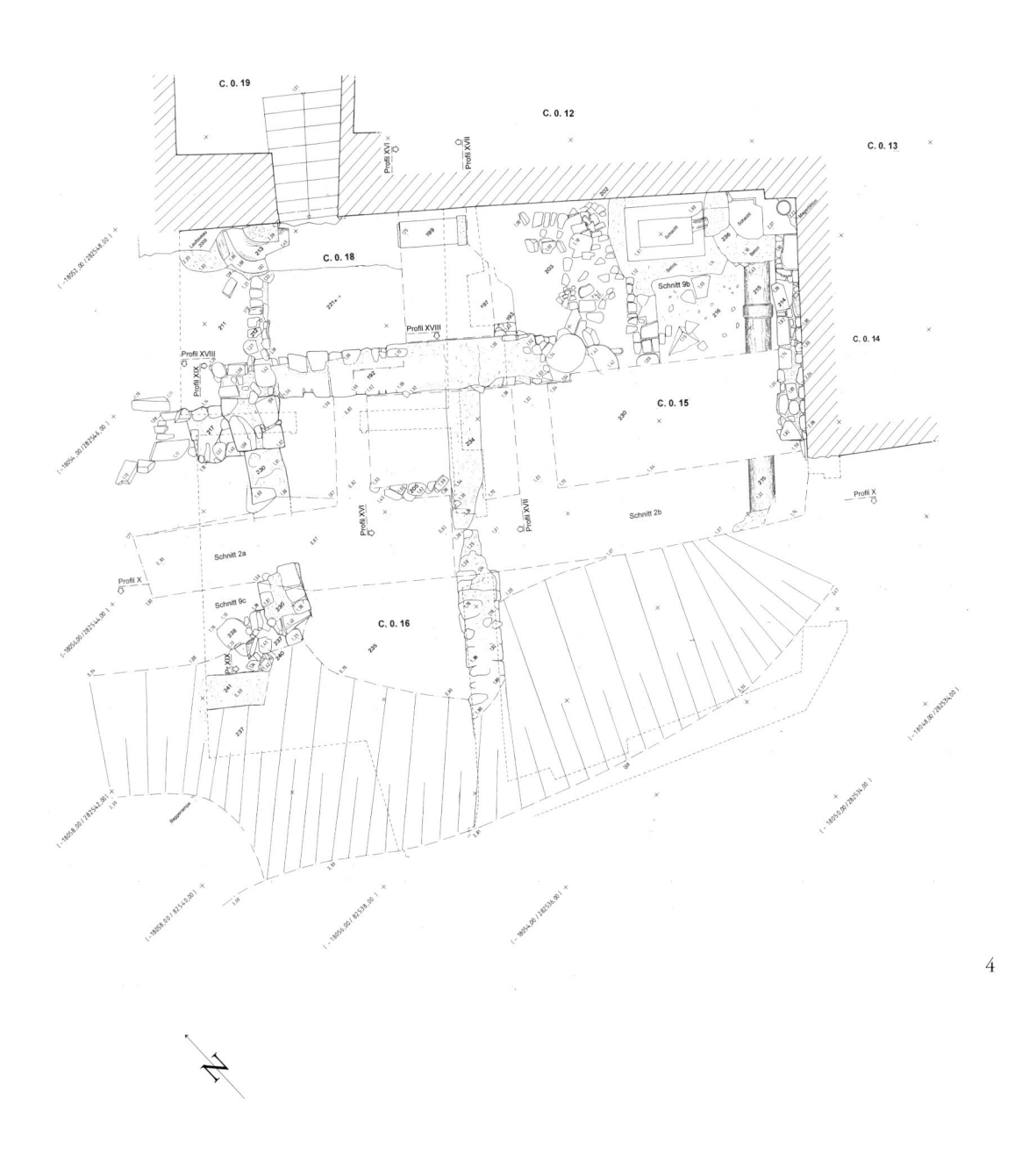

4) Planum im Hofbereich von
Schöndorfer Platz 3
Zeichnung IBD 2006

5) Profil im Hofbereich von Schöndorfer Platz 3
Zeichnung IBD 2006

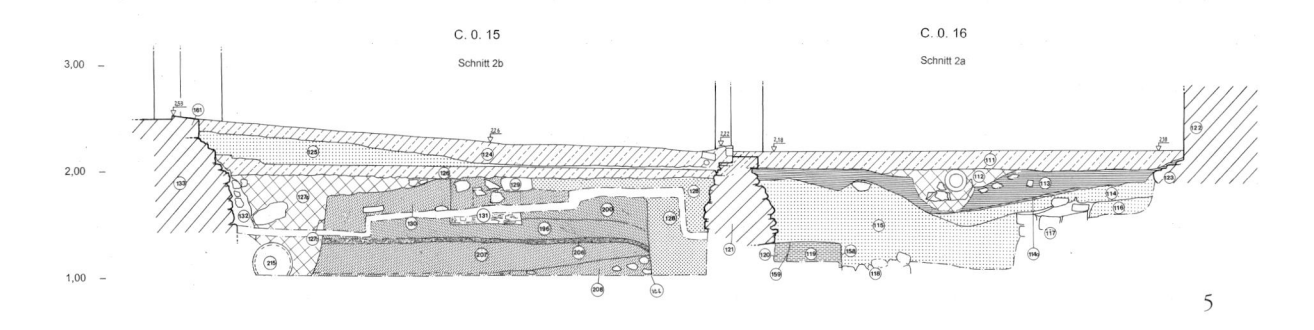

älteste Siedlungsschicht, wie sie weiter westlich vorhanden war.

Insgesamt lässt sich festhalten, dass auf den vergleichsweise kleinen Untersuchungsflächen bereits Spuren der ältesten Siedlungstätigkeit in Hallein nachgewiesen werden konnten, eine ähnlich wie in Wien noch rätselhafte „Schwarze Schicht" und bauliche Reste von Vorgängern der heutigen Häuser. Gerade dies war besonders wichtig für die dargestellte Datierung der ältesten Bauphasen am Schöndorfer Platz, denn hier lieferte die angelagerte Keramik Datierungsmöglichkeiten in das 13. Jahrhundert, wie sie sonst nicht vorhanden gewesen wären.

Hochmittelalterliche Bauten in Hallein *Ulrich Klein*

Die Frage nach den vor 1250 entstandenen hochmittelalterlichen Bauten in Hallein ist eng mit der frühen Stadtgeschichte verknüpft. Verschiedene ältere Theorien zur Geschichte Halleins sahen, anknüpfend an die These von der Kontinuität der Salzgewinnung am Dürrnberg seit spätantiker Zeit, früh- und hochmittelalterliche Wurzeln der Stadt.

Durch eine sorgfältige Auswertung und Interpretation der urkundlichen Überlieferung kam aber Fritz Koller in seiner 1974 vorgelegten Salzburger Dissertation[1] zu dem die heutige Stadtgeschichtsschreibung prägenden Ergebnis,[2] dass die Entstehung der Stadt erst im ausgehenden 12. Jahrhundert anzusetzen ist und, bedingt vor allem durch die Salzproduktion, dann im 13. Jahrhundert eine äußerst dynamische Aufwärtsentwicklung nahm.

Kern der späteren Stadt war nach seiner Darstellung eine zuerst nur landwirtschaftliche Siedlung auf der Südseite des Mühlbaches, die im Rahmen einer bewussten Förderung durch den Salzburger Erzbischof als Grundherrn im ausgehenden 12. Jahrhundert um eine Gewerbesiedlung für die Salzproduktion um die Sieden auf der Nordseite als zweitem Siedlungskern erweitert wurde. Da sich von hier ausgehend die weitere Entwicklung im Norden vollzog, geriet die präurbane landwirtschaftliche Siedlung bereits im Laufe des 13. Jahrhunderts ins Abseits. Ein solcher, plausibel erscheinender Prozess der kontinuierlichen Umwandlung von präurbanen (vor-städtischen) in suburbane (vorstädtische) Siedlungsstrukturen unter Verlagerung des Zentrums konnte in den letzten Jahren an verschiedenen Orten mit archäologischen Mitteln belegt werden,[3] während ein solcher materieller Beweis für Hallein bislang noch ausstand.

Die weitere Entwicklung der Stadt vollzog sich dann nach Koller von Süden nach Norden auf den drei Hauptsiedlungsterrassen bis Mitte des 13. Jahrhunderts. Hiermit knüpft Koller an die ältere Forschung an, die bereits eine ähnliche Entwicklung konstatiert hatte.[4] Schließlich formulierte Adalbert Klaar:[5] „Trotz schwierigen Geländes stellt Hallein eine planmäßig gewachsene Stadtanlage dar. Die älteste Siedlung um 1200 befand sich nahe den alten Sudhäusern im Südosten an den Ufern des Kothbaches, unmittelbar am Hang der hochgelegenen Pfarrkirche. Um 1225 dürfte der planmäßige Ausbau stattgefunden haben, der den Marktplatz und Schöndorfer Platz einschließlich Hoher Weg umfasst. Im Schöndorfer Platz haben wir einen schmalen dreieckförmigen Straßenplatz vor uns, dessen Seitenverhältnis rund 1:5 beträgt und der dem von Mauterndorf nahesteht. Die wichtige Salzstadt muß sehr rasch gewachsen sein."

Damit ist sicher davon auszugehen, dass der Bereich um die Kirche auf der obersten Terrasse und den Schöndorfer Platz auf der nächsten Abstufung im Kernbereich dieser ersten Erweiterung lag. Dabei dürfte es sich beim Schöndorfer Platz, früher Richterplatz, im Gegensatz zu den in Ost-West-Richtung quer zu den Höhenlinien angeordneten Märkten nicht um einen weiteren Marktplatz, sondern primär um das Verwaltungszentrum der mittelalterlichen Stadt gehandelt haben, wie durch das hier belegte Haus des Richters (Schöndorfer Platz 4) und das spätere gegenüberliegende Rathaus unterstrichen wird. Falls sich eine Kontinuität dieses Hauses des Richters bis in die erste Hälfte des 13. Jahrhun-

---

1 Fritz Koller, Hallein im frühen und hohen Mittelalter, Diss. Salzburg 1974; Fritz Koller, Hallein im frühen und hohen Mittelalter, in: MGSLK Bd. 116, Salzburg 1976, 1–116
2 Fritz Moosleitner, Hallein – Porträt einer Kleinstadt, Hallein ²1989
3 Armand Baeriswyl, Stadt, Vorstadt und Stadterweiterung im Mittelalter. Archäologische und historische Studien zum Wachstum der drei Zähringerstädte Burgdorf, Bern und Freiburg im Br. (Schweizer Beiträge zur Kulturgeschichte und Archäologie des Mittelalters 30), Basel 2003
4 Denkmale des politischen Bezirks Hallein (Österreichische Kunsttopographie Bd. XX), Wien 1927, 85 ff.
5 Adalbert Klaar, Die Siedlungsformen von Salzburg (Forschungen zur deutschen Landes- und Volkskunde Bd. XXXII, Heft 3), Leipzig 1939, 48 ff.

1) Historische Aufnahme des Hinterhauses
von Schöndorfer Platz 6
Foto Architekten Scheicher

128 Aspekte der Baugeschichte

2) Romanischer Kellerabgang im ältesten Bereich von Schöndorfer Platz 3
Foto IBD 2006
3) Detail des Kellerabgangs
Foto IBD 2006

derts nachweisen lassen würde, könnte man davon ausgehen, dass hier auch der Kern der städtischen (Selbst-)Verwaltung lag. Der landesherrliche, also vom Salzburger Erzbischof eingesetzte Richter saß dem Stadtgericht als oberstem Organ der Rechtssprechung am Ort vor, als Beisitzer diente ein aus den Stadtbewohnern zusammengestelltes (Schöffen-)Kollegium, das den Kern des späteren Rates bilden sollte. Damit ginge wie in anderen Städten das Haus des Richters dem Rathaus in seiner Funktion voraus, um später dann aber von diesem abgelöst zu werden. Von großer Bedeutung in Hinblick auf die Identifizierung des administrativen Zentrums ist auch die Frage nach der Lage der mittelalterlichen Synagoge von Hallein, suchten die Kultbauten der jüdischen Gemeinden doch oft die Nähe und damit den Schutz des Stadtherrn. Während die ältere stadtgeschichtliche Forschung ohnehin die Lage der Synagoge im Bereich der Häuser Schöndorfer Platz 5[6] und 6[7] annahm,[8] liegt mit dem Hinterhaus von Schöndorfer Platz 6 ein Gebäude vor, das in Größe und Ausrichtung am ehesten mit der mittelalterlichen Synagoge identifiziert werden kann.[9] (Abb. 1) Die besondere Funktion des Bereichs um den Schöndorfer Platz wird neben seiner verkehrsgünstigen Lage an den Straßen nach Salzburg und zum Dürrnberg vor allem auch dadurch unterstrichen, dass hier ebenso wie im Bereich der Kirche keine Salzsieden lagen, die die unmittelbare Nachbarschaft mit ihren verschiedenen Emissionen nicht unbeträchtlich beeinträchtigt haben dürften.[10] Mit Ausnahme der Sieden – und hier auch mehr auf die Institution als die Bauten bezogen – liegen wie bei vielen anderen Städten für das 13. Jahrhundert keine konkreten Nachrichten über Baulichkeiten in Hallein vor. Wie der Vergleich mit Orten mit besserer Quellenlage zeigt, lässt der regelrechte Boom der Entwicklung in der ersten Hälfte des 13. Jahrhunderts gegenüber einer ruhigeren Entwicklung in der zweiten Jahrhunderthälfte keinen direkten Rückschluss auf Art, Umfang und Größe der damals vorhandenen Wohngebäude zu. Vielmehr ist, wie andernorts nachgewiesen, auch hier davon auszugehen, dass der große Bedarf an Wohnraum innerhalb eines relativ kurzen Zeitraumes mit Ausnahme weniger besonders herausgehobener Gebäude, zu denen natürlich auch die der landesherrlichen Verwaltung gehörten, zuerst vor allem durch Holzbauten gedeckt worden ist, die dann, soweit der örtliche Wohlstand nicht unter ein bestimmtes Mindestniveau sank, im Laufe der folgenden etwa einhundert Jahre kontinuierlich ganz oder teilweise durch Massivbauten ersetzt wurden. Es dürfte vor allem der immense Bedarf an Arbeitskräften und Baumaterial gewesen sein, der dafür sorgte, dass sich ein solcher Prozess der „Versteinerung" nur relativ langsam vollziehen konnte. Genau dieser Prozess lässt sich aber am Schöndorfer Platz beobachten: In den ersten Phasen sind, wie in den entsprechenden Kapiteln dieses Bandes zu den Einzelhäusern dargestellt, die Grundstücke der Häuser Schöndorfer Platz 2, 3, 4, 5 und 10 nur zu einem geringen Teil mit Massivbauten überbaut, wobei die Befundlage keine Aussage zu eventuell zusätzlich vorhandenen Holzbauten zulässt; streng genommen ist überall dort, wo keine weitere aufgehende massive Bausubstanz vorhanden ist, sogar unsicher, ob sich über den massiven Keller- bzw. Sockelgeschoßen überhaupt massive Obergeschoße

6 Im untersuchten Hause Schöndorfer Platz 5 von 1450 (die ältere Synagoge wurde bereits 1404 zerstört) fanden sich keinerlei Anhaltspunkte für eine frühere Synagogennutzung, auch die Ausrichtung des Gebäudes ebenso wie der Grundriss sprechen eher gegen eine solche Nutzung.
7 Das bereits tiefgreifend veränderte Haus Schöndorfer Platz 6 konnte bislang nicht untersucht werden.
8 Simon Paulus, Die Architektur der Synagoge im Mittelalter. Überlieferung und Bestand. (Schriftenreihe der Bet Tfila – Forschungsstelle für jüdische Architektur in Europa, Bd. 4), Petersberg 2007, 398
9 Leider ist fraglich, ob am, wie bereits erwähnt, im 20. Jahrhunderts tiefgreifend umgebauten Hinterhaus von Schöndorfer Platz 6 überhaupt noch Spuren der früheren, ja in jedem Fall bereits vor 1498 endenden Nutzung als Synagoge zu finden sind.
10 Allerdings wäre zu überprüfen, ob diese gegenüber dem Unteren und Oberen Markt privilegierte Lage nicht auch ein Indiz dafür sein kann, dass der ursprüngliche Marktplatz hier lag und erst später in den hangabwärts führenden Bereich verlegt wurde.

4) Grabungsfund eines kleinen Kapitells
Foto BDA, Petra Laubenstein

4

11 Adalbert Klaar, wie Anm. 5
12 Joseph Wiedenhofer, Die bauliche Entwicklung Münchens vom Mittelalter bis in die neueste Zeit im Lichte der Wandlungen des Baupolizeirechtes, München 1916, 5ff.
13 Hermann Fuchsberger, Bauhistorische Analysen als Grundlage für Bauplanungen und Baumaßnahmen in der Halleiner Altstadt, in: Hausbau im Alpenraum – Bohlenstuben und Innenräume (Jahrbuch für Hausforschung 51), Marburg 2002, 339–351

oder nicht vielleicht auch Holzbauten erhoben. (Abb. 2, 3) Erst im Laufe der spätmittelalterlichen Verdichtung wurden die Grundstücke dann zunehmend massiv überbaut, bis im 16./17. Jahrhundert der heutige Zustand erreicht war. Weitere noch völlig ungeklärte Fragen sind die nach der Organisation der frühen Stadtentwicklung, die zumindest in ihren Grundzügen gelenkt gewesen sein dürfte. Dies betrifft vor allem die Anlage der Straßen und Plätze sowie die Einteilung des Parzellars.[11] Andernorts ist die erste Hälfte des 13. Jahrhunderts dadurch geprägt, dass eine Abkehr von den vorher üblichen Großparzellen zu kleineren Grundstückseinheiten stattfindet. Daher stellt sich hier die Frage, ob der ersten Besiedlung in Hallein noch die älteren Großparzellen zugrunde lagen oder ob, durchaus moderner, bereits kleinere Grundstückseinheiten vergeben wurden. Dabei können älteste Baustrukturen im inneren Bereich der Grundstücke auf das Vorhandensein von Großparzellen verweisen, während sie am Grundstücksrand eher den frühen Übergang zur Zeilenbebauung spätmittelalterlichen Zuschnittes belegen würden – die Befundlage am Schöndorfer Platz spricht eher für Letzteres. Entsprechend haben die hochmittelalterlichen Bauten auch noch jeweils „verdoppelte Mauern", die dadurch entstehen, dass unmittelbar neben die Traufmauer eines bestehenden Gebäudes diejenige eines Neubaues gesetzt wird. Dies änderte sich bei den Häusern am Schöndorfer Platz im Laufe des 14. und frühen 15. Jahrhunderts. Hierbei müssen jetzt auch entsprechende rechtliche Vorgaben vorhanden gewesen sein, denn die nun vorhandenen sog. „Kommunmauern", bei denen jeweils eine Mauer von beiden Nachbarn gemeinschaftlich genutzt wird, benötigen solche Regelungen zwingend. So gibt es entsprechende Bestimmungen zum Beispiel in den Bauvorschriften des Münchner Stadtrechtsbuches aus dem Jahre 1347.[12] Es ist daher davon auszugehen, dass seit dieser Zeit ähnliche Regelungen auch in Hallein vorhanden waren, aber nicht schriftlich überliefert wurden. Weitere Unsicherheit besteht bislang bezüglich vieler baulicher Details der mittelalterlichen Steinbauten in Hallein. Durch die Untersuchungen von Hermann Fuchsberger[13] konnten zwar bereits etliche solcher Bauten nachgewiesen werden, durch die meist durchgreifenden späteren Veränderungen sind aber viele Details wie die Arten der Durchfensterung oder die innere Organisation gerade der ältesten Bauten noch unbekannt – eine Befundlage, wie sie auch hier am Schöndorfer Platz wieder zu beobachten ist. Deutlich wird dies zum Beispiel an den überlieferten Fenstern, deren älteste Schicht spätgotische Rechteckfenster darstellen. Ein in der Grabung gefundenes kleines Kapitell kann dagegen als Hinweis auf die entfernten älteren romanischen Fensteranlagen gelten. (Abb. 4) Die Lösung dieser Fragen ist nur von weiteren Untersuchungen in Hallein insbesondere an solchen Bauten zu erwarten, die nach ihrer hochmittelalterlichen Errichtung nicht solchen durchgreifenden Veränderungen wie die Bauten am Schöndorfer Platz unterworfen waren und die in ihrem heutigen Erscheinungsbild weitgehend von den barocken Überformungen geprägt sind.

Die mittelalterlichen Keller und ihre Mauerwerke *Ulrich Klein*

Die untersuchten Gebäude des Schöndorfer Platzes sind alle unterkellert, und mit diesen Kellerbereichen haben sich jeweils auch die ältesten Bauteile der heute noch vorhandenen Häuser oder ihrer Vorgängerbauten erhalten. (Abb. 1, 2)

Die ältesten Kellerräume des frühen 13. Jahrhunderts finden sich unter Haus 2 (Raum B.1.01), Haus 3 (Räume C.1.10/11) und im rückwärtigen (nord-östlichen) Bereich von Haus 11. Hierbei dürfte es sich um nur teilweise eingetiefte romanische Sockelgeschoße mit Balkendecken gehandelt haben. Einer zweiten Phase noch des 13. Jahrhunderts gehören die bereits vollständig eingetieften Keller D.1.01 und E.1.04 unter den Häusern 4 und 5 an. Es handelt sich jeweils um einraumgroße Keller, die nachträglich eingewölbt worden sind.

Die Keller der Häuser auf der Südseite des Platzes wurden in den darauf folgenden Bauphasen des 14. Jahrhunderts ebenso wie die dann neu errichteten um weitere Räume in Richtung Platz ergänzt, sodass komplexere Kelleranlagen entstanden; hier kamen vor allem ein jeweils kleinerer gewölbter Raum und ein langer daneben liegender Kellerhals hinzu. Damit waren diese Kellerräume nun durchgängig von der Platzseite her erschlossen, während bei den beiden ältesten Kellern von Haus 2 (mit zusätzlicher alter platzseitiger Erschließung) und 3 die Erschließung noch von Süd-Westen, also dem eigenen Hofraum her, erfolgte. Die konsequente Verlegung der Erschließung dürfte daher vor allem mit der Überbauung der in den ersten Phasen noch freien Hofbereiche zusammenhängen. Mit dem Zusammenfügen der aufgehenden Bausubstanz zu größeren Einheiten wurden später auch die Keller verbunden, indem zum Teil recht grob Durchgänge in die Widerlagermauern gebrochen wurden. Im Prinzip galt das Stockwerkseigentum mit seiner typischen Durchbrechung der eigentlichen Hausgrenzen auch in den Kellerbereichen; so gehörte der Keller von Haus 2 bis zuletzt zu Haus 3 und war auch nur von dort aus erschlossen, während vom eigenen Haus kein Zugang existierte.

Ebenfalls noch im Laufe des 14. Jahrhunderts erfolgte die konsequente Einwölbung der Kellerräume mit Tonnengewölben; vorhandene Kellerräume wurden nun nachträglich überwölbt, neue bei ihrer Errichtung gleich mit Gewölben gebaut. Interessanterweise entspricht die Geometrie der rundbogigen Kellergewölbe in den Häusern 3, 4 und 10 exakt der der Gewölbe in den darüber liegenden Vollgeschoßen, was dafür spricht, dass man jeweils dieselben Lehrgerüste weiter verwendete. Das in Hallein damals zur Verfügung stehende Bruchsteinmaterial für die Kellergewölbe wurde mit großem Mörtelanteil auf einer Schalung vermauert, deren Abdrücke heute noch deutlich erkennbar sind und auf den ersten Blick an moderne Betonbauweisen erinnern. Die Schalung konnte bei kleineren Kellern auf den leicht vortretenden Widerlagermauern aufgebaut werden, bei den hier üblichen größeren Gewölben war dagegen ein Lehrgerüst erforderlich. Nach dem Abbinden des Mörtels trug die Gewölbeschale selbst, worauf Schalung und Lehrgerüst entfernt werden konnten. Es war also leicht möglich, mit einem Satz von Schalbrettern und einem Lehrgerüst verschiedene Gewölbe nacheinander zu errichten, was hier offenbar konsequent in den einzelnen Geschoßen geschah. In den

1) Gesamtplan des Bestandes aller Kelleranlagen der Häuser Schöndorfer Platz 1–5
Arge Fleischmann/Messbildstelle

132   Aspekte der Baugeschichte

2) Gesamter Baualtersplan der Kelleranlagen der Häuser Schöndorfer Platz 1–5
Plangrundlage Arge Fleischmann/Messbildstelle, Planbearbeitung Arge Linsinger/IBD/Wahl

13. Jhdt., 1. Hälfte	17. Jhdt., 1. Hälfte
13. Jhdt., 2. Hälfte	17. Jhdt., 2. Hälfte
14. Jhdt., 1. Hälfte	18. Jhdt., 1. Hälfte
14. Jhdt., 2. Hälfte	18. Jhdt., 2. Hälfte
15. Jhdt., 1. Hälfte	19. Jhdt., 1. Hälfte
15. Jhdt., 2. Hälfte	19. Jhdt., 2. Hälfte
16. Jhdt., 1. Hälfte	20. Jhdt., 1. Hälfte
16. Jhdt., 2. Hälfte	20. Jhdt., 2. Hälfte

Die mittelalterlichen Keller und ihre Mauerwerke

3) Der Kelleraum von Haus 2 im Jahre 2008
Foto Stefan Zenzmaier
4) Mehrphasige Rückwand des
Kellers von Haus 2
Foto BDA, Petra Laubenstein
5) Kelleraum mit platzseitigem
Kellerabgang in Haus 5
Foto BDA, Petra Laubenstein
6) Kellerzugang in Haus 4
Foto BDA, Petra Laubenstein

späteren Bauphasen ab dem 15. Jahrhundert hat man dann wie in den Vollgeschoßen von Haus 5 Backsteine als Material der Gewölbe verwendet; damit endete der Zwang zur Verwendung von Lehrgerüsten, wenngleich sie wohl aus alter Gewohnheit noch eine Zeit lang verwendet worden sind. (Abb. 3–5)

Die Keller der Häuser am Schöndorfer Platz sind zugleich die Bereiche der Gebäude, in denen die größten Partien von älterem Mauerwerk freilagen und beurteilt werden konnten, wenn die Keller nicht wie teilweise bei Haus 3 und vollständig bei Haus 5 noch mit allerlei Gerümpel zugestellt waren. Dennoch ergibt sich hier unter Einschluss der baubegleitend gewonnenen Erkenntnisse ein insgesamt guter Überblick zur Entwicklung der mittelalterlichen Mauerwerkstechnik. Dabei ist das Material wie beim Keller von Haus 2 teilweise so genannter „Lesestein"[1] in Form von großen Flusskieseln, dann aber vor allem Bruchstein von Konglomeratgestein, Kalkstein und Rotmarmor, den örtlich anstehenden Gesteinen. Während bei Lesesteinen vor allem die sorgfältige vorhergehende Sortierung Einfluss auf die Struktur der entstehenden Mauerwerke hat, sind bei Bruchsteinen die geologischen Eigenschaften ausschlaggebend für die Art des Brechens und damit das Aussehen des Ausgangsmaterials. Die in Hallein verwendeten Gesteine lassen sich im Vergleich zu anderen Steinarten mit einigermaßen glatten Unter- und Oberlagern brechen – die Voraussetzung für eine mehr oder weniger lagige Vermauerung auch mit geringeren Mörtelanteilen als bei Lesesteinen. Das Ausmaß der erzielten Lagigkeit ist nun ein entscheidendes Kriterium für die Datierung von Bruchsteinmauerwerk, bei dem keine weitere datierbare Steinbearbeitung stattfindet. Viele Vergleichsbeispiele zeigen heute, dass die beim Vermauern aufgewandte Sorgfalt offenbar nicht individuell durch Können und Leistung des einzelnen Maurers[2] bestimmt war, sondern – im Prinzip offenbar überregional gültigen – übergeordneten Regeln folgte: Zu bestimmten Zeiten wurde mehr Sorgfalt aufgewendet als zu anderen, unabhängig von dem zur Verfügung stehenden Steinmaterial und der Steinbearbeitung, denn diese Regel gilt im Prinzip modifiziert auch für Hau- und Werksteinmauerwerk[3]. Allerdings ist jedes Haustein- und vor allem Werksteinmauerwerk besser datierbar, weil zu den Strukturen des Mauerwerks das zusätzliche Kriterium der Oberflächenbearbeitung kommt. Daher sind Werksteineckgliederungen und -gewände von Tür- und Fensteröffnungen mit ihrem jeweiligen Steinschnitt in Bruchsteinmauerwerk besonders wichtige zusätzliche Datierungshinweise, die allerdings bei den Kellern des Schöndorfer Platzes nur an wenigen Stellen vorkommen. Ausschlaggebend für die Beurteilung war daher durchgängig die Analyse der Mauerwerksstruktur, wobei hier für die mittelalterlichen Mauerwerke deutlich die Tendenz von „sehr lagig = älter" zu „weniger lagig = jünger" feststellbar ist. Die ältesten Mauerwerke, vor allem aus Flusskieseln, aber auch aus den anderen Steinmaterialien, sind dabei noch „perlschnurartig" gereiht und zeichnen sich durch mehr oder weniger exakt gerade durchlaufende Lagerfugen aus. Dieses Bild der hohen Lagigkeit nimmt dann im Laufe des 13. und 14. Jahrhunderts schrittweise ab, bis um 1500 kaum noch eine Lagigkeit erkennbar ist. Hieraus lässt sich nun eine relative Chronologie der Mauerwerkstypo-

1 Meist unbearbeitet bleibendes Steinmaterial, das nicht gebrochen, sondern gesammelt wird.
2 Im Mittelalter ist schwer festzustellen, welche Berufsgruppe für das jeweilige Aufmauern zuständig war, denn bei Werksteinmauerwerk, aber auch vielen Kombinationen von Werkstein- mit Bruchsteinmauerwerk waren die Steinmetzen meist auch für den Versatz und das Vermauern zuständig; überwiegendes Bruchsteinmauerwerk wie hier dürfte dagegen bereits reine Maurerarbeit gewesen sein.
3 Während Bruchstein im Prinzip so, wie er im Steinbruch anfällt, vermauert wird, spricht man von Hausteinmauerwerk, wenn eine weitergehende Bearbeitung mit dem Steinhammer stattfindet. Das Ergebnis können je nach Steinmaterial bereits quaderartige Steine sein, die allerdings keine Oberflächenbearbeitung besitzen; dies ist dann erst bei Werksteinmauerwerk mit allseits bearbeiteten Oberflächen der Fall.

7) Kellerrückwand in Haus 4 mit neuem Fahrstuhl 2008
Foto BDA, Petra Laubenstein

4 Martin Bitschnau, Die Romanik in Innsbruck. Inventar der mittelalterlichen Bausubstanz, in: M. Frick/G. Neumann (Hrsg.), Beachten und Bewahren. Caramellen zur Denkmalpflege, Kunst- und Kulturgeschichte Tirols. Festschrift zum 60. Geburtstag von F. Caramelle, Innsbruck 2005, S. 73–88
5 Walter Hauser, Zu den Baustrukturen mittelalterlicher Stadthäuser in Nordtirol an Beispielen aus Hall in Tirol, in: Jahrbuch für Hausforschung 51, Marburg 2002, S. 215–224
6 Roland Hofer, Aus welchem Stein ist Hall gebaut? Ein Inventar der Naturbausteine an den Fassaden der Altstadt, in: A. Zanesco/R. Schmitz-Esser (Hrsg.), Forum Hall in Tirol. Neues zur Geschichte der Stadt Bd. 1, Hall in Tirol 2006, S. 104–109

logie ableiten, wie sie auch hier am Schöndorfer Platz erarbeitet worden ist. Im Idealfall müsste nun dieses relativchronologische Datierungsgefüge mit zusätzlichen Methoden, zum Beispiel der dendrochronologischen Datierung von Gerüsthölzern, mit absolutchronologischen Fixpunkten abgesichert werden, was allerdings am Schöndorfer Platz nur ansatzweise gelang. Das bedeutet praktisch, dass zwei nebeneinander liegende Wände, die jetzt mit „zweiter Hälfte 14. Jahrhundert" und „erster Hälfte 15. Jahrhundert" bestimmt sind, durchaus beispielsweise auch aus der „ersten Hälfte 14. Jahrhundert" und „zweiten Hälfte 14. Jahrhundert" stammen könnten, ohne dass die relative Abfolge der Bauteile damit infrage stünde. Zweifelsfrei ist dabei auch der mittelalterliche Kern der meisten Häuser, der durch die Analyse des weitgehend zugänglichen Kellermauerwerks abgesichert werden konnte, während auch hier die absolute Datierung zwischen der zweiten Hälfte des 13. und der ersten Hälfte des 14. Jahrhunderts unsicher ist. Einen wichtigen „terminus ante" stellt dabei die auf 1450 dendrochronologisch datierte, noch *in situ* befindliche Decke des 3. Obergeschoßes von Haus 5 dar, da sie das Vorhandensein der Westmauer von Haus 4nw mit allen davon abhängigen Phasen voraussetzt. Andererseits belegt das Alter der Keramik in den archäologisch untersuchten Schichten die Datierung der älteren Kellerphasen noch in das 13. Jahrhundert. Damit lassen sich die älteren mittelalterlichen Phasen doch recht sicher zwischen der ersten Hälfte des 13. Jahrhunderts und 1450 einordnen. (Abb. 6, 7) Aufschlussreich ist weiterhin der überregionale Vergleich der Entwicklung der mittelalterlichen Mauerwerksstrukturen, wobei sich im größeren Bereich der Salzach-Inn-Städte vor allem Tirol mit seinem guten Forschungsstand anbietet. Hier liegen insbesondere für Innsbruck[4] und Hall in Tirol[5] umfangreiche, auch dendrochronologisch abgesicherte Forschungsergebnisse vor. Die maßgeblichen Forscher bezeichnen das geregelt lagige Mauerwerk, wie es dort bis zum ausgehenden 14. Jahrhundert üblich ist, durchgängig als „romanisch", was angesichts der entsprechenden Tradition solcher auf die Zeit um 1200 zurückgehenden Mauerwerksstrukturen durchaus berechtigt ist. Tendenziell entsprechen die Tiroler Befunde denen am Schöndorfer Platz, wobei hier aber offenbar der Übergang zu weniger lagigen Strukturen früher und konsequenter einsetzt. In Tirol hingegen wird das hohe Niveau von Mauerwerk in spätromanischer Tradition länger beibehalten, was möglicherweise mit der längeren und intensiveren Verwendung von flussgerundeten Kalksteinen, also dem vorwiegend vorhandenen Steinmaterial, zusammenhängt.[6] Hiervon abgesehen, liegt aber eine durchaus parallel verlaufende Entwicklung vor, die die Untersuchungsergebnisse am Schöndorfer Platz stützen kann.

Die Dachlandschaft und die Konstruktion der Dächer *Hermann Fuchsberger*

Schon immer war der Mensch fasziniert vom erhöhten Ausblick auf seine Umgebung. Der privilegierte Beobachtungsstandort bietet zugleich das Gefühl, den Mühen des Alltags zu entkommen, über allem zu stehen. Das sind neben dem natürlichen Bedürfnis des Stadtbewohners nach Luft und Licht zusätzliche Motive für die heutige Beliebtheit von Dachgeschoßwohnungen, sieht man vom banalen kommerziellen Interesse des Eigentümers einmal ab, möglichst viel Nutzfläche zu schaffen. Es soll an dieser Stelle jedoch nicht die Problematik des Dachgeschoßausbaus im denkmalgeschützten Bestand diskutiert werden, wenngleich am Ende einige Bespiele neu ausgebauter Dachräume des Revitalisierungsprojekts Schöndorfer Platz zur Illustration des Machbaren angeführt sind.
Dem Wunsch, einen erfassbaren Überblick der nächsten Umgebung vor Augen zu haben, verdanken wir eine sehr frühe Stadtansicht von Hallein, die als kleines Aquarell von einem Künstler aus dem Umfeld von Albrecht Altdorfer um ca. 1520 entstand. Das erst vor kurzem von der Staatlichen Graphischen Sammlung München erworbene Blatt zeigt die Stadt trotz ihrer Kleinheit von Süden mit vielen Details, darunter auch die vielgestaltige Dachlandschaft. (Tafel I) Dies trifft ebenso zu auf die bekannte Stadtansicht Halleins von Johann Faistauer von 1632 (Abb. 1) und die so genannte Sigmundvedute von 1726. (Abb. 2 und Tafel II) Schließlich ist hier das Stadtmodell aus der Zeit um 1800 zu nennen. (Abb. 3) Die beiden jüngeren, schon länger bekannten Bilder werden von Historikern und Bauforschern in der Beschäftigung mit der Stadtgeschichte oder mit Einzelgebäuden als Informationsquelle immer wieder herangezogen, erlauben sie uns doch einen Blick auf die Dachlandschaft von Hallein, wie sie vor drei- bis vierhundert Jahren ausgesehen hat.

Aber welche konkreten Anhaltspunkte bieten die beiden Bilder, können sie tatsächlich als Quelle im Allgemeinen, nämlich in Bezug auf die historischen Dachformen, wie im Speziellen, bezogen auf die Häuser des Projekts Schöndorfer Platz, herangezogen werden? Zunächst sind bei der Betrachtung der abgebildeten Bürgerhäuser die drei Dachformen Pult-, Sattel- und Grabendach unterscheidbar. Generell sind die dargestellten Dächer relativ flach geneigt, und es ist in Zusammenhang mit den kurzen, meist durchfensterten Giebelwänden nicht leicht auszumachen, wo das letzte Vollgeschoß liegt. Dazu trägt die hier übliche Gliederung des Dachgeschoßes bei: Es besteht bei den älteren Häusern aus dem eigentlichen Dachboden über der obersten Deckenbalkenlage mit seinen umgebenden Mauern, der meist Stehhöhe hat und über dem Unterzüge gespannt sind, die die Dachfirstsäulen für die Firstpfetten tragen; die Fußpfetten liegen entweder direkt auf den Längsmauern auf oder werden von Konsolen aus Stein oder Holz getragen. Damit ist die eigentliche Dachkonstruktion anders als in Regionen mit Sparrendächern über dem Dachboden angeordnet. (Abb. 4)

Deutlich wird die Absicht, dass das Dach des Bürgerhauses dieser Epoche möglichst wenig in Erscheinung tritt, denn es liegt vielfach hinter der gerade abschließenden Vorschussmauer verborgen.

Will man erkennen, welche Konstruktionen hinter der äußeren Form stecken, lohnt es sich, die abgebildeten Dachformen mit dem im Querschnitt dokumentierten Dachbestand des

1) Faistenauer Federzeichnung
von Hallein 1632 (Ausschnitt)
Salzburg Museum
2) Sigmundvedute von Hallein 1726
(Ausschnitt des Bereichs zwischen
Kirche und Kornsteinplatz)
Salzburg Museum
3) Stadtmodell von Hallein
Erzabtei St. Peter, als Leihgabe im
Salzburg Museum
4) Dachquerschnitt im Bestand von
Haus 4 und 5
Arge Fleischmann/Messbildstelle

138 Aspekte der Baugeschichte

Schöndorfer Platzes in Vergleich zu setzen. Die konstruktive Lösung ist im Grunde sehr einfach: Ob es sich nun um ein Pult-, Sattel- oder deren Kombination zum Grabendach handelt, alle Dächer basieren auf dem einfachen Prinzip der Pfettenkonstruktion in der Form von vorherrschenden Pfetten-Rofen und gelegentlichen Pfetten-Sparren-Dächern. Daraus erklärt sich auch die flache Dachneigung. Denn im Gegensatz zum steileren eigentlichen Sparrendach, dessen Neigungswinkel etwa zwischen 44 und 60 Grad liegt, bildet die Pfetten-Rofen-Konstruktion kein geschlossenes Dreieck mit aufwendigen Holzverbindungen. (Abb. 4)

Das Sparrendach, das nicht nur für die hohen gotischen Kirchendächer[1], sondern ebenso im gewöhnlichen Profanbau jahrhundertelang üblich war, basiert auf der Wirkung von Zugkräften. Daher können Räume mit erheblich größeren Spannweiten überdacht werden als es mit einer Pfettenkonstruktion möglich wäre. Diese Konstruktionsweise setzt nämlich allein auf die Schwerkraft und braucht im Abstand von 3 bis 5 Metern Stützen oder tragende Wände, auf die die Dachlast über die längsverlaufenden Pfetten abgeleitet wird. Zwischen First- und Fußpfette befinden sich je nach Breite der einzelnen Dachfläche eventuell noch weitere Pfetten, um die Rofen zu tragen. Rofen, einfache Balken, die zusammen mit der Deckung die Dachhaut bilden, liegen oft nur lose auf, in der Regel sollten sie mit einem Holznagel im Auflagepunkt über der Pfette befestigt sein. Um das Prinzip anschaulich zu machen, genügt im Übrigen ein Blick auf das Pfannhaus unter dem Rathaus auf der Sigmundvedute, wo diese Situation in Schrägansicht wiedergegeben ist. (Abb. 2 und Tafel II)

Neben dem handwerklich eher geringen Anspruch und mit vergleichsweise wenig Materialaufwand bietet diese Bauweise Variationsmöglichkeiten, die dem allmählichen Wandel der Baukonstruktionen gerecht wird. Es kann problemlos erweitert, verlängert und erhöht werden. Die Firstpfette des einen Hauses kann Fußpfette für das benachbarte sein. Brauchte man einen hohen Lagerraum, konnten die Fußpfetten durch Stützen höher gelegt werden; Grenzen setzten vor allem die Feuermauern und Richtlinien der Bauordnung.

Die historisch übliche Deckung der flachen Pfettendächer waren lose aufgelegte hölzerne Legschindeln, die durch Querlatten und große Steine beschwert wurden. Wie bei den Bauernhäusern mussten die Legschindeln regelmäßig umgelegt werden, wobei schadhafte Exemplare ausgetauscht wurden. Um dieser Wartung der Dachhaut regelmäßig nachzukommen, gehört zu jedem Dach die Einrichtung einer Ausstiegsluke, die sich aus praktischen Gründen unter der Firstlinie öffnet. Danach kamen dann genagelte Scharschindeln auf, die auch für steilere Dächer geeignet waren. Historische Bilder von Hallein aus der ersten Hälfte des 20. Jahrhunderts zeigen die historischen Schindeldeckungen, die danach fast vollständig durch Blechdeckungen abgelöst worden sind. Die Problemzonen liegen wie beim Sparrendach dort, wo das Wasser abgeleitet wird. Es kann nur im Bereich der Gräben gesammelt und nach außen geleitet werden. Kritisch ist die Situation des Grabendaches vor allem zur Zeit der Schneeschmelze. Deshalb ist die ständige Wartung der direkt über den Fußpfetten

1 Wie z.B. auch die Dächer der abgebildeten Halleiner Pfarrkirche steilere Sparrenkonstruktionen waren.

5) Dachraum mit Aufzugsspindel in Haus 3 2008
Foto BDA, Petra Laubenstein

2   Dendrochronologie ist eine statistische Methode, die seit den 1930er Jahren entwickelt wird. Ihre Grundlage beruht auf der Vermessung der Holzjahrringe, deren Eigenschaften abhängen von den spezifischen Standortbedingungen, an dem der Baum gewachsen ist. Es werden Jahrringkurven erstellt, die auf der Auswertung von Hölzern einer Klimaregion beruhen. Will man ein einzelnes Holz datieren, braucht man geeignete Standardkurven. Und um das genaue Jahr festzustellen, in dem ein Holz gefällt wurde, muss es den letzten Wachstumsring, die so genannte Waldkante, aufweisen. Der Einsatz der Dendrochronologie in der historischen Bauforschung ist in Österreich seit etwa 10 bis 15 Jahren üblich, wobei es von vielen Faktoren abhängt, ob ein Holzbalken datiert werden kann. Dabei spielt nicht zuletzt die differenzierte Topografie des Landes eine große Rolle, wo selbst innerhalb eines Gebirgstals verschiedene klimatische Verhältnisse herrschen. Die wissenschaftliche Grundlagenarbeit ebenso wie die Auswertung von einzelnen Probenkomplexen wird für Österreich am Institut für Holzforschung an der Universität für Bodenkultur in Wien geleistet.

3   Es könnte sich um eine Konstruktion aus den 1810er Jahren unter Wiederverwendung von Bauhölzern aus dem 16. Jahrhundert handeln oder entsprechend um ein frühneuzeitliches Dach (16.Jh.) mit Reparaturen der 1810er Jahre. Die Datierung einer Deckenkonstruktion des 2. Obergeschoßes in die 1450er Jahre ist daher ein bedeutender Anhaltspunkt für die Datierung des Hauses.

4   Von 22 datierten Hölzern weisen 17 eine Waldkante auf. Die ermittelten Daten liegen zwischen 1683 und 1698, zum Großteil um 1697.

verlaufenden Wasserrinnen Pflicht; auch hierfür sind die historischen Ausstiege sehr nützlich. Die Rückseite des anfangs erwähnten Blattes aus dem Altdorfer Umkreis in der Staatlichen Graphischen Sammlung München aus der Zeit um ca. 1520 zeigt, ebenfalls als Aquarell, den manieristisch geprägten Ausblick in die Landschaft südlich von Hallein mit dem Tennengebirge im Hintergrund. (Abb. 7) Den Vordergrund definieren verschiedene Dachflächen, die dem Betrachter so nahe gebracht sind, dass der Standort des Künstlers auf einem der Dächer der spätmittelalterlichen Stadt, wahrscheinlich sogar auf einem der Häuser des Schöndorfer Platzes, zu suchen ist. Unter der Firstlinie des mit Steinen beschwerten Legschindeldaches ist eine Ausstiegsluke abgebildet. Rechts erkennt man ein steileres Sparrendach mit Ziegeldeckung, die es damals also auch bereits gab, und am unteren Bildrand sind die abgeschrägten, verputzten Oberkanten von Vorschussmauern angeschnitten. Dieses vor beinahe 500 Jahren gemalte Bild bietet uns neben dem reizvollen Ausblick in eine unverbaute Landschaft manche Antwort auf Fragen nach den damals üblichen Bauformen und verwendeten Materialien. Umgekehrt stellt sich die Frage, aus welcher Zeit stammen nun die Dächer der Häuser des Projekts Schöndorfer Platz, wann genau wurden sie errichtet?
Alle Holzkonstruktionen der untersuchten Häuser, allen voran die Dächer, wurden dendrochronologisch analysiert, um im Idealfall das genaue Jahr festzustellen, in dem das Bauholz gefällt wurde.[2]
Ohne die dendrochronologischen Einzelergebnisse im Detail diskutieren zu wollen, zeigen die an Baubefunden und schriftlichen Quellen orientierten Datierungen den in seiner Gesamtheit heterogenen Bestand: Die Häuser Schöndorfer Platz 1 und 4 haben durch Aufstockung nach 1945 neue Dächer. Das historische Grabendach des Hauses 5 ist nicht eindeutig datiert,[3] während das sehr flach geneigte Grabendach von Haus 11, das zugleich mit den Deckenkonstruktionen seines 2. Obergeschoßes errichtet wurde, eindeutig aus dem ausgehenden 17. Jahrhundert erhalten ist.[4] Die rückwärtige Dachkonstruktion des benachbarten Hauses 10 hatte man in den 1830er Jahren unter Wiederverwendung älterer Balken aus dem 16. und 17. Jahrhundert erneuert. Die geringe Anzahl an datierten Proben des Pultdaches von Haus 2 erlaubt nur aufgrund der bauanalytischen Ergebnisse eine Datierung nach 1735. Um schließlich die Komplexität der Befundlage in den drei Dächern des Hauses Schöndorfer Platz 3 kurz zu fassen: Hier hatten sich mit Datierungen im ersten und zweiten Drittel des 17. Jahrhunderts die ältesten Dachkonstruktionen des Projekts Schöndorfer Platz erhalten. Zu den Besonderheiten gehörte ein noch scharschindelgedeckter Lichtschacht, den man, ebenso wie eine Aufzugsspindel im rückwärtigen Bereich des Dachgeschoßes, im 18. Jahrhundert nachträglich eingebaut hatte. (Abb. 5, 6) Historische Dächer sind aus guten Gründen mehr oder weniger geneigt. Die halbdunklen, im günstigen Fall trockenen, jedenfalls luftigen und nur eingeschränkt zugänglichen, schrägen Dachräume waren in Ergänzung zum Keller ideale Lager- und Abstellräume. Nicht selten findet man am Dachboden zusätzlich kleine abgetrennte Kammern, die den Dienstboten als Schlafplatz genügen mussten. So gibt ein Gang

Aspekte der Baugeschichte

6) Ein Pfettendach von Haus 3
Foto BDA, Petra Laubenstein

6

durch das alte Dachgeschoß eines Hauses nicht nur Einblick in verborgene baugeschichtliche Aspekte. Wie befreiend wirkt da ein Blick ins Freie über die Dächer!

Einer der Gründe, warum sich die beschriebene Konstruktionsweise – im Besonderen in Form des variablen Grabendaches – in Hallein durchgesetzt und über Jahrhunderte gehalten hat, liegt zweifellos in ihrer Eigenschaft, wenig Raum zu beanspruchen. Damit konnte ein zweites, oft noch ein drittes Wohngeschoß dort untergebracht werden, wo bei einem Sparrendach längst Dachraum war.

Die bescheiden auftretende Dachform kam vor allem der Tendenz in Renaissance und Barock entgegen, ganz auf die Wirkung der Fassade zu setzen und das notwendige Dach, verborgen hinter der horizontal abschließenden Vorschussmauer, unsichtbar zu machen. Doch die Konstruktionsweise und die daraus entwickelten Dachformen waren, wie die bauhistorischen Untersuchungen der vergangenen 15 Jahre ergeben haben, in Hallein spätestens im 16. Jahrhundert üblich. Im Aquarell der Münchner Staatlichen Graphischen Sammlung finden wir neuerdings den Beweis, dass auch das Element der Vorschussmauer schon im späten Mittelalter erfunden war.

So geht auch die Tendenz, den Dachraum für Wohnzwecke nutzbar zu machen, auf frühere Zeiten zurück als gewöhnlich angenommen. Ein Blick auf die Sigmundvedute illustriert am Beispiel des Hauses Schöndorfer Platz 11 den Wandel vom verbretterten Dach- zum voll ausgebauten Wohngeschoß, der sich vermutlich schon in der zweiten Hälfte des 18. Jahrhunderts vollzogen hatte.

Seit der kalte Dachboden im vergangenen 20. Jahrhundert mehr und mehr seine Funktion als nützlicher Lagerraum verloren hat, wird der Wunsch, ihn für Wohnzwecke zu adaptieren, immer drängender. So ist es zur selbstverständlichen Pflicht der Denkmalpflege geworden, an machbaren Lösungen für Dachgeschoßausbauten mitzuwirken.

142 Aspekte der Baugeschichte

7) Aquarell mit Blick über die Dächer
Hallein um 1520 aus dem Umfeld von
Albrecht Altdorfer
Staatliche Graphische Sammlung München

Vom restauratorischen Befund zur restaurierten Oberfläche
Elisabeth Wahl

1 Erst mit Baubeginn im September 2006 wurden die Häuser Schöndorfer Platz 1 und 4 leer geräumt.
2 Alle Angaben basieren auf den Restaurierberichten von Enzinger Werkstätten für Denkmalpflege sowie Preis & Preis Werkstätten für Restaurierung.

„Wer die sieben Häuser des Projekts Schöndorfer Platz zuletzt vor ihrer endgültigen Räumung gesehen hat, wird sie jetzt nicht wieder erkennen", könnte man nach einer Führung durch die eben fertig gestellten Räume leichthin sagen.[1] Diese Aussage trifft auch in vielem anderen zu; die Gebäude sind mit allem ausgestattet worden, was für eine zeitgemäße Nutzung nötig erscheint. Man ist überwältigt von den während 20 Monaten Bauzeit geleisteten Arbeiten. Sogar dunkle Kellerräume wurden nutzbar gestaltet, ehedem zugige Dachböden zu Wohnräumen ausgebaut, neue Anbauten und die Aufstockung eines Geschoßes verwirklicht.

Vor allem aber wurde vieles wiederhergestellt, instand gesetzt und restauriert. Wer die Häuser noch im „Vorzustand" kannte, wird längst vergessen Geglaubtes wiederentdecken. Beeindruckend ist die Wirkung von Räumen oder räumlicher Zusammenhänge, die, nach Jahrzehnten, ja sogar Jahrhunderten in neuem Licht erscheinen. Schließlich ist man – die Bilder der mehr oder weniger vernachlässigten Häuser und mitunter ruinösen Bauzustände im Kopf – erstaunt über die Qualität, die die restaurierten Räume bieten. (Abb. 1, 3)

Diese Qualität ist einem konsequent verfolgten denkmalpflegerischen Konzept zu verdanken, dem der Gedanke zugrunde liegt, dass Denkmalpflege nicht allein am repräsentativen Bauwerk zu verwirklichen ist. Anhand eines Ensembles unterschätzter Bürgerhäuser wird uns vor Augen geführt, was sie uns an vernachlässigten Werten und Individualität zurückzugeben im Stande ist. Die organisatorischen Voraussetzungen für die praktische Umsetzung dieses denkmalpflegerischen Konzepts, nämlich möglichst viel von der Authentizität im Gesamten wie im Detail zu erhalten und wiederherzustellen, werden im Beitrag zum Thema Projektsteuerung [siehe S. 39] ausführlich behandelt. Hier soll nun eine kleine Auswahl von Beispielen das breite Spektrum restauratorischer Leistungen illustrieren, ohne detailliert auf die technische Ausführung eingehen zu wollen.[2]

Am Beginn standen die restauratorischen und bauhistorischen Voruntersuchungen. (Abb. 2) Zunächst war es die Aufgabe der Restauratoren, die Wandfassungen in den Räumen zu untersuchen, die in weiterer Folge die Bauforscher interessierten. Ihr Ziel, die Definition der Bauphasen eines Gebäudes, erreichen sie unter anderem anhand von Putzbefunden und Baunähten, dass heißt, mit stratigraphischen Methoden. Oder anders gesagt, mit Hammer und Meißel werden Löcher in die Wand geschlagen; gezielt, an ausgewählten Stellen, möglichst klein und klar abgegrenzt. In jedem Fall aber stellen diese Befundöffnungen Fehlstellen in den Putz- und Fassungsschichten dar. Die historisch bedeutende Wandfassung – eine gemalte Dekoration oder gar figürliche Wandmalerei – hat jedenfalls immer Vorrang vor dem Baubefund, was an jeder Stelle im Vorhinein abzuklären ist. Unabhängig davon war eine systematische Untersuchung der Wandfassungen in Hinblick auf die Möglichkeiten der Renovierung von Wänden und Decken notwendig. Die Einzelbefunde sind zusammen mit Schichtabfolgen beschrieben und mit annähernden Angaben ihrer Datierung in das Raumbuch integriert. Auf vergleichbare Weise erfolgte die Untersuchung der Fassadenfassungen. Anhand der Befunde und der Auswertung von Proben mit

1) Dachraum von Haus 3 mit
Aufzugsspindel im Vorzustand 2002
Foto BDA, Petra Laubenstein
2) Restauratorische Befundtreppe
im Haus 1 2003
Foto Karolina Tibensky
3) Wiederhergestellter Raum mit
Mittelsäule in Haus 2 2008
Foto Stefan Zenzmaier

Vom restauratorischen Befund zur restaurierten Oberfläche   145

4

6

146　Aspekte der Baugeschichte

4) Rekonstruktion der Fassungen der nord-östlichen Fassaden der Häuser am Schöndorfer Platz nach restauratorischem Befund
Karolina Tibensky/Firma Enzinger Werkstätten für Denkmalpflege
5) Rekonstruktion der Fassungen der süd-westlichen Fassadenfassungen nach restauratorischem Befund
Karolina Tibensky/Firma Enzinger Werkstätten für Denkmalpflege
6) Restauriertes Kastenschloss in Haus 3
Foto Stefan Zenzmaier
7) „Altdeutsche Stube" aus den Werkstätten Schöndorfer im Haus 3
Foto BDA, Petra Laubenstein

Vom restauratorischen Befund zur restaurierten Oberfläche

148 Aspekte der Baugeschichte

8) Restaurierter Fassadenputz in Kalktechnik, Übergang von Haus 2 und Haus 3
Foto Stefan Zenzmaier

9) Restaurierter Fassadenputz mit stuckierten Fensterrahmen an Haus 3
Foto Stefan Zenzmaier

10) Portal der „Altdeutschen Stube" in Haus 3 von 1889
Foto BDA, Petra Laubenstein
11) Detail des Buffets in der „Altdeutschen Stube"
Foto BDA, Petra Laubenstein

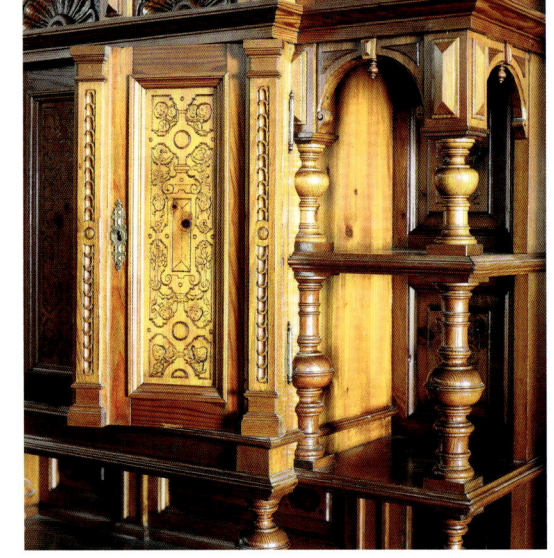

10

11

Hilfe von Querschliffen wurden die nachweisbaren Farbfassungen graphisch rekonstruiert. Als Grundlage für die Wiederherstellung der Fassaden diente eine Schadenskartierung, mit dem Ziel, intakte historische Putzflächen zu erhalten. Die Auswahl der wiederherzustellenden Farbigkeit beruht nicht etwa auf Beliebigkeit oder dem heutigen Geschmack, sondern auf den dokumentierten restauratorischen Befunden. Wie sehr die Auffassung des farblichen Erscheinungsbildes von Fassaden, vor allem von Fassaden an öffentlichen Plätzen, auf purer Gewohnheit beruht, beweist manch kritische Reaktion auf die fertig gestellten Häuser am Schöndorfer Platz. Doch Gewohnheit stellt sich mit der Zeit von selbst ein. (Abb. 4, 5)

Die weiteren Untersuchungen zu Teilen der festen Bauausstattung, wie Böden, Fenstern und Türen, wurden basierend auf der Bestandsbeschreibung im bauhistorischen Raumbuch festgelegt. Die restauratorischen Voruntersuchungen waren die notwendige Grundlage für die Umsetzung. In sechs Häusern konnten insgesamt 44 Fenster und in vier Häusern zusammen 18 Türen restauriert wieder an ihren ursprünglichen Standort zurückgeführt werden. (Abb. 6)

Allein eine Aufzählung der verschiedenen historischen Bodenbeläge zeigt, wie unterschiedlich sich die zu behandelnden Materialien und zu meisternden Aufgaben darstellten. Flusskiesel, Kopfsteinpflaster, Adneter Marmorplatten und Terrazzo sollten in situ behandelt werden; die Holzbretter von Schiffböden je nach Zustand teils gewendet und gehobelt; Parkett ergänzt, ausgespant, die Oberfläche abgezogen und geölt. (Abb. 7)

Selbst die Balken einer Dachkonstruktion wurden restauratorisch bearbeitet. Das östliche Dach über dem Haus 3 – eine dendrochronologisch datierte Konstruktion aus der Mitte des 17. Jahrhunderts mit einer Aufzugspindel aus dem 18. Jahrhundert – erachtete man als geeignet für einen bewohnbaren Ausbau. (Abb. 1) Einerseits war gefordert, die Holzoberflächen so zu überarbeiten, dass sie sich als sichtbare Konstruktionsteile in zukünftige Wohnräume integrieren. Andererseits sollten die Holzbalken ihre originale Oberfläche mit Werk- und Altersspuren nicht verlieren. Diese Aufgabe konnte nur vom erfahrenen Holzrestaurator zufriedenstellend gelöst werden.

Ebenso musste die Instandsetzung der drei vertäfelten Stuben durch das Restauratorenteam an Ort und Stelle erfolgen. Die einfachste Stube, hergestellt in den späten 1940er Jahren, befindet sich im privaten Bereich des Hauses Schöndorfer Platz 1. Die beiden anderen aus dem ausgehenden 19. Jahrhundert gehören zur bekannten Ausstattung des ehemaligen Gasthauses Scheicher und sollen in Zukunft wieder als öffentliche Galerieräume genutzt werden. (Abb. 10, 11)

Lange Zeit war keine annehmbare Lösung für die Präsentation von unverputztem Bruchsteinmauerwerk zu finden, bis nach vielen Versuchen deutlich wurde, dass das beste Resultat mit den geringst möglichen Eingriffen zu erreichen ist. Eine ästhetisch überzeugende Ausführung und effiziente Umsetzung setzte jedoch viel restauratorische Erfahrung voraus.

In allen sieben Häusern wurde die Wiederherstellung der Wände und Decken in Kalktechnik ausgeführt – je nach Gegebenheiten von Restauratoren, Kirchenmalern oder Bauhandwerkern.

Wenn möglich, beließ man den historischen Putz. Fehlstellen wurden mit Kalkmörtel ergänzt und die Oberflächen am Ende mit mehreren Kalkanstrichen versehen. Insgesamt konnten 18 Stuckdecken restauriert werden; das sind alle in den Raumbüchern aufgenommenen stuckierten Decken, ausgenommen zwei, die man aus statischen Gründen und wegen Befalls mit Hausschwamm entfernen musste. Die konkreten Arbeitsschritte begannen, je nach individuellem Schadensbild, meist schon mit einer Notsicherung durch Unterstellung oder Verschraubung von losen Putzflächen und Stuckprofilen mittels styroporbeschichteten Holzlatten. Nach einer mitunter nötigen statischen Sanierung der Deckenkonstruktion konnten die eigentlichen Restaurierungsarbeiten beginnen: mit dem Schließen von baudynamischen Rissen, der Ergänzung des Stuckträgers, Befestigung von losen Latten und Putzfestigung. Die Abnahme von Fassungsschichten erfolgte mechanisch mit Freilegehammer, Meißel und Stuckeisen. Nach der Entfernung von zement- und gipshaltigen Ergänzungen wurden die Fehlstellen mit Kalkputz in mehreren Lagen geschlossen und Ausbrüche an den Stuckprofilen und Unebenheiten der Oberfläche mit Kalkglätte ausgeglichen. Die leichte Transparenz und feine Textur der weißen Oberfläche erreichte man schließlich mit sechs bis sieben Kalklasuren. (Abb. 8, 9)
Die Ausstattung der Häuser mit Stuckdecken, Fenstern, Türen und Böden aus verschiedenen Epochen, mittelalterliches Mauerwerk, aber auch Einrichtungen des 19. und 20. Jahrhunderts zeugen von ihrer Geschichte und den vergangenen Generationen, die hier lebten. Geschichte muss nicht verstaubt sein, gepflegt und geschätzt sollte sie als Teil unserer Gegenwart begriffen werden. Individuell und besonders, wie die uns umgebende Landschaft.

Das Rätsel der Schriftzeichen an der Decke, aufgedeckt *Thomas Danzl*

Freilegung und Präsentation einer bemalten Stuckdecke in Schöndorfer Platz 10

Ohne Zweifel löst zunächst der Moment der Entdeckung einer Wandmalerei oder auch nur eines Fragmentes davon ein atavistisches Reizsignal aus. Es drängt sich unweigerlich der Wunsch auf, dieses Fenster in eine andere, vergangene Zeit weiter zu öffnen und sich mit einer scheinbar längst vergessenen Manifestation menschlichen Denkens und Handelns zu beschäftigen. Die Macht der Bilder befällt den „neugierigen" Bauarbeiter genauso wie den kundigen Fachmann, und erst die endgültige, mehr oder weniger schadensarme „Aufdeckung" scheint die einmal geweckte Gier nach dem Neuen befriedigen zu können. Danach treten Begeisterung, oft auch Ernüchterung an ihre Stelle. Die Einschätzung der Bedeutung und damit der „Wert-Schätzung" der Entdeckung folgt – mit allen Konsequenzen für das weitere Schicksal der Wandmalerei – unweigerlich sofort. Ihr unbeschadeter Fortbestand hängt von zeitgebundenen Faktoren, wie etwa dem Zeitgeschmack, dem Stand der Wissenschaften und der Technik und nicht zuletzt von den (kultur-) politischen, wirtschaftlichen und ideellen Rahmenbedingungen ab. Diese Faktoren wirken bekanntlich bei einer Entscheidung zur Sichtbarbelassung – und somit für eine mehr oder weniger invasive Konservierung/Restaurierung einer Wandmalerei – aktiv auf die Erhaltungspraxis und damit die materielle Beschaffenheit des Objektes ein. An dieser Stelle sei auch auf die meist vernachlässigte oder zumindest unterschätzte Einflussgröße der materialimmanenten Voraussetzungen einer Wandmalerei beim Zerfallsprozess verwiesen. Man muss sich vor Augen führen, dass die schon beim Entstehungsprozess mit auf den Weg gegebenen oder durch die Alterung hinzugekommenen Materialeigenschaften eine statistisch vielleicht fassbare mittlere „Lebenserwartung" der Malerei unter optimalen Bedingungen definieren. Die materialimmanente Alterung der Wandmalerei wird im Idealfall durch bewusste oder unbewusste Verdeckung gleichsam „Schock gefroren" und erst bei Nachlassen dieses Schutzes – etwa durch bauliche Veränderungen, durch Bewitterung oder „Selbstfreilegung" – mehr oder weniger reaktiviert, womit sich der „natürliche" Zerfall fortsetzt. Es muss geradezu apodiktisch festgestellt werden, dass es keine idealen, die Lebenszeit verlängernden und die Authentizität, also die Materialität der Wandmalerei bewahrenden Methoden geben kann! Dazu gehört selbstverständlich auch der mögliche Schutz durch Wiederverdeckung der Malerei. Die seit einem Jahrzehnt unternommenen Anstrengungen, präventive und eingriffsarme Konservierungs- und Pflegestrategien zu definieren und zu ermöglichen, geben berechtigten Anlass zur Hoffnung. Objektivierungshilfen wie grafische und fotografische Bestands- und Zustandsdokumentationen sowie die Planung eines Langzeitmonitorings und die regelmäßige Inspektion durch Fachkräfte erscheinen hierfür die geeigneten Mittel.

Der Raum

Der im 1. Obergeschoß gelegene schlichte, nahezu quadratische, etwa 32 m² große Raum wird von Westen her durch eine Tür des 18. Jahrhunderts erschlossen und im Osten durch zwei sechsfach gegliederte Holzfenster belichtet. An der Westwand setzen die Vormauerung eines

1) Die Stuckdecke in Schöndorfer Platz 10, 1. OG
Foto Diplomrestauratoren Tinzl
2) Endzustand der Decke
Foto Diplomrestauratoren Tinzl

Das Rätsel der Schriftzeichen an der Decke, aufgedeckt

3) Vorzustand der Stuckdecke im Schöndorfer Platz 10, 1. OG, 1992
Foto BDA, Michael Oberer

Kaminzuges sowie eine holzgerahmte, verputzte und mehrfach verschiedenfarbig gekalkte Mauernische mit einer Bodenplatte aus Adneter Rotmarmor einen bescheidenen Akzent. Den Wandabschluss bildete ursprünglich ein umlaufendes, heute stark fragmentarisiertes Stuckprofil, das wie der Stuck der niedrigen Decke aus dem 18. Jahrhundert stammt. Dieser zeigt im Wand-Decken-Anschluss, oberhalb einer Hohlkehle, die von einer einfachen Profilleiste begrenzt wird, einen zweifach gekehlten, passförmigen Rahmen, in dem wiederum mittig ein ovales Stuckmedaillon einbeschrieben ist.

Zur Entstehung und zum System der Deckenmalerei

Vermutlich bereits bauzeitlich wurde der Raum durch eine gehobelte Riemlingdecke bestimmt, die aus in Ost-West-Ausrichtung in einem Abstand von 30 cm ausgerichteten, circa 24 cm breiten bohlenstarken Hölzern bestand und offenbar beidseitig konkav profiliert und dunkel (?) farbig gestrichen war. Zur Herstellung der heute noch sichtbaren Stuckdekoration wurden im 18. Jahrhundert eine Lattung und darüber Schilfrohr aufgenagelt, die als Haftbrücke und Armierung für einen mehrlagig aufgetragenen Kalkmörtel dienten. Die letzte feinkörnige Deckputzschicht wurde Kalkweiß getüncht. Drei Erneuerungszyklen – ebenfalls in Kalkweiß – sollten folgen, bis schließlich eine vierte, mit Umbra abgetönte Kalktünche als Grundierung für die Deckenmalerei aufgetragen wurde. Offensichtlich wurden noch in die frische Farbe Linien geritzt, die als Zeilen für die in einem „horro vacui" über die Decke verteilten Schrift-

züge dienten. Bemerkenswert ist, dass die Schrift der Decke in Spiegelschrift, die der Hohlkehle in Normalschrift ausgeführt wurden. Die nahezu fließend aneinander gereihten Majuskeln der Versalschrift wurden ohne fassbares System in Rot (Minium), Grün (Kupfergrün) und Grau (Holzkohleschwarz) ausgeführt, der Wortsinn erschließt sich durch eingefügte rote Dreiecke. Die Schrift im Bereich der Hohlkehle ist hingegen durchgängig in Rot gehalten. Darüber hinaus sind einzelne Sentenzen nummeriert. Während die Schrift über das mittige Oval läuft und dieses als Gestaltungselement somit ignoriert, spart sie den zweifach gekehlten, passförmigen Rahmen aus, der dadurch betont wird. Unterstrichen wird dieser Effekt durch das Blau seiner Rücklagen und das Rot der Stuckprofile. Wie der besser erhaltene Malereibestand im Osten nahe legt, scheint der zweifach gekehlte, passförmige Rahmen sogar illusionistisch in einen blauen und quadratischen überführt worden zu sein.

Zur Rettung der Decke und zur Freilegung der Deckenmalerei

Durch jahrzehntelange Bauvernachlässigung, Umbauten und immer wieder unsachgemäße Eingriffe in den Deckenverbund brachen offensichtlich schon in der Vergangenheit durch Wassereinbrüche oder schlicht durch das Eigengewicht des Stuckes immer wieder Teile aus – die Fehlstellen wurden zwar in der Folge mit ungeeigneten Materialien geschlossen, stellten aber keine grundlegende Behebung der Schadensursachen dar. Vor Beginn der Maßnahmen hing die Decke in Teilbereichen bis zu

4) Freilegungsprobe an der Stuckdecke
Schöndorfer Platz 10, 1. OG, 1992
Foto BDA, Michael Oberer

30 cm durch, sie war von Rissen durchzogen, und in großen Bereichen lag der Stuck hohl bzw. war bereits von der Lattung abgerissen, schließlich war die Malerei durch sich lösende Tünchen bereits in Teilbereichen offen liegend. Die Decke war zudem absturzgefährdet. Um einen völligen Absturz der Decke zu verhindern, wurde durch provisorische Stützen bei gleichzeitiger Schuttentnahme im darüber liegenden 2. Obergeschoß eine Entlastung erreicht. Eine neue Bodenkonstruktion schuf schließlich eine Entkoppelung, sodass die historische Decke heute lediglich ihr Eigengewicht zu tragen hat. Die eigentliche konservatorische Herausforderung stellte aber die Konsolidierung der blätterteigartig abschollenden Tünchen- und Putzpakete dar. Nachdem außer Frage stand, dass die Stuckdecke und die Malerei zu erhalten waren, mussten geeignete Festigungsmethoden gefunden werden, die sowohl den Haftverbund zur Konstruktion wie innerhalb des Stuck- und Malereiaufbaus ermöglichten, ohne dabei die nicht frei gelegte Malerei irreversibel zu schädigen! Eine Teilfreilegung an den Bruchkanten, eine kontrollierte Abnahme jüngerer Ergänzungen waren hierfür Voraussetzung. Dabei zeigte sich, dass die Decke schon in der Vergangenheit ähnliche Probleme gehabt haben musste, da bereits die Deckenmalerei selbst über ältere Fehlstellen hinweg ausgeführt wurde. Nach einer Quantifizierung des Malerei tragenden Bestandes wurde zunächst mechanisch (Skalpell) auf eine so genannte Leitschicht – nämlich die erste teils transparent aufliegende Übermalungsschicht – frei gelegt. Hartnäckig haftende Bereiche wurden dabei ausgespart. Erst nach Abnahme jüngerer Ergänzungen, erfolgter Strukturfestigung und Kittung der Fehlstellen wurden diese gedünnt und auf die Malerei bei gleichzeitiger Vorfestigung kreidender Bereiche frei gelegt.

Zur ästhetischen Präsentation der fragmentarisierten Deckenmalerei

Nach erfolgreicher Freilegung und Festigung bot die Decke einen auch für Eingeweihte nur schwer lesbaren „Fleckerlteppich" an Neuverputzungen und mehr oder weniger gut erhaltener Malereioberfläche. Zudem haben sich, bedingt durch die Wasserinfiltration und die Überarbeitungen, das bleihältige Rot der Schrift und der Stuckhöhung wie allgemein der Fondton der Decke unregelmäßig stark farbverändert. Nachdem schon aus philologischen Gründen eine Ergänzung der Schrift auszuschließen war, konnte nur mit einer schrittweisen und methodisch nachvollziehbaren Form der Retusche der paradox anmutende Versuch unternommen werden, Geschlossenheit im Gesamteindruck anzustreben, ohne interpretierend oder gar überformend rekonstruktiv (sprich durch Neu- oder Übermalen des Originals) zu gestalten. Dieses Ziel wurde über zwei getrennte Arbeitsschritte zu erreichen gesucht: Zur Klärung des Malereibestandes wurden zunächst alle Kittungen in Struktur und Farbe auf einen mittleren und somit „neutral" vermittelnden Fondton angelegt. In der Folge trat das Original optisch inselartig in den Vordergrund und war lediglich noch durch die unterschiedlichen Schädigungsgrade in seiner Lesbarkeit gestört. Diese konnte durch konsequentes Schließen kleinster und kleiner Farb-

5) Stuckdecke im Haus Schöndorfer
Platz 10, 1. OG, Freilegungsarbeit 2008
Foto Diplomrestauratoren Tinzl

5

1   Eichenseer, Adolf J. (Hrsg.): Geistliche Volkslieder aus der Oberpfalz; Diplomrestauratoren Heike und Mag. Christoph Tinzl – Werkstätte für Wandmalerei & Steinrestaurierung: Endbericht 04/2008, Freilegung und Restaurierung einer bemalten Stuckdecke 2007/2008, 5400 Hallein, Schöndorferplatz 10. 1. O. G., Salzburg 2008 (masch.), 14–15.
2   So ist es etwa bei Darstellungen der Mariä Verkündigung nicht unüblich, das „Ave Maria" spiegelbildlich und in der Schriftrichtung nach links ausgerichtet zu schreiben, wobei das Wort „Ave" zum Eigennamen „Eva" mutiert. Ganz offensichtlich soll hiermit der Bezug zum Sündenfall Evas und zu Maria als Retterin von der Erbsünde hergestellt werden.

schäden mit Hilfe einer so genannten Schmutzwasserretusche (italienisch: acqua sporca), die ebenfalls einen – ähnlich dem Fondton der Kittungen – vermittelnden neutralen Farbwert einnimmt, erhöht und verbessert werden. Erst zuletzt wurden kleinflächige Fehlstellen bis zu einer Größe von etwa 25 cm² mit einer Strichretusche geschlossen, die – angepasst an das jeweilig angrenzende Oberflächenbild – einen weitgehend einheitlichen und harmonisierten Gesamteindruck unter Verzicht auf jegliche Formergänzung oder Rekonstruktion der Schrift bei gleichzeitiger Erhaltung des „Alterswertes" ermöglichte. Diese Methode sucht jegliche künstlerische und subjektive Interpretation auszuschließen und erfordert gleichzeitig größte restauratorisch-„handwerkliche" Disziplin. Das Ergebnis dieser stark von der Gestaltpsychologie beeinflussten Technik der Entscheidungsfindung ist natürlich wesentlich von der Qualität und Quantität des erhaltenen Bestandes abhängig. Diesbezüglich war gerade die Wiederherstellung des Raumbezuges der Deckenmalerei trotz des nahezu vollständigen Verlustes der Stuckprofile im Wand-Decken-Anschluss von wesentlicher Bedeutung. Dies gelang durch die Wiederaufnahme einer über längere Zeiträume immer wieder an der gleichen Stelle ausgeführten Wandgliederung, die aus einem unterhalb der Stuckleiste verlaufenden doppelten Begleitstrich bestand. Durch die neugestalterische Wahl einer grünen Wandfarbe, die im Komplementärkontrast zum Farbton der Decke steht, und einer den graublauen Farbwert der Türe aufgreifenden Sockelleiste (?) sowie eines geölten Dielenfußbodens konnte der Raumeindruck schließlich abgerundet werden.

Zu Inhalt und Bedeutung der Deckenmalerei

Zwar läßt sich der Nachweis für einen 1777 urkundlich erwähnten Maler mit Namen Joseph Hemberger als Eigentümer der Herberge, zu der dieses Zimmer gehörte, erbringen, ein direkter Bezug zum Autor der Deckenmalerei scheint sich aber – bedauerlicherweise durch das in der Malerei selbst fragmentarisch erhaltene Datum 175. – ausschließen zu lassen. Um vieles erhellender ist der glückliche Umstand, dass dank der Recherchen der beiden Diplomrestauratoren Heike und Christoph Tinzl textliche Bezüge für das in Teilen in spiegelbildlich ausgeführter Schrift wiedergegebene Loblied Mariens eruiert werden konnten: Vermutlich handelt es sich dabei um ein aus Anlass von Wallfahrten gesungenes Volkslied, wie es ähnlich für die so genannten Wallfahrt nach Maria-Kulm im Egerland belegt ist.[1] Der Ausführende der Malerei könnte durchaus auch ein Laie und somit der Nutzer des Raumes gewesen sein, wie die mangelhafte und ungelenke Ausführungsqualität belegt und zweifellos auch der *„horror vacui"* dieser Dekorationsform nahelegt, die stark an Manifestationen der *„art brut"* erinnert. Das Abfassen von (Geheim-)Texten in Spiegelschrift ist durchaus nicht nur von prominenten Beispielen in der Hochkunst, etwa bei Leonardo da Vinci, aus Gründen der Verschlüsselung oder zur bildlichen Darstellung eines Mysteriums[2] bekannt, es kann auch, wie etwa im vorliegenden Fall vielleicht zu vermuten wäre, ein volksnahes „barockes Capriccio" zugrunde liegen, das das erleichterte Lesen des Textes mittels eines Spiegel vorsah. Damit würde sich auch die „richtige" Wiedergabe des Textes in der Hohlkehle erklären lassen.

6) Detail der übermalten Stuckdecke Schöndorfer Platz 10, 1. OG während der Restaurierung
Foto Diplomrestauratoren Tinzl

Die durchaus ungewöhnliche Textbezogenheit dieser Raumdekoration lässt – auch wenn es sich um eine Lobpreisung Mariens handelt, die bekanntlich nicht unbedingt in Widerspruch zur lutherischen Frömmigkeit stehen muss – auch auf Einflüsse der Bildwelten und Andachtsformen schließen, die denen des Protestantismus nahe stehen. Wie auch immer – mit der erfolgten Freilegung, Konservierung und Restaurierung dieses auch überregional einzigartigen und immer noch enigmatischen Bildzeugnisses lässt sich gerade auch unter den Aspekten der aktuellen Nutzung durch die Kolpingfamilie eine ungebrochene Kontinuität geistlichen Lebens in einem bedeutenden Bau Halleins belegen!

Anhang: Inschriften (transkribiert)

Vermutete Ergänzungen in [Klammern]
In spiegelschriftlichen Majuskeln (Versalschrift):

(Decke Nord:)
_____ Reise // Sprecht Ave Maria mit Herz und mit Mund S____ E __ MT.EI // LL //
Z ____ TH _____ N. AUF DEM _____ oben ihr Gottes Sohn //

(Decke Ost:)
Sprecht Ave Maria mit Herz und mit Mund 3 Sie ehret im Namen des // Vaters und Sohn wie auch in liebs Flammen der dritten der Soh//n Sprecht Ave Maria mit Herz und mit Mund 4 Sie ist voll der Gna//den eine reine [J]ungfrau von Geist überschattet eine Mutter (Fortführung: Decke Süd)

(Decke Süd:)
und Frau sprecht Ave Maria mit Herz und mit Mund _____IE . WA // [emp]fangen ohne Makel _____ des hat nicht die Sch ____ // die _____ Kind sprecht (Ave) aMaria mit Herz und mit Mund // (I)hre ____ Mutter _____ Lob zu vermehren Gott // (hörende) Mutter ge _____ st ihr Lob zu vermehren Gott //

(Decke West:)
.RIA Maria ich schreite z __ // Salve Regina ich fah __ // Maria mit ___ und // EG IN LT FA // STU //

(Decke Mitte:)
Sie ziert sprecht Ave Maria mit Herz und mit // Mund 7 Wer kann wohl erdulden den göttlichen // Rat seht hier läßt sich ei____ Verzeihung und Gu__ // ad sprecht Ave Maria mit Herz und mit Mund 8 // Sie kann uns vor allen das

Ähnliche Textzitate wie an der Decke finden sich in der sog. Weidener Wallfahrt nach Maria-Kulm im Egerland (aus: Eichenseer, Adolf J. (Hrsg.): Geistliche Volkslieder aus der Oberpfalz)
„Ihr Kräfte der Seelen in süßester Freud, hier tut euch einstellen, Gott preiset allzeit.
KV: Sprecht Ave Maria mit Herz und mit Mund, singt salve Regina all Tag und all Stund.
Maria zu loben, kommt, eilet zum Thron, auf den sie erhoben ihr göttlicher Sohn. – KV
Sie ehren im Namen des Vaters und Sohn, wie auch in Liebesflammen, die dritte Person! – KV
Sie ist voll der Gnaden, eine reine Jungfrau, vom Geist überschattet, eine Mutter und Frau! – KV
Sie war ja empfangen ohne Makel und Sünd', es hat nicht die Schlange gepacket das Kind! – KV
Nach Jesu alle Ehre der Mutter gebührt, ihr Lob zu vermehren, Gott selber sie ziert. – KV"
zitiert nach:
http://www.helmut-zenz.de/hzgebe2c.html am 31.03.2008
Der Text basiert möglicherweise auf einem Kirchenlied, das nach dem „Gotteslob" (hier Nr. 830) im Jahre 1776 gedruckt wurde.

steinharte He//rz berühren und zermahlen durch Reue und durch S//chmerz // sprecht Ave Maria mit Herz und mit Mu//nd 9 d Zuflucht der Sünder und (einziger Tr)ost W//ie viel A__ ms k_____ E dein Lied haben verk__ st sprec//ht Ave Maria mit Herz und mit Mund 10 Die ___ an // en un____eRz ____ T __ das S(eufzen) d//er Herzen vor ST ___ s___ sprecht Ave Maria // mit Herz und mit Mund 11 __ IC _____CH zu__ sen in Pos //und in Rau will eine S_____N UND schworen d//ie Treu sprecht Ave Maria mit Herz und mit Mund 12 // A(uch) unser Vertrauen ____ EN dich als_ obst // gnädig ___ schauen erho _____ sprecht Ave // Maria mit Herz und mit Mund 13 soll d_ die Sen__ // eche___ auter _____ Schmerz so soll das Gemüt // s____ und reden D_____ sprecht Ave Maria mit H//erz und mit Mund 14 ____ RIN sterben ble __ U__B__ Me // in euch TH___SE ERW___NI___IN DEIN__SE // sprecht Ave Maria mit Herz und //mit Mund

(In Normalschrift, Majuskel (Versalschrift):)
(Hohlkehle Nord: vollständiger Verlust)
(Hohlkehle Ost:)

es das Gott dre __ den Glauben in der Hoffnung der Liebe stärke mich Herr ich glaub Herr ich hoffe Herr von Herzen lieb ich Dich //
der Liebe stärke mich Herr ich glaub Herr ich hoffe Herr von Herzen lieb //
Herr, ich glaube, Herr, ich hoffe, Herr von Herzen lieb ich Dich _____ in der Liebe stärke mich // Dich glaub zuerst das Gott nur einer das Seins gleichen seie Kein____ //

(Hohlkehle Süd:)
glaube auch das Gottes Sohn von dem hohen Himmelsthrone auf die Welt [gekom]men hat die Menschheit aufgenommen glauben in der ___ // in der Liebe stärke mich Herr ich glaube Herr ich hoffe Herr von Herzen lieb ich dich ___ ich soll hoffen dass der herr // sind vergeben wann man Buße tut in den ____ dem Glauben der Liebe stärke mich S Herr ich glaube //

(Hohlkehle West:)
in der Liebe stärke mich 175. _____SH der _____ alte wie du es versprichst ___ in den Gl___

7) Schöndorfer Platz 10, 1. OG.
Musterfläche – Ausschnitt
Decke mit Übermalung 2. H. 18. Jhdt.
Foto BDA, Petra Laubenstein

7

Das Rätsel der Schriftzeichen an der Decke, aufgedeckt

Planung und Ausführung

Schöndorfer Platz, Abendstimmung, 2008
Foto Stefan Zenzmaier

Die Planungsgeschichte des Projekts *Martin Weber (Architekten Scheicher)*

Die Situation

Durch geänderte wirtschaftliche Rahmenbedingungen und wachsende Ansprüche an die Wohnverhältnisse verlagert sich der Schwerpunkt des Lebens in vielen Städten zunehmend in ihre Randlagen beziehungsweise in die umliegenden Gemeinden.

So auch in Hallein. Obwohl die Bevölkerung besonders durch den Zuzug von dringend benötigten ausländischen Arbeitskräften und ihren Familien überdurchschnittlich stark wächst, stehen im eigentlichen Stadtkern immer mehr Gebäude leer. Im konkreten Fall taten das von den sieben Gebäuden nach dem Konkurs des Gasthofs Scheicher im Jahre 1998 bereits fünf. Lediglich die Häuser Schöndorfer Platz 4 und 5 waren noch bewohnt. Im Jahre 2000 zog der letzte Mieter aus dem Haus 5 aus.

Bedingt durch jahrelangen Leerstand und mangelhafte Instandsetzungen befand sich auch ein Großteil der Bausubstanz in einem kritischen Zustand. Undichte Dächer durchfeuchteten die Gebäude, und gemeinsam mit der fehlenden Beheizung und Durchlüftung der Häuser war dies die Ursache für eine rasch voranschreitende Zerstörung der Substanz.

Es war am Anfang unserer Beschäftigung mit dem Projekt erschreckend mitanzusehen, wie schnell ein Gebäude verfällt, wenn es nicht genutzt wird. Von Wänden, die im Herbst noch völlig intakt wirkten, hatte sich im folgenden Frühjahr oft schon der Putz großflächig gelöst und lag am Boden.

Verstopfte Dachabläufe und die damit verbundene jahrelange Durchfeuchtung hatten dafür gesorgt, dass sich in den Häusern 5 und 11 – wie sich herausstellte – der Echte Hausschwamm *(Serpula lacrymans)* entwickeln konnte, der später recht aufwendig bekämpft werden musste. Die Wände der Häuser waren teilweise stark mit Schimmel überzogen, Teile der Holzkonstruktionen schienen anfangs kaum zu retten. Die Häuser Schöndorfer Platz 10 und 11 auf der Nordseite des Platzes waren trotz der behelfsmäßig vorgenommenen Unterstützung der Gewölbe einsturzgefährdet. In der Anfangsphase des Projekts wurde hier sogar eine „Totalsanierung", das heißt ein Abriss der Gebäude, in Erwägung gezogen. Glücklicherweise konnte dies jedoch durch die sorgfältige Sanierungsplanung verhindert werden, sodass diese beiden Häuser mit ihren erst später zutage getretenen bauhistorischen Schätzen wie der polychromen Stuckdecke im Haus 10 erhalten werden konnten.

Die Projektentwicklung

Nach der Schließung des Gasthofs Scheicher wurde immer deutlicher, dass mit dem Verlust der Gebäude am Schöndorfer Platz auch ein großer Teil der Altstadt und ihrer Geschichte unwiederbringlich verloren zu gehen drohte. Es wurde also nach einer Nutzung gesucht, die einerseits einen möglichst schonenden und respektvollen Umgang mit der historischen Substanz und damit verbunden auch tragbare Kosten sicherstellt: Andererseits sollte diese Nutzung eine Initialzündung für die gesamte Altstadt sein, die anderen Mut macht, sich für diese wenig geliebte Altstadt zu engagieren. Den entscheidenden Vorschlag machte dann eines Tages Herr Direktor Haertl von der „Heimat Österreich": ein Wohnheim für Schüler und

1) Eingangssituation, Haus Nr. 3
Foto Stefan Zenzmaier

Studenten als Kolpinghaus Hallein. Durch die Vielzahl an berufsbildenden Schulen besteht in Hallein ein hoher Bedarf von derzeit etwa 260 Betten. Vielfach müssen die Schüler von sehr weit anreisen und sind unter der Woche allein in Privatzimmern untergebracht. Da auch die Schulschwestern mitteilten, ihr benachbartes Heim mittelfristig nicht mehr weiterführen zu können, erwuchs hieraus ein zusätzlicher Bedarf an Unterbringungsmöglichkeiten. Gleichzeitig bietet dieses Haus die Chance, das Engagement von Kolping in Hallein zu stärken. Unter dem Motto „Neues Leben in alten Mauern" bietet es die Möglichkeit für junge Menschen, miteinander zu wohnen, zu essen, zu diskutieren, Feste zu feiern und die Freizeit miteinander zu gestalten. Neben der reinen Unterkunft während der Ausbildung kann ein solches Heim dazu dienen, sich Kommunikations- und Beziehungsfähigkeit für das Leben in der Gemeinschaft anzueignen. So trägt das Haus zur Ausbildung sozialer Kompetenz wesentlich bei.

Die besondere Situation – ein Kolpinghaus in jahrhundertealten Gebäuden – kann schließlich auch das Verständnis für die Geschichte und die kulturelle Verantwortung jedes Einzelnen wecken.

Durch die vielfachen Möglichkeiten für Außenstehende, das Haus mitten in der Stadt für Feierlichkeiten, Fortbildungen und Begegnungen zu nutzen, wird die Kolping-Idee noch fester im gesellschaftlichen Leben Halleins verankert und kann so einen wichtigen kulturellen und spirituellen Beitrag für die Allgemeinheit leisten.

Je deutlicher sich abzeichnete, dass das Vorhaben konkrete Gestalt annehmen würde, desto klarer wurde auch, dass fachlich fundierte Grundlagen für den weiteren Umgang mit den historischen Gebäuden erarbeitet werden mussten. So wurde zu Beginn der konkreteren Planungen ein genaues Aufmaß der Gebäude als Grundlage der weiteren Bearbeitung erstellt. Im Anschluss daran erfolgten die bauhistorischen Untersuchungen mit der entsprechenden Darstellung der Ergebnisse.

Zunächst sah die Maßnahme lediglich den Umbau der Häuser 1–5 vor, bald jedoch stellte sich heraus, dass auch die Einbeziehung der Häuser 10 und 11 auf der gegenüberliegenden Platzseite wesentlich zur Wirtschaftlichkeit des Projektes beitragen würde – zumal der Bedarf für die vergrößerte Maßnahme offensichtlich gegeben war.

Im Jahre 2006 – nach mehreren Unterbrechungen des Prozesses – konnte dann mit den Bauarbeiten begonnen werden, die im Mai 2008 beendet wurden.

Das Raumprogramm

Das Kolpinghaus Hallein ist im Wesentlichen ein Wohnheim für Schüler und Studenten und eine Begegnungsstätte. Hier können bis zu 215 Schüler aus den benachbarten berufsbildenden Schulen Unterkunft finden. In den Sommermonaten dienen die Gebäude als Hotel für Gäste der Sommerakademie und Ähnliches. 46 Betten stehen in den Häusern Schöndorfer Platz 10 und 11 für ältere Schüler zur Verfügung, 169 weitere in den Häusern Schöndorfer Platz 1 bis 5 für jüngere. Hier sind auch die notwendigen Versorgungs-, Verwaltungs- und Gemeinschaftseinrichtungen untergebracht.

Die Häuser 1 bis 5 sind alle untereinander verbunden. Hier waren neben den betrieblichen Erfordernissen vor allem die Belange des Brandschutzes maßgeblich. Da die vorhandenen Stiegenhäuser oftmals heutigen rechtlichen Anforderungen nicht entsprechen, konnte die ursprüngliche Forderung der Behörde, die Stiegenhäuser durch Abbruch auf die richtigen Abmessungen zu bringen, nur durch Einrichtung von alternativen Fluchtmöglichkeiten über die Nachbarhäuser abgewendet werden – ein gutes Beispiel, wie sich durch Gesprächsbereitschaft und Offenheit aller Beteiligten Lösungen finden lassen, die die teilweise sehr gegensätzlichen Forderungen (Abbruch oder Erhalt) zusammenführen.

Die Erreichbarkeit sämtlicher öffentlicher Bereiche wie Freizeiträume, Speisesaal, Veranstaltungssaal etc. wird durch die neuen Lifte gewährleistet. Sechs rollstuhlgerechte Zimmer werden im 1., 2. und 3. Obergeschoß des Hauses Schöndorfer Platz 4 in unmittelbarer Nähe der Lifte vorhanden sein. Je nach Bedarf lassen sich hier auch alternativ Zweibettzimmer einrichten oder Wohngruppen mit Nichtrollstuhlfahrern bilden. Die Erdgeschoße nehmen neben Küche, Speisesaal und Verwaltung auch zwei Geschäfte, die Lernhilfe und eine Galerie auf. Für Gäste und Angehörige findet sich hier ein Restaurant als Treffpunkt zwischen dem Kolpinghaus und der Umgebung.

Hervorzuheben sind vor allem die beiden so genannten „Altdeutschen Stuben", die der damalige Bürgermeister und Tischlermeister Josef Schöndorfer – der Namensgeber des Platzes – für seinen Bruder Felix und dessen Gattin im Jahre 1898 ausgestattet hatte. Gleich nebenan befindet sich die Stadtbücherei Hallein. In den Sommermonaten lassen sich auch die Höfe auf der Südseite der Gebäude nutzen.

Im 1. Obergeschoß des Hauses 2 konnte durch Klärung der baugeschichtlichen Situation eine Kapelle durch Rückführung auf die ursprüngliche hochmittelalterliche Raumkonfiguration eingerichtet werden. Diese kann bei Bedarf direkt vom Schöndorfer Platz her erschlossen werden und bietet so auch Möglichkeiten der Begegnung in Meditation und christlichem Gedankenaustausch.

Im 1. Obergeschoß des Hauses 3 ermöglicht ein großer Raum gemeinsames Lernen und Arbeit in Gruppen. Bei Bedarf kann dieser gemeinsam mit den angrenzenden Bereichen extern genutzt werden. Auch hier gelang es, durch bauhistorisch abgesicherte Rückführung auf den ursprünglichen Zustand geeignete Flächen zu schaffen, handelt es sich doch hierbei um den ursprünglichen Saal des Wirtshauses, der seit der Renaissance bis zur Errichtung des größeren Saals im 2. Obergeschoß im Jahre 1912 genutzt wurde. Im Jahre 1924 wurden hier durch Einbau von Leichtbauwänden Fremdenzimmer eingerichtet, die jedoch im Zuge der aktuellen Sanierung wieder entfernt werden konnten.

Seit seiner Errichtung im Jahre 1912, spätestens jedoch seit seiner Vergrößerung im Jahre 1919 bildete der große Saal im 2. Obergeschoß den Mittelpunkt des gesellschaftlichen Lebens der Stadt Hallein. Hier wurden Hochzeiten gefeiert, Theaterstücke aufgeführt, politische Versammlungen abgehalten und Bälle veranstaltet. etc. Immer wieder wurde die Nutzung durch behördliche Auflagen eingeschränkt oder gar verboten, da den Anforderungen an

2) Saal im 2. Obergeschoß von
Schöndorfer Platz 3
Foto Stefan Zenzmaier

den Brandschutz nicht entsprochen werden konnte oder die Fluchtmöglichkeiten aus dem Saal nicht ausreichend gegeben waren. Kurz vor der Schließung des Gasthofs wurde die Nutzung des Saals dann endgültig untersagt. Durch Einbau eines neuen Stiegenhauses, Einrichtung eines neuen Fluchtweges über den Küchentrakt und Ertüchtigung der gesamten Situation im Hinblick auf den Brandschutz gelang es, diesen Raum wieder der Allgemeinheit zugänglich zu machen und damit einen entscheidenden Beitrag zur Revitalisierung des Schöndorfer Platzes zu leisten.
Hier können in Zukunft wieder Veranstaltungen wie Hochzeitsfeiern, Abschlussbälle, Seminare, Vorträge, (VHS-)Kurse, Theateraufführungen und Tanzveranstaltungen stattfinden. 270 Personen finden Platz, der gesamte Saal lässt sich durch Trennwände in drei unabhängige Bereiche für kleinere Veranstaltungen unterteilen.
Die Dachgeschoße der Häuser 3 und 5 konnten behutsam ausgebaut werden und bieten nun Platz für die neuen Bewohner. Dabei wurden die vorhandenen historischen Dachstühle so weit wie möglich erhalten und durch neue Maßnahmen verstärkt, wo dies notwendig war. Das Haus 4 wurde um ein Geschoß erhöht. Dies war möglich, da historisch wertvolle Bausubstanz hier ohnehin nicht mehr vorhanden war. Unauffällig fügt es sich in das Gesamtensemble ein und beherbergt nun Zimmer für 17 Bewohner.
In den Kellern finden sich neben den verschiedensten Lagerräumen, den üblichen Räumen für die Haustechnik und den Personalumkleiden auch zwei große Gewölberäume unter den Häusern 2 und 5, die für die etwas lauteren Freizeitaktivitäten der Hausbewohner zur Verfügung stehen. Im Keller des Hauses 2 befindet sich übrigens das älteste sichtbar erhaltene Bauteil des gesamten Ensembles: eine ehemalige Außenmauer aus der ersten Hälfte des 13. Jahrhunderts. Die im rückwärtigen Teil der Gebäude bereits vorhandene Garage bietet nun Platz für etwa 100 Fahrräder der Hausbewohner.

Zahlen

Einzelgebäude	7
Heimplätze/Hotelbetten	218
Nettogrundrissfläche	6 400,00 m²
Nutzfläche	5 580,00 m²
Kubatur	32 500,00 m³
Gesamtinvestitionskosten	€ 14,1 Mio

Zeitablauf im Rückblick
1998 Endgültige Schließung des Gasthofs Scheicher, Beginn der Suche nach einer neuen Nutzung, Erste Gespräche
Herbst 1998 Erste Voruntersuchungen, Aufmaß Geometer
2002 Bauforschung und erste Untersuchungen
2003 Einreichungen und Genehmigungsverfahren
Herbst 2004 Beginn Polierplanung
Sommer 2005 Ausschreibungen und Vergabe
Dezember 2005 Vertragliche Fixierung der Bauleistungen
Winter 2005/2006 Bauschäden durch starke Schneefälle
September 2006 Baubeginn
Mai 2008 Übergabe an die „Heimat Österreich"
Juni 2008 Übergabe an Kolping
Oktober 2008 Feierliche Einweihung

Die Position des Architekten   *Martin Weber (Architekten Scheicher)*

"Meistens belehrt uns der Verlust über den Wert der Dinge"
Arthur Schopenhauer (1788–1860)

Erhalt als gesellschaftliche Aufgabe

Im Herbst des Jahres 1944 zerstörten deutsche Truppen nach Niederschlagung des Aufstandes im Warschauer Ghetto fast die gesamte restliche Altstadt auf dem linken Weichselufer. Die überlebende Bevölkerung wurde in Arbeits- oder Konzentrationslager verschleppt. Mit der Zerstörung der geschichtsträchtigen historischen Bausubstanz sollte gleichzeitig die Geschichte und die kulturelle Identität eines ganzen Volkes für immer ausgelöscht werden.

In den Jahren 1946 bis 1953 wurde in einer als Meisterleistung gewürdigten Rekonstruktion die Altstadt wieder aufgebaut. Dieser Wiederaufbau stellt bislang die größte geplante Rekonstruktion einer Bebauung dar und wurde dafür als Weltkulturerbe der UNESCO ausgezeichnet. Dies darf jedoch nicht darüber hinwegtäuschen, dass es sich hier nur um einen verzweifelten Versuch handelt, die eigene Identität und die Geschichte wiederherzustellen; die jetzt vorhandenen Gebäude sind lediglich eine gelungene Nachbildung, während die meisten der eigentlichen Zeugnisse der Vergangenheit für immer verloren sind.

Selbstverständlich nicht so dramatisch und vor allen Dingen nicht fremd verschuldet verhält es sich mit unseren eigenen Altstädten. Seit Ende des Zweiten Weltkrieges geht immer mehr historische Substanz verloren, ganze Viertel wurden niedergerissen, da die alten Gebäude angeblich nicht mehr dem modernen Lebensstandard entsprachen oder einer zeitgemäßen Verkehrsführung im Wege standen. Bis in die 1970er Jahre hinein gab es beispielsweise Pläne, die gesamte Halleiner Altstadt aufzugeben und nach modernen Kriterien wieder aufzubauen. Glücklicherweise ist dies niemals realisiert worden. Erst seit den 1980er Jahren setzt dann allmählich ein Umdenken ein, die Bauten der Vergangenheit werden wieder interessant – es ist auf einmal en vogue, in den Villen der Jahrhundertwende zu wohnen.

Allerdings bezieht sich dieses neue Interesse oftmals lediglich auf die Fassaden, die nach einer totalen Entkernung der Gebäude an ein neues Stahlbetonskelett gehängt werden; die für das Verständnis eines Hauses genauso wichtige innere Struktur bleibt auf der Strecke. Tradition und gesellschaftliche Werte werden großgeschrieben und in politischen Sonntagsreden beschworen, allerdings nur solange sie nicht unbequem sind.

Die alten Bauernhäuser werden dagegen vielfach aufgegeben. An deren Stelle tritt ein moderner Neubau mit pseudohistorischen Versatzstücken wie Sprossenimitaten in den verschiedensten Ausbildungen, rustikalen Putzstrukturen und zur Vervollständigung noch ein hölzernes Wagenrad oder ein Dreschflegel. Das ist dann nicht Traditionspflege, sondern ein erstarrtes Wunschbild der „guten alten Zeit", mit der man sich gar nicht genauer auseinandersetzen möchte, da sie sich dann als gar nicht so gut herausstellen würde.

Je mehr diese Tendenzen um sich greifen, umso wichtiger ist es für eine Gesellschaft, sich mit ihren Wurzeln und den authentischen Zeugnissen ihrer Geschichte auseinander zu setzen. Dazu gehört unter anderem, dass man sich

1) Schöndorfer Platz 3, Rückfassade, Detail
Foto Stefan Zenzmaier
2) Schöndorfer Platz 10 und 11,
Rückfassaden, 2008
Foto Stefan Zenzmaier

gemeinsam für den Erhalt von historischer Bausubstanz einsetzt, und zwar in der Gesamtheit der Gebäude, nicht nur im Erhalt der Fassaden. Nur so kann Geschichte erleb- und begreifbar werden. Gleichzeitig gilt es, neue Funktionen für die alten leerstehenden Gebäude zu finden, die ihren ursprünglichen Zweck als Wohn- oder Wirtschaftsgebäude verloren haben. Die beste Garantie für den Erhalt eines historischen Gebäudes ist die Sicherstellung der Nutzung.

Dabei geht es nicht darum, lediglich einen bestimmten historischen Zustand einzufrieren, sondern darum, sich die Vergangenheit bewusst anzueignen und – mit dem gebotenen Respekt vor der Geschichte und den Leistungen der früheren Bewohner – an der Geschichte der Stadt und ihren Gebäuden weiterzubauen, wie es schon Generationen zuvor getan haben. Baugeschichte ist die Geschichte eines ständigen Umbaus, der ständigen Veränderung und der stetigen Anpassung der vorgefundenen Substanz an geänderte Bedürfnisse und Lebensstandards. Dabei sollte auch nicht nach der Wertigkeit der einzelnen Objekte unterschieden werden. Oft hört man im Zusammenhang mit dem Denkmalschutz Äußerungen wie „Wenn das eine Kirche oder ein Schloss wäre, würde ich den ganzen Aufwand ja noch einsehen, aber bei normalen Wohnhäusern…" – Gerade die „normalen Wohnhäuser" geben Zeugnis vom Leben und Arbeiten der einfachen Bevölkerung und bergen oft ungeahnte Schätze. So befindet sich die historisch interessanteste Stuckdecke des Bauvorhabens im Haus Schöndorfer Platz 10, einem Gebäude, das aufgrund des sehr schlechten Bauzustands zu Beginn des Projektes schon von vielen aufgegeben wurde und einem Neubau weichen sollte.

Nur wenn es gelingt, in einer gesamtgesellschaftlichen Anstrengung das kulturelle Erbe der Vergangenheit zu erhalten und mit neuem Leben zu erfüllen, kann in den kommenden Generationen wieder Verständnis für die eigene Geschichte geweckt werden. Die Kenntnis der Geschichte, das Wissen um das Leben, die Arbeit der Vorfahren und die damaligen Lebensumstände schaffen eine kulturelle Identität und machen immun gegen ideologisch motivierte Versuche, die Vergangenheit zur Durchsetzung fragwürdiger Ziele umzudeuten. Die Auseinandersetzung mit der eigenen Vergangenheit – wie dem Erhalt von historischer Bausubstanz – ist also nicht bloßer rückwärtsgewandter Konservatismus, sondern ermöglicht es, aus der Geschichte eigene Schlüsse zu ziehen und sich als Gesellschaft zu entwickeln.

„Nur wer die Vergangenheit kennt,
hat eine Zukunft."
Wilhelm von Humboldt (1767–1835),
Philosoph u. Sprachforscher;
preußischer Staatsmann

Der Architekt als Vermittler

Noch stärker als im Neubau sind beim Planen und Bauen im historischen Kontext zunächst völlig verschiedene Positionen miteinander in Einklang zu bringen:
Der berechtigten Forderung des Denkmalschutzes, möglichst respektvoll und schonend mit der vorhandenen Substanz umzugehen, steht von anderer Seite die Forderung nach

3–7) Lichthöfe des Schöndorfer-Platz-Projekts
Fotos Stefan Zenzmaier

168 Planung und Ausführung

6

7

Die Position des Architekten 169

8) Speisesaal für die Schüler im Erdgeschoß
von Schöndorfer Platz 3
Überblick
Foto Stefan Zenzmaier

Einhaltung der aktuell geltenden Normen und gesetzlichen Vorgaben gegenüber. Der Bauherr wünscht sich möglichst niedrige Errichtungskosten, der Nutzer selbstverständlich in Zukunft möglichst geringe Aufwendungen für den laufenden Unterhalt und leicht zu pflegende Oberflächen. Handwerker wünschen möglichst überall die gleichen Details, um eine möglichst wirtschaftliche und termingerecht durchzuführende Ausführung zu erzielen. Dem steht ein äußerst heterogenes, über Jahrhunderte gewachsenes Gebäude gegenüber, bei dem kein Raum dem anderen gleicht, kein Fenster so ist wie das benachbarte, keine Holzbalkendecke die gleiche Dimension und den gleichen Zustand wie die daneben liegende aufweist. Zwischen diesen verschiedenen Positionen und Anforderungen steht der Architekt als Vermittler und versucht, Konflikte zu lösen, die verschiedensten Interessen auszugleichen, Wege zu finden und Details zu entwickeln, die die statischen Vorgaben erfüllen. Trotzdem soll Substanz geschont, die Baumaßnahme wirtschaftlich vertretbar abgewickelt und am Ende ein Gebäude an den Bauherrn übergeben werden, das dessen Vorgaben entspricht und die Anforderungen der übrigen Beteiligten weitestgehend erfüllt. Dies gelingt jedoch nur, wenn alle Beteiligten sich am Gesamtprozess beteiligen und bereit sind, Kompromisse einzugehen, lang festgesetzte Sichtweisen zu hinterfragen und gemeinsam nach Lösungen zu suchen, die den Standpunkt des anderen respektieren.

Für Problemstellungen muss ständig ein neuer Blick entwickelt werden, oder man muss sich verloren gegangenes, altes Wissen wieder neu erarbeiten, um zu respektvollen und angemessenen Lösungen zu gelangen. Standardisierte Lösungsstrategien werden in Frage gestellt und stattdessen neue entwickelt, denn vielfach passt das Gewusste nicht zum Vorgefundenen und ordnet sich nicht einem Lösungskatalog unter; viele Situationen sind eben einmalig und wiederholen sich nicht.

Die Geschichte ist eine Abfolge von Veränderungen, Wechseln und Umstürzen. Beim planerischen Umgang mit historischen Bauwerken finden sich diese Geschichte und die Zeugnisse der Vergangenheit greifbar in der vorhandenen Substanz; von Anfang an ist stetig umgebaut, verändert, abgerissen und wieder neu gebaut worden.

Die Tradition, die gern als etwas Beständiges und Unveränderliches proklamiert wird, als ein fester Anker im Strom der schnelllebigen Veränderungen unserer heutigen Zeit, diese Tradition also ist in Wirklichkeit auch nichts anderes als ein beständiger Wechsel von Werten, von Abriss und Aufbau, von Dingen, die beendet und solchen, die neu begonnen werden. Allerdings vollzog sich dieser Wandel in der Vergangenheit meist sehr viel langsamer als heutzutage. Dieses stete Fließen der Zeit bedeutet für den Architekten, der sich mit historischer Substanz auseinandersetzt, dass er sich als vorerst letztes Glied einer Kette von Vorgängern sehen muss. Alle diese Vorgänger haben im vorhandenen Bauwerk ihre Spuren hinterlassen, in unserem Fall seit fast 800 Jahren.

Dabei sind selbstverständlich wie zu allen Zeiten auch Fehler gemacht worden, Dinge wurden schnell hingepfuscht, handwerklich richtige Lösungen ignoriert und manches nur lieblos ausgeführt.

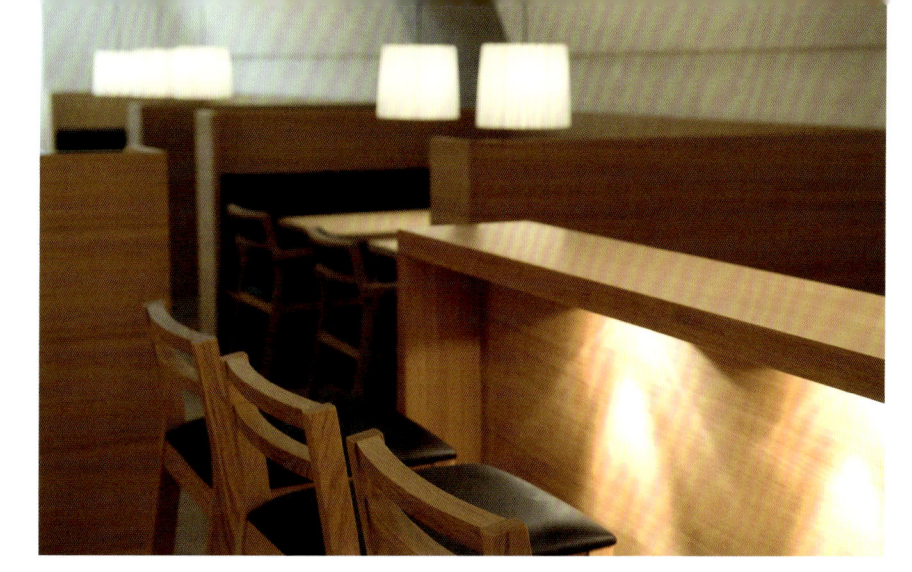

9) Speisesaal für die Schüler im Erdgeschoß von Schöndorfer Platz 3
Gestaltungsdetail
Foto Stefan Zenzmaier

Anders als bei Neubauten, die im glücklichsten Fall als das gelungene, baukünstlerisch wertvolle Werk eines einzigen Architekten gelten können (sei es das eines Andrea Palladio, eines Johann Bernhard Fischer von Erlach oder auch eines Le Corbusier), gilt es in und auf bereits Gebautem zu bauen; ständig muss das Vorhandene überprüft und bewertet werden. Der Umgang mit historischer Substanz ist ein ständiger Entscheidungsprozess aller Beteiligten, wie mit den vorgefundenen Situationen und den Materialien umgegangen werden soll. Was ist wert, erhalten zu werden, was kann geopfert werden, was muss entfernt werden, um die ursprünglichen Situationen wieder klarer hervortreten zu lassen? Wie viel „moderne" Technik ist angemessen?[1]

Ständig gilt es, Entscheidungen zu fällen, die es dem Gebäude ermöglichen, sich einerseits an den Fluss der Zeit mit seinen ständig wechselnden Bedürfnissen der jetzigen Nutzer anzupassen, andererseits es aber auch möglich machen, respektvoll mit den Zeugnissen der früheren Bewohner umzugehen und deren Geschichte er- und begreifbar zu machen.

Konflikte, Spannungsfelder und Kompromisse

Leider entziehen sich historische Gebäude in vielen Punkten den geltenden aktuellen Normen und Vorschriften und vielfach auch den von Neubauten gewohnten Standards.
So ist beispielsweise oft die Belichtung der einzelnen Zimmer, gemessen an den geltenden Normen und Vorschriften, nicht ausreichend, Raumhöhen entsprechen nicht den modernen Standards, Durchgangslichten von Türen sind zu gering, und Stiegenläufe weisen nicht das vorgeschriebene Steigungsverhältnis und die erforderliche Laufbreite auf. Historische Holzbalkendecken aus dem 16. Jahrhundert können das erforderliche Schallschutzmaß nicht erreichen, und die Gebäudehülle scheint zunächst den Anforderungen an den Wärmeschutz nicht zu genügen. Im Übrigen fügen sich historische Bauteile häufig nicht in moderne und für Neubauten festgelegte statische Berechnungsschemata ein.

Dies alles führt zunächst bei den Beteiligten zu Konflikten und unterschiedlicher Bewertung der einzelnen Teilaspekte, da zunächst jeder die fraglichen Situationen aus seinem speziellen Blickwinkel betrachtet.

Der Erhalt von Holzbalkendecken, die seit Jahrhunderten ihre Standfestigkeit durch ihre bloße Existenz unter Beweis gestellt haben, ist dann plötzlich ebenso in Frage gestellt wie die Weiterbenutzung der mittelalterlichen Erschließungskerne. Und das nur, weil die zulässige Durchbiegung (nicht die Tragfähigkeit!) nicht gewährleistet ist oder weil 5 cm in der Stiegenlaufbreite fehlen.

Bauen im historischen Bestand ist ein interdisziplinärer Prozess, der allen Beteiligten viel Geduld und Kompromissbereitschaft abverlangt und nur gemeinsam durchgestanden werden kann. Wenn man sich einmal darauf geeinigt hat, dass das oberste Ziel des gemeinsamen Bemühens der Erhalt und der respektvolle Umgang mit der vorgefundenen historischen Substanz ist, fällt es wesentlich leichter, festgefahrene Standpunkte noch einmal zu überdenken und gemeinsam Lösungen für die anstehenden Problemstellungen zu entwickeln.

1 Bei einer Führung im Rahmen eines Altbauseminars wurden wir von einem Teilnehmer gefragt, wie man sich denn die künftige Küche in dem Gebäude vorzustellen habe. Wir entgegneten wahrheitsgetreu: „Da es sich hierbei um einen Heimbetrieb mit 220 Bewohnern handelt und zudem noch von Zeit zu Zeit größere Veranstaltungen wie Hochzeiten im Saal stattfinden sollen, handelt es sich selbstverständlich um eine moderne Großküche mit allen dazu erforderlichen Einrichtungen." Dieses irritierte den Teilnehmer, und er fragte, warum denn nicht in so einer historischen Bausubstanz einfach „wie früher" gekocht werde. Ich bat ihn, dieses „früher" doch noch etwas zu präzisieren. Leider konnte man sich nicht auf einen genauen Zeitpunkt der Vergangenheit einigen, und so mussten wir erklären, dass die Einrichtung einer keltischen Feuerstelle – der aus Altersgründen sicherlich die größte Hochachtung zu erweisen wäre – aus verschiedenen praktischen Gründen nicht in Frage käme. Unter anderem wären dann selbstverständlich die wesentlich jüngeren Gebäude aus Mittelalter und Rokoko komplett abzutragen. Soviel also zur Frage der zeitlich präzisen Fixierung der Vergangenheit und der überaus schwierigen Bewertung der einzelnen Zeitschichten.

Die Position des Architekten

10) Ausgebauter Dachraum im Haus Schöndorfer Platz 5
Foto Stefan Zenzmaier

So ist es dann möglich, den Fall einer Party mit 50 Beteiligten in einem 15 m² großen Zimmer, die zum Überschreiten der Deckendurchbiegung führen würde, als unwahrscheinlich einzustufen. Unzureichende Stiegenbreiten erscheinen durch das Hinzuziehen des Nachbarstiegenhauses als Fluchtweg weniger dramatisch und die aus Gründen der Denkmalpflege zu erhaltenden Marmorstufen können durch Anordnung eines weiteren Handlaufs sicherer gemacht werden. Was den Wärmeschutz betrifft, erweist sich die kompakte Bauweise des historischen Gebäudeensembles als günstig für die Berechnung des tatsächlich vorhandenen U-Wertes, die historischen beziehungsweise nachgebauten Kastenfenster sind zwar nicht ganz so gut wärmegedämmt wie eine moderne Isolierverglasung, stellen jedoch in der bauphysikalischen Gesamtbetrachtung die richtige Wahl dar.

Auch vom späteren Nutzer verlangt die historische Bausubstanz, sich auf sie einzulassen: Wände sind nicht senkrecht, moderne pflegeleichte PVC-Böden verbieten sich zum einen aus bauhistorischen Gründen, zum anderen sind diese nicht luftdurchlässig genug, um ein weiteres Trocknen der Gebäude zu ermöglichen; vielmehr führen diese Böden unweigerlich zur Zerstörung der historischen Holzkonstruktionen. Im späteren Gebrauch benötigt ein historisches Gebäude einen aufmerksameren Umgang. Man wird jedoch auch dafür mit einem einmaligen Ambiente entschädigt.

Gemeinsam mit den verschiedensten Behörden, Fachplanern und ausführenden Firmen gelang es, durch große Kompromissbereitschaft und Verständnis für die Position der jeweils anderen, für eine Vielzahl von zunächst fast unlösbar scheinenden Problemstellungen eine adäquate Lösung zu finden.

Planungsgrundsätze

Der Beginn jeder Planung im historischen Bestand ist zunächst von einer Vielzahl von Fragestellungen geprägt: Wie nähere ich mich diesem historischen Gebäude? Wie gehe ich damit um? Wie kann es gelingen, einerseits die Anforderungen, die aus den Wünschen und Bedürfnissen der späteren Nutzer erwachsen, zu erfüllen, andererseits aber die Eigenheiten des Gebäudes und seiner Geschichte zu respektieren? Eine Grundlage des angemessenen Umgangs mit historischer Bausubstanz respektive mit Denkmälern bildet die „Charta von Venedig" aus dem Jahre 1964, die seither als zentrale und internationale Richtlinie in der Denkmalpflege gilt: Denkmäler sind Zeugnisse der Kulturgeschichte und sind daher zu erhalten. Dabei sind zunächst die verschiedenen historischen Schichten als gleichermaßen erhaltenswert zu betrachten. Es ist daher nicht Ziel, einem ganz bestimmten Zustand den Vorzug zu geben und diesen wieder herzustellen bzw. zu rekonstruieren. Wo jüngere Zeitschichten entfernt werden sollen, kann dies nur nach einer gründlichen Abwägung der Wertigkeiten geschehen.

Gleichzeitig sollen Ersatzmaßnahmen und Ergänzungen sich harmonisch in das Ganze einfügen, aber trotzdem vom tatsächlich vorhandenen Bestand unterscheidbar sein. Daraus ergibt sich für den Planenden, dass er sich als Teil der gesamten bisherigen Planungsgeschichte des Gebäudes begreifen muss; es gilt, nicht ein unveränderliches Endprodukt zu

11) Stuckraum im 2. Obergeschoß von Haus 5
Foto Stefan Zenzmaier

entwickeln, sondern einen Beitrag zur Gesamtgeschichte des Gebäudes zu liefern. Man erschafft nicht neu, sondern baut auf bereits Gebautem auf.

Das Vorhandene ist laufend vor dem kulturhistorischen Hintergrund zu bewerten. Daher haben Eingriffe in die historische Substanz so behutsam wie möglich zu erfolgen. Dies geschieht einerseits aus Respekt vor der Geschichte, andererseits, um den Kostenrahmen einzuhalten. So sind Abbrüche auf ein Minimum zu reduzieren und die vorhandenen historischen Konstruktionen (wie Mauern, Gewölbe und Holzbalkendecken) eher zu ertüchtigen als zu entfernen. Lediglich bei irreparablen Schäden können historische Bauteile ersetzt werden – möglichst in der gleichen Konstruktionsmethodik.

Grundlage für eine qualifizierte Planung ist eine möglichst genaue Kenntnis von den Gebäuden und deren Geschichte. Sie ergibt sich durch ein exaktes Aufmaß und eine Reihe von Voruntersuchungen. Erst dadurch ist es möglich, sich die Besonderheiten der Gebäude zu erarbeiten und sich diese für die Erfüllung der planerischen Zielsetzung zunutze zu machen. So konnte beispielsweise der mittelalterliche Einsäulenraum im Haus Schöndorfer Platz 2 – durch spätere Einbauten völlig verstellt – wieder frei geschält werden und dient nun als Kapelle. Manche Situation konnte durch das Wissen um die historischen Schichten klarer gestaltet und ursprüngliche Raumausbildungen verdeutlicht werden. Eine möglichst umfassende Kenntnis der individuellen Baugeschichte eines Gebäudes bildet die Grundlage für tragfähige Entwurfsentscheidungen, und eine adäquate Materialwahl ermöglicht erst die angemessene, qualifizierte und sachliche Kommunikation mit den anderen Beteiligten. Gestalterisch gilt es, einerseits dem historischen Bestand wieder zur Geltung zu verhelfen, andererseits aber durch Hinzufügen einer klar ablesbaren neuen Zeitschicht – im vorliegenden Fall in Gestalt des bewusst einfach gestalteten Innenausbaus – den jetzigen Zustand als Ergebnis eines aktuellen Bauprozesses zu dokumentieren. Vergangenheit und Gegenwart können so in einen lebendigen Dialog treten und sich gegenseitig in ihrer Wirkung unterstützen.

Die Position des Architekten

Die Planung
Martin Weber (Architekten Scheicher)

Voruntersuchungen und Lösungsansätze

Am Anfang der genaueren planerischen Annäherung der Architekten an die historischen Gebäude stand zunächst einmal eine möglichst umfassende Analyse der bestehenden Situation. Dazu gehörten unter anderem ein genaues Aufmaß der Häuser durch die ARGE Fleischmann Vermessung/Messbildstelle GmbH, die bauhistorischen, archäologischen und dendrochronologischen Untersuchungen unter Leitung von Hermann Fuchsberger, verschiedene bauphysikalische Messungen durch das Büro Rothbacher, statische Untersuchungen durch das Statikbüro Kraibacher und verschiedene andere Bestandserhebungen durch die anderen Beteiligten und vor allem mittels eigener Beobachtungen, Einschätzungen und häufiger Begehungen.
Um die konstruktiven Bedingungen und den Zustand der einzelnen tragenden Bauteile wie Holzbalkendecken, Dachstühle und Gewölbe richtig einschätzen zu können, wurden in den konkretisierenden Planungsschritten insgesamt 250 Befundöffnungen angelegt bzw. genutzt, die dann von uns vermessen, dargestellt und dokumentiert wurden. Aufgrund dieser Unterlagen entwickelten wir mit dem Statiker situationsbezogene Sanierungskonzepte, die eine genaue Ausschreibung und Angebotslegung und damit eine frühzeitige Kostensicherheit erst ermöglichten. Darüber hinaus erarbeiteten wir uns aus diesen frühzeitigen Überlegungen einen Maßnahmenkatalog, der immer dann Anwendung fand, wenn doch einmal eine unerwartete Situation zu Tage trat, was im Altbaubereich auch nach intensivsten Voruntersuchungen nie völlig ausgeschlossen werden kann. (Abb. 1, 2)

Im Nachhinein betrachtet erwies sich diese Vorgehensweise als äußerst effizient; der ursprünglich prognostizierte Sanierungsaufwand an tragenden Bauteilen bewahrheitete sich auch bei der späteren Umsetzung. Selbstverständlich stellten sich manche Bauteile nach vollständiger Freilegung schlechter als erhofft dar, manche waren jedoch auch in wesentlich besserem Zustand als befürchtet. Nur so konnten wir eine Vielzahl von „bösen Überraschungen", auf die man sich im Zusammenhang mit der Sanierung historischer Gebäude immer wieder einstellen muss, bereits im Vorfeld ausschließen und sehr frühzeitig hohe Kostensicherheit erreichen.
Die analytische Auseinandersetzung mit dem historischen Bestand bedingt, zusammen mit den Erkenntnissen aus den Untersuchungen der anderen Beteiligten, das Verständnis für die jeweilige Besonderheit des Gebäudes. Nur so ist es möglich, mit dem Gebäude zu planen und nicht dagegen. Abbrüche können minimiert werden, Leitungsführungen substanzschonend festgelegt und historisch gewachsene Situationen, die auch gestalterisch reizvoll sind, erhalten werden; dies verringert zum einen mögliche Konfliktfelder mit dem Denkmalschutz und leistet zum anderen einen Beitrag zur Wirtschaftlichkeit der gesamten Baumaßnahme. Das Gegenteil tritt regelmäßig ein, wenn man gegen das Haus plant und versucht, einem historischen Gebäude ein zuvor ohne ausreichende Grundlagen fixiertes Umbaukonzept aufzuzwingen. Kostenüberschreitungen, Zeitverzögerungen durch vermeintliche Behördenwillkür und Bauschäden – alles Symptome, die dem Bauen im historischen Bestand oft pauschal zugesprochen werden – sind dann

1) Balkenlage im 2. Obergeschoß von
Schöndorfer Platz 3
Architekten Scheicher

■ Bauteil Bestand
■ Holzbauteil Austausch
■ Holzbauteil neu
■ Holzbauteil Abbruch
■ Bauteil Stahl neu

Die Planung 175

176   Planung und Ausführung

2) Sparrenplan für Schöndorfer Platz 3
Architekten Scheicher

- ■ Mauerwerk neu
- ■ Bauteil Bestand
- ■ Holzbauteil Austausch
- ■ Holzbauteil neu
- ■ Holzbauteil Abbruch
- ■ Innenausbau Gipskarton

Die Planung 177

3) Längsschnitt durch die Häuser
Schöndorfer Platz 1–5
Architekten Scheicher

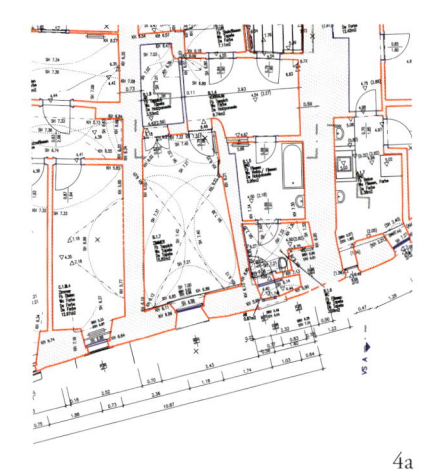

4a

4b

3

178   Planung und Ausführung

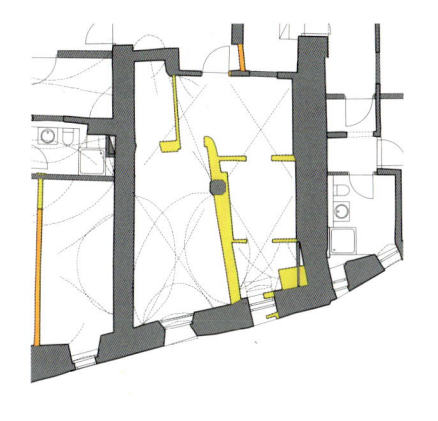

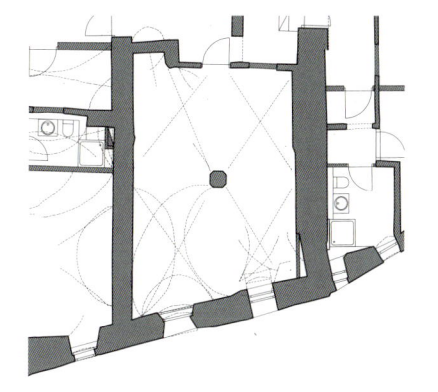

4a) Aufmaß Geometer, 2. OG
4b) Bauphasenplan
4c) Abbruch
4d) Freigelegter Raum

4c

4d

die Folge. Alles in allem ein oft für alle Beteiligten unzufriedenstellendes Endergebnis. Zusammenfassend ist festzustellen, dass die intensive Beschäftigung und der bewusste Umgang mit der vorhandenen Substanz die Handlungsspielräume nicht einengt, sondern erst viele neue Möglichkeiten eröffnet, die wiederum zum Erfolg des Gesamtprojektes beitragen.

Beispiele aus dem Planungsprozess

Historische Konstruktionen
Die konstruktive Grundstruktur der Gebäude am Schöndorfer Platz besteht – wie bei den meisten historischen Gebäuden – aus den am Ort vorhandenen Materialien: Naturstein und Nadelholz. Erst in späteren Zeitschichten tauchen mit dem Ausbau des Transportwesens im Zuge der industriellen Revolution im 19. Jahrhundert ortsfremde bzw. industriell gefertigte Baumaterialien auf: Bleche für die Dacheindeckungen und industrielle Ziegel für Mauern und Innenwände. So besteht denn auch ein Großteil der tragenden Wände aus Bruchsteinmauerwerk. Fast alle historischen Mauern erwiesen sich bei näherer Betrachtung als ausreichend tragfähig, lediglich an wenigen Stellen mussten Ertüchtigungskonstruktionen ausgeführt werden, da durch nicht sachgerechte Umbauten bereits in früheren Jahrhunderten Bauschäden angelegt und oft auch bereits aufgetreten waren. Etwa die Hälfte der Räume ist mit Gewölben aus Bruchstein überdeckt. Dies sind in erster Linie die Keller, die Erdgeschoße und einzelne Räume in den darüber liegenden Geschoßen, aber auch vor allem viele der Stiegenhäuser, die schon relativ früh – wohl aus Gründen des Brandschutzes – mit Gewölbekonstruktionen ausgebildet wurden.
Einige der Gewölbe wiesen durch Setzungen und punktuelle Belastungen aus früheren Umbauten zum Teil erhebliche Risse auf und mussten saniert werden. Dies geschah zum einen durch Verpressungen von der Unterseite her, während in schwereren Fällen mit einem Aufbeton von der Oberseite her die ursprüngliche Tragfähigkeit wieder hergestellt werden musste. Lediglich beim Gewölbe über dem Keller des Hauses Schöndorfer Platz 2 musste die infolge von früheren Umbauten in den Gewölbescheitel(!) eingeleitete Last durch eine darüber liegende Stahlkonstruktion in die tragenden Wände abgeführt werden.
Bei der anderen Hälfte der Räume bilden Holzbalkendecken in zwei verschiedenen Konstruktionsarten die tragende Struktur der Geschoßdecken: Zum einen ist dies die typische Salzburger Einschubdecke, die etwa seit der Renaissance anzutreffen ist und meistens ursprünglich unterseitig sichtbar war, zum anderen die so genannte Dipplbaum- (oder auch Mann-an-Mann-) Decke. Beide Konstruktionstypen fanden bei den Gebäuden am Schöndorfer Platz Verwendung. Oft genügte es, durch das Ersetzen der teilweise recht mächtigen Schüttungen aus Abbruchmaterial und Erde durch leichtere Materialien die Auflast soweit zu reduzieren, dass eine dauerhafte Tragfähigkeit der Balken gewährleistet werden konnte. In anderen Fällen konnte die Tragfähigkeit der Decken durch ertüchtigende Maßnahmen wie Aufschrauben von Stahlprofilen, Entlastung der vermorschten Balkenköpfe oder Einziehen von zusätzlichen Holzbalken in die Zwischenräume der Ein-

schubdecken gesichert werden. In wenigen Fällen mussten einzelne Decken, die extrem geschädigt waren – beispielsweise durch den bereits erwähnten Hausschwamm – durch neue Holzbalkendecken ersetzt werden.
In zwei Fällen haben die historischen Decken durch einen darüber eingebrachten Stahlrost lediglich nur noch ihr Eigengewicht zu tragen: Zum einen ist dies die Decke über dem polychromen Stuckraum im Haus 10 – hier war der Stuck mit seiner aufwändigen Restaurierung bauhistorisch zu wertvoll, um auch nur einen einzigen Haarriss zu riskieren –, zum anderen die Decke unter dem Veranstaltungssaal im Haus 3. Hier gab es bereits seit der Eröffnung im frühen 20. Jahrhundert statische Probleme. Zeitzeugen berichten heute noch von im Haus vorhandenen Stützen, die bei großen Veranstaltungen bis in den Keller aufgestellt worden sind, um das Gewicht der Teilnehmer abzutragen.
Die Stiegenhäuser und damit auch die Stiegenläufe bestehen in den meisten Fällen aus Gewölbekonstruktionen und konnten daher beibehalten werden. Lediglich die Holzstiegenläufe in den oberen Geschoßen mussten aus statischen Gründen und aus Gründen des Brandschutzes durch neue Stahlbetonkonstruktionen ersetzt werden. Hier zeigte sich später auch, dass die im Jahre 1912 neuartigen Stahlbetondecken infolge von Ausführungsmängeln während der Bauzeit so stark geschädigt waren, dass sie ausgetauscht werden mussten – übrigens eines der wenigen Beispiele eines notwendigen vollständigen Ersatzes eines historischen Bauteils.
Ein Großteil der Dachstühle, insbesondere die bauhistorisch bedeutenden Konstruktionen aus dem 17. Jahrhundert, wurden erhalten. Hier konnten statische Unzulänglichkeiten durch die „Konterlattung" des aus bauphysikalischen Gründen notwendigen wärmegedämmten Aufbaus mit 20 cm Höhe und einzelne Verstärkungsmaßnahmen kompensiert werden. Lediglich die Traufpfetten der Grabendachkonstruktionen waren durch jahrzehntelange Undichtigkeiten oft so stark geschädigt, dass sie durch neue ersetzt werden mussten. Die beiden Dachstühle in den Häusern 3 und 5 wurden vom Restaurator abgebürstet, mit Thunöl behandelt und sind in dem sich daraus ergebenden Erscheinungsbild nun Teil des Gestaltungskonzeptes. Sämtliche Holzbauteile und deren Schäden wurden nach eingehenden Untersuchungen und anhand des Sanierungskonzeptes in farbig hinterlegten Sparren- bzw. Balkenplänen erfasst, die als Basis für die Gespräche mit dem Bundesdenkmalamt dienten. Anhand dieser Pläne konnten auch Art und Umfang der Leistungen in den Ausschreibungen genau beschrieben werden. Sie waren damit also auch ein wichtiger Beitrag zur Kostensicherheit.
Der Verzicht auf einen großflächigen Ersatz der historischen Decken durch solche aus Stahlbeton, wie er beim Bauen im historischen Bestand von mancher Seite nach wie vor proklamiert wird, erwies sich als richtig, zumal der Wechsel zu einer völlig anderen Konstruktionsweise durch die damit verbundene Änderung der gesamten Lastabtragung eines historischen Gebäudes aus statischer Sicht oft nicht kalkulierbare (im wahrsten Sinne des Wortes!) Risken birgt.
Viele der historischen Innenwände bestehen aus Blockbohlenwänden, d. h. aufrechtstehende Bohlen wurden mit einem Putzträger wie Strohmatten versehen und beidseitig verputzt. Größ-

5a) Haus Schöndorfer Platz 11
Fassadendetail, Vorzustand
Foto Martin Weber (Architekten Scheicher)
5b) Haus Schöndorfer Platz 11
Fassadendetail, nach Sanierung
Foto Stefan Zenzmaier

tenteils konnten diese Wände erhalten werden, indem sie beidseitig mit einer Vorsatzschale aus Gipskarton versehen wurden, um den Schallschutz zu verbessern.

Wandoberflächen
Sämtliche Wandoberflächen wurden mit Kalkputzen neu verputzt bzw. lediglich ausgebessert, wo der Untergrund noch eine ausreichende Stabilität aufwies und aus denkmalpflegerischen Gründen die vorhandenen Putzschichten zu erhalten waren.
Ein großer Vorteil gegenüber moderneren Putzsystemen wie Kalkzementputz oder Zementputz besteht in der ungleich höheren Wasserdampf-Diffusionsfähigkeit dieses traditionellen Systems, wodurch die im historischen Mauerwerk vorhandene Feuchtigkeit auch nach dem Verputzen noch gut austrocknen kann, ohne zu den bekannten Problemen bei zu dichten Putzoberflächen zu führen.
In den Sockelbereichen kamen aufgrund der höheren Unempfindlichkeit gegenüber Feuchtigkeit Putze mit nicht hydraulischen Kalken als Bindemittel zur Ausführung. Systemkonform wurden alle Putzoberflächen mit Kalkfarben gestrichen.
In den Kellern sollte das vorhandene Sichtmauerwerk aus Bruchstein zunächst mit Kalk geschlämmt werden, um die doch recht heterogenen Oberflächenstrukturen optisch zusammenzuziehen. Allerdings zeigten Vorversuche im Vorfeld der eigentlichen Baumaßnahme, dass diese Vorgangsweise auf Dauer nicht das gewünschte Ergebnis sicherstellen konnte. So wurden die Oberflächen in diesen kritischen Bereichen lediglich sandgestrahlt und die Fugen, wo erforderlich, ausgebessert. Die so erzielten Oberflächen treten in einen reizvollen Dialog mit den verputzten Oberflächen der neu aufgemauerten Wände.

Fußbodenbeläge
Aus Respekt vor dem historischen Bestand kamen als adäquate Lösung nur ortsübliche Materialien in Frage, wie sie auch im Bestand vorhanden waren: Natursteinbeläge aus dem ortsüblichen Adneter Marmor bzw. aus Untersberger Marmor in den Kellern und Lärchenholzdielen in den einzelnen Zimmern. Dabei konnten die bereits vorhandenen Beläge vielfach weiterverwendet werden. So wurden beispielsweise der Marmorboden im Eingangsbereich des Hauses 3 und viele der vorhandenen Treppenstufen an Ort und Stelle ausgebessert, und ein Großteil der vorhandenen historischen Dielenböden konnte im Zuge der Deckensanierungen ausgebaut, überarbeitet und wiederverlegt werden. Notwendige neue Bodenbeläge wurden in ähnlicher Weise ausgeführt, allerdings verdeutlichen die Details bewusst deren jüngere Provenienz. Eine Ausnahme hiervon bilden die Böden in den Badezimmern, den Abstellkammern und in einzelnen untergeordneten Fluren: Hier kam, um das Budget nicht überzustrapazieren, modernes Feinsteinzeug zur Anwendung.

Dachmaterialien
Auch bei den Bedachungen kamen die traditionellen Materialien zur Anwendung: Kupferbzw. verzinktes Stahlblech, das anschließend in verschiedenen Farbnuancen gestrichen wurde. Wichtig bei der Gestaltung der fünf Fassaden war es, die Individualität jeden Hauses durch

6

7

eigenes Material bzw. eigene Farbe herauszuarbeiten. Trotz der Zusammenfassung zu einem großen Kolpinghaus sollten die Einzelgebäude – analog zu den Fassaden – klar erkennbar bleiben, ein Gestaltungsprinzip, das sich in der Farbwahl der Innentüren und Fenster und selbstverständlich auch im Orientierungssystem wieder findet.

Technischer Ausbau
Im Zuge der technischen Entwicklung und bedingt durch eine damit verbundene fortschreitende Erhöhung des Lebensstandards steigt auch der Platzbedarf für technische Installationen ständig. Gleichzeitig galt es, die notwendigen Eingriffe in die historische Bausubstanz so gering wie möglich zu halten. Bei der Planung des technischen Ausbaus war daher die jeweilige Situation besonders zu berücksichtigen und besonderes Fingerspitzengefühl gefragt. So wurden Installationsschächte, so weit es ging, vor die Wände gestellt, die Installationen in den Badezimmern in Vorwandkonstruktionen untergebracht und Verteilerkästen so weit wie möglich in bereits vorhandenen Wandnischen eingebaut. Auch mancher der historischen und nicht mehr benötigten Kamine dient nun der vertikalen Verteilung der Installationen, horizontale Trassen konnten in Gewölbezwickeln untergebracht werden. Eine Besonderheit stellt der durchgehende archäologische Schnitt im Erdgeschoß der Häuser 1 bis 5 dar: Zunächst angelegt, um historische Erkenntnisse und Rückschlüsse zu ermöglichen, hat er nun als zentraler Hauptverteiler eine neue, aber immer mitgeplante Bestimmung erhalten – ein Beispiel, wie durch partnerschaftliche Zusammenarbeit ein für verschiedene Seiten fruchtbares Ergebnis erzielt werden kann. Wichtig in diesem Zusammenhang ist auch die frühzeitige Koordination der beiden Gewerke Elektroarbeiten und Sanitärinstallationen: Durch gemeinsame Durchbrüche und Trassenführungen in Bereichen, die vorher ohnehin restauratorisch abgeklärt waren, ließen sich der Aufwand und damit der Verlust an historischer Substanz auf ein notwendiges Minimum reduzieren.

Restaurierungen
Der bauhistorischen Bedeutung des Bauvorhabens entsprechend wurden die insgesamt 18 noch vorhandenen historischen Stuckdecken und Teile der Stuckverzierung der Fassaden (besonders die Fensterfassungen der Rokoko-Fassade des Hauses Schöndorfer Platz 3) restauriert. Einen Höhepunkt stellt hier sicherlich die polychrome Stuckdecke im Haus 10 dar. Auch viele der vorhandenen Natursteinoberflächen wurden gereinigt und in Stand gesetzt. Die restaurierten Wand- und Deckenoberflächen verschaffen nun – gemeinsam mit anderen Ausstattungsdetails – einen anfangs nur zu ahnenden historischen Raumeindruck. Dies gilt insbesondere für die restaurierten Räume im Haus 5 (hier war unter einer Raufasertapete fast die gesamte barocke Ausstattung noch vorhanden), den Veranstaltungssaal (die erhaltenen historischen Bauteile geben einen Einblick in die Zeit des Einbaus im Jahre 1912) und natürlich für den polychromen Stuckraum im Haus 10. Da diese Arbeiten viel Erfahrung, großes Feingefühl und vor allem einen hohen Zeitaufwand erfordern (Hauptwerkzeug beim Freilegen einer zigfach übermalten Stuckdecke war ein Skalpell!),

6) Stiegenhaus im Haus
Schöndorfer Platz 10
Foto St. Zenzmaier
7) Stiegenhaus im Haus
Schöndorfer Platz 2
Foto St. Zenzmaier
8) Stiegenhaus im Haus
Schöndorfer Platz 3
Foto St. Zenzmaier

können sie vielfach nur von speziell ausgebildeten Restauratoren ausgeführt werden. Dies ist selbstverständlich nur möglich, wenn diese Maßnahmen – wie in unserem Fall – großzügigst vom Bundesdenkmalamt unterstützt werden.

Fenster, Türen und Innengeländer
Wo immer es möglich war, wurden bedeutende historische Fenster und Innentüren erhalten und restauriert, in einigen Fällen konnte der Bestand auch vom Tischler lediglich repariert werden. Die übrigen Fenster wurden als Kastenfenster nach historischem Vorbild erneuert; bei den Fenstern im neuen Küchenanbau und bei extrem kleinen Fenstern kamen Isolierglasfenster mit gegenüber herkömmlichen Ausführungen wesentlich reduzierten Profilierungen zum Einsatz. Da bei vielen der historischen Kastenfenster lediglich das Innenfenster erhalten werden konnte, während das ursprüngliche Außenfenster aufgrund der Regenbeanspruchung schon vorher ausgetauscht worden war, war in diesen sensiblen Bereichen eine enge Zusammenarbeit zwischen Fensterbauer und Restaurator gefragt. Oft konnten historische Innentüren aus Gründen des Brandschutzes nicht erhalten werden und mussten durch neue Türen ersetzt werden. Allerdings galt dann bei der Gestaltung unser besonderes Augenmerk der Proportionierung des neuen Bauteils: Die vorhandenen Kassettierungen des Bestandes finden sich nun in den stark vereinfachten Schattennuten der neuen Türen wieder. Dabei wurde eine für das jeweilige Haus typische Proportionierung auf die neuen Türblätter übertragen. So ist einerseits der „Geist" des Bestandes noch vorhanden, andererseits präsentiert sich das Neue durch die vereinfachte Gestaltung bewusst als Teil einer neuen Zeitebene. Die meisten der historischen Haustüren konnten erhalten werden. Wo dies nicht möglich war, wurden diese durch angemessene gestaltete neue Türelemente mit Oberflächen aus geöltem Lärchenholz ersetzt. Im Haus 3 konnten auch einige der historischen Innengeländer wieder verwendet werden. Diese werden durch neue, sachlich gestaltete Geländer ergänzt, die sich auch in den übrigen Häusern und abgewandelt im Außenbereich wieder finden. So kann sich durch die bewusste Begegnung von Alt und Neu ein reizvoller Gegensatz entwickeln.

Dachausbauten und Aufstockungen
Um eine möglichst hohe Wirtschaftlichkeit des Gesamtprojektes sicherzustellen, war es nötig, auch die Dachräume soweit wie möglich in die Nutzung mit einzubeziehen bzw. zu optimieren. So konnten Teile des Dachgeschoßes im Haus Schöndorfer Platz 3 ausgebaut werden; sie präsentieren nun, wie schon oben erwähnt, den noch vorhandenen und restaurierten historischen Dachstuhl. Im Haus 5 konnte durch eine geringfügige Anhebung des Dachstuhls einerseits die Nutzung des Dachgeschoßes ermöglicht und gleichzeitig der historische Bestand erhalten werden. Der vorhandene Dachstuhl des Hauses 4 war aufgrund seines geringeren Alters nur von untergeordneter bauhistorischer Bedeutung und wurde durch eine unprätentiöse Aufstockung ersetzt, die durch die erzielten Nutzflächengewinne ganz wesentlich zur Wirtschaftlichkeit des Projekts beiträgt.

9) Schöndorfer Platz 3, Kleiner Saal, 1. OG
während der Freilegung
Foto Martin Weber (Architekten Scheicher)
10) Schöndorfer Platz 3, Kleiner Saal, 1. OG
nach Sanierung
Foto Stefan Zenzmaier

Koordinierung

Durch die Besonderheit des Projektes war es erforderlich, neben den üblichen Polier- und Detailplänen auch eine Vielzahl anderer Planunterlagen anzufertigen und den anderen Beteiligten zur Verfügung zu stellen.
Speziell aufbereitete Sparren- und Balkenlagenpläne ermöglichten eine Analyse der jeweiligen historischen und statischen Situation und bildeten die Grundlage einer fruchtbaren Kommunikation der Beteiligten. Farblich differenzierte Fassadenübersichten und Türen- und Fensterpläne machten deutlich, in welchen Fachbereich das jeweilige Bauteil fiel. Hier galt es zu restaurierende Bauteile von ganz „normalen" zu unterscheiden und deutlich zu machen, wo Hand in Hand zusammengearbeitet werden musste. Farbig angelegte Bodenbelagspläne weisen die einzelnen Räume den verschiedenen Gewerken zu, nahezu jede Tür und beinahe jedes Fenster waren individuell zu erfassen und mit all ihren Besonderheiten darzustellen.
Kein Raum gleicht dem anderen, da die jeweilige entwurfliche Lösung immer das Ergebnis einer Auseinandersetzung mit einer vorgefundenen individuellen Situation ist.
Wie erwähnt, gibt es bei diesem Bauvorhaben kaum eine Situation, die exakt der anderen gleicht. Allzu gleichmacherische Lösungen hätten zu einem unnötigen Verlust an historischer Bausubstanz, zu unangemessen hohen Baukosten und vor allem zu einem Verlust an Charme geführt.
Im Rückblick erweist sich die anfangs noch zeitweise als Hindernis empfundene Individualität der einzelnen Teile als großer Vorzug: Ständig wechseln beim Durchschreiten der Gebäude die Perspektiven, nach niedrigen und engen Durchgängen öffnet sich der Raum durch die Lichthöfe bis unter das Dach, jeder Raum hat seinen eigenen Charakter, jedes Zimmer hat seine liebenswerten Eigenheiten und unverwechselbaren Charme.
Das sind alles Qualitäten, die sich im Neubau mit seinem Hang zu repetitiven Raumbildungen und Detaillösungen nur sehr schwer erreichen lassen.

Die bautechnischen Voruntersuchungen

Martin Weber (Architekten Scheicher)

Baustatische Voruntersuchungen

Am Beginn der statischen Voruntersuchungen stand zunächst einmal ein aufmerksames Beobachten der verschiedenen Schadensbilder, die sich bereits in der vorhandenen Substanz abzeichneten. Rissbildungen, Setzungen und auffällig große Durchbiegungen von Holzbauteilen erlaubten bei den verschiedenen Begehungen erste Analysen der statischen Problemstellungen, die im Zuge der Baumaßnahme gelöst werden mussten. Durch Abgleich mit den zwischenzeitlich von bauhistorischer Seite erarbeiteten Unterlagen in Form der Raumbücher und vor allem der Bauphasenpläne war es möglich, auch erste Rückschlüsse auf in der Entstehungsgeschichte der Bauwerke begründete Schadensursachen zu ziehen. Die durch die verschiedenen Bauphasen in der Vergangenheit entstandenen Bauwerksfugen und die später vorgenommenen Aufstockungen auf statisch unzureichenden Untergeschoßen zeichneten sich teilweise recht deutlich ab. Dies galt ganz besonders für die beiden Häuser 10 und 11 an der Nordseite des Platzes, bei denen in den historischen Unterlagen schon sehr früh immer wieder von statischen Problemen berichtet wird. Alle in dieser ersten Phase gemachten Beobachtungen wurden als Vorbereitung der konkreten Planungen fotografisch dokumentiert und entsprechend kartiert. Darüber hinaus wurde von Hermann Fuchsberger im Zuge der dendrochronologischen Untersuchungen auch eine Schadenskartierung der Schäden an den Dachstühlen erstellt.

Um darüber hinaus vertiefte Erkenntnisse über die statische Struktur und die notwendigen Ertüchtigungsmaßnahmen der bislang noch nicht einsehbaren Bauteile zu gewinnen, war es nötig, als Vorbereitung der eigentlichen Sanierungsplanung insgesamt 250 Befundöffnungen von ca. 1 m² Größe anzulegen, die dann von uns vermessen, dargestellt und in dem denkmalpflegerisch von Herrn Fuchsberger erarbeiteten und für das ganze Projekt verbindlichen Dokumentationsschema dargelegt wurden. Die Lage der einzelnen Öffnungen wurde bewusst so gewählt, dass einerseits vermutete Schäden an der vorhandenen Konstruktion – beispielsweise durch undichte Sanitärinstallationen – und andererseits die Lage der notwendigen vertikalen Installationsführungen genauer untersucht werden konnten. Ein besonderes Augenmerk galt den Auflagern der Holzbalkendecken in den Außenwänden, da hier erfahrungsgemäß am ehesten mit Schäden an den Balkenköpfen zu rechnen ist.

Darauf aufbauend wurden in der eigentlichen Planungsphase gemeinsam mit dem Statikbüro und den anderen Beteiligten situationsbezogene Sanierungskonzepte entwickelt, die dann die Grundlage für die Ausschreibung der einzelnen notwendigen Maßnahmen bildeten. Ähnlich wie bei den anderen bauvorbereitenden Analysen ist es nur so möglich, angemessene Lösungen zu entwickeln und eine frühzeitige Kostensicherheit zu erzielen. Darüber hinaus konnte durch die zusätzlichen Befundöffnungen auch manche für die Bauhistoriker wertvolle Erkenntnis gewonnen werden. Anfangs geäußerte Annahmen wurden entweder bestätigt oder durch neue Erkenntnisse – beispielsweise die Freilegung eines historischen Stiegenwechsels – abgelöst. Die folgenden Abbildungen zeigen exemplarisch die Dokumentation der vorhandenen Holzbalkendecke unter dem Veranstaltungssaal des Hauses 3 und die darauf aufbauende Sanierungsplanung. Durch Einbau eines Stahlträgerrostes, der in Zukunft das Gewicht der Veranstaltungsbesucher tragen wird, war es uns möglich, einerseits die statisch erforderliche Tragfähigkeit herzustellen und andererseits die früher sichtbare Decke aus der Renaissance, die dann im Barock unterseitig mit einer Stuckdecke verkleidet wurde, zu erhalten. (Abb. S.175)

Die bautechnischen Voruntersuchungen

Im Bereich der Altbausanierung kommt der vorausgehenden Bauwerksanalyse aus der Sicht der einzelnen Beteiligten besondere Bedeutung zu. Um notwendige Maßnahmen gezielt planen zu können, gilt es, sich zunächst ein möglichst genaues Bild des Vorhandenen zu verschaffen. So gelingt es beispielsweise, vorhandene Durchbrüche und Deckenaussparungen für Installationen wieder zu verwenden und kostenintensive neue Maßnahmen zu vermeiden.
Daher wurde am Beginn der Planung jeder der Beteiligten aufgefordert, die aus seiner Sicht vorhandenen Besonderheiten zu erfassen. Die Ergebnisse dieser ersten Bauwerksbegehungen wurden dann zusammengetragen, um daraus gemeinsam erste Rückschlüsse, die Notwendigkeit von zusätzlichen vertiefenden Untersuchungen und das erforderliche Hinzuziehen von weiteren Fachleuten festzulegen.
Im Einzelnen lagen die Schwerpunkte der weiteren Voruntersuchungen – neben den statischen – in folgenden Bereichen, die hier kurz umrissen werden sollen.

Schallschutz
Um die Nachbarschaft der beiden Häuser 10 und 11 vor unnötig hoher Lärmbelastung zu schützen, war es notwendig, hier im Vorfeld Schallmessungen durchzuführen, um die Maßnahmen zielgerichtet planen zu können.
Neben den Erfahrungen des Bauphysikbüros Rothbacher trugen genau diese Messungen erheblich dazu bei, die daraus gewonnenen Erkenntnisse auch auf die übrigen Häuser übertragen zu können und den Schallschutz insgesamt so weit wie möglich zu verbessern.

Feuchte und Salzbelastung
Wie bei fast allen historischen Gebäuden bildet die Belastung der Bausubstanz durch Feuchtigkeit ein besonderes Problemfeld. In Hallein kommt dazu noch die Belastung mit Salzen, die durch die historische Salzproduktion über Jahrhunderte verursacht wurde.
Im Vorfeld sind von Herrn Kirchmaier die vorhandenen Belastungen der Gebäude durch aufsteigende Feuchtigkeit und Salze untersucht worden, um anschließend entsprechende Maßnahmen zielgerichtet einsetzen zu können. Da diese Arbeiten, wie Putz- beziehungsweise Zellstoffkompressen oder Abdichtung gegen aufsteigende Feuchtigkeit, bei Altbauten kostenintensiv sein können, halfen diese Untersuchungen festzulegen, wo der finanzielle Aufwand überhaupt durch den erzielbaren Erfolg gerechtfertigt werden könnte.

Schwammbefall
Besonderes Augenmerk verlangte der Befall mit dem Echten Hausschwamm (Serpula lacrymans). An zwei Dachstühlen trat dieser

infolge der jahrelangen Durchfeuchtung durch defekte Dacheinläufe auf.

Im Vorfeld wurden daher sämtliche Verdachtsstellen von Herrn Kirchmaier gutachterlich untersucht, um Art und Umfang des Befalls eindeutig bestimmen und entsprechende Sanierungskonzepte erarbeiten zu können.

Nach der erfolgten Sanierung wurde ein Abschlussgutachten erstellt, um den Erfolg der Maßnahmen zweifelsfrei nachzuweisen.

Putzuntersuchungen des Restaurators
Im Zuge der bauhistorischen Untersuchungen an den Wandflächen im Innen- und im Außenbereich wurde von der Firma Enzinger die Zusammensetzung und Tragfähigkeit des Altputzes untersucht und dokumentiert.

Hieraus entwickelten sich unterschiedliche, den jeweiligen Befundlagen angepasste Sanierungskonzepte, die in die Leistungsbeschreibungen Eingang fanden und schließlich im Zuge der eigentlichen Baumaßnahme umgesetzt wurden.

Putzuntersuchungen der Baufirma
Als Grundlage für die Sanierung beziehungsweise den notwendigen Austausch der Altputze im Innenbereich wurde von der Baufirma im Zuge der Baumaßnahme jede Wand- und Deckenfläche untersucht. Anhand der Untersuchungsergebnisse wurden angemessene Sanierungsvorschläge erarbeitet und diese als Grundlage für die Abstimmung mit dem Bundesdenkmalamt – Landeskonservatorat für Salzburg auch planlich dargestellt.

1) Raumbuchseite zum Tragwerk für Schöndorfer Platz 3, Decke unter dem Saal im 2. Obergeschoß
Architekten Scheicher

Hallein, Schöndorferplatz 3

Datum: 02.06.2005/a
Bearbeiter: W.M.

Aufmaß Architekt

Raum Best.: **C.2.21.**
Foto: as050523_035
Befund **C.2.21.B1**
Blatt 01

Raum C.2.21.
Balkenlage
M 1:100

Architekten **Scheicher**

188 Planung und Ausführung

		Hallein, Schöndorferplatz 3
Datum: 02.06.2005/a Bearbeiter: W.M.	**Aufmaß Architekt**	Raum Best.: **C.2.21.** Foto: as050523_035 Befund **C.2.21.B1** Blatt 02

Befundstelle C.2.21.B1

Detail M 1:20

Parkettboden Fischgrat 2,5cm
Bohlen 15-26 / 4cm
Polsterhölzer 20-26 / 4,5cm
Schüttung 15,5-24cm
Einschübe 24-30 / 3cm
Träme ca.24-35 / ca.17,5-20,5
unten geschweift;
früher sichtbar;
teilweise höher
Schalung ca.3cm
Putz auf Spalierlattung ca.3cn

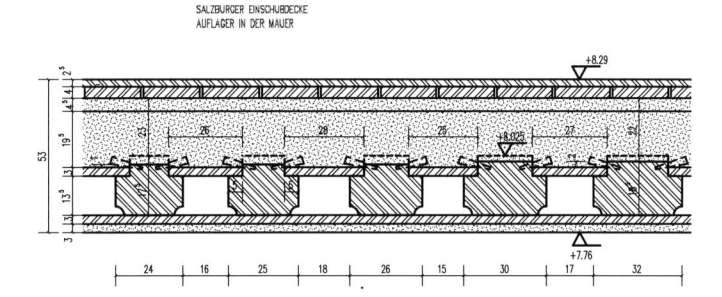

Architekten **Scheicher**

1) Erdgeschoß der Häuser
Schöndorfer Platz 1–5

1. Eingang, Rezeption
2. Altdeutsches Stüberl
3. Restaurant
4. Speisesaal
5. Stüberl
6. Ausgabe
7. Küche
8. Büro
9. Galerie

Die Ausführung

David Huber, Martin Weber (Architekten Scheicher)

Ausschreibung und Vergabe

Auch an die Ausschreibung eines so komplexen Bauvorhabens wie desjenigen am Schöndorfer Platz werden bei der Ausschreibung der erforderlichen Leistungen besondere Anforderungen gestellt. Ähnlich wie bei den vorhergehenden Polier- und Detailplanungen gilt es, die zu erbringenden Arbeiten so genau wie möglich und vor allem auch vollständig zu erfassen und zu beschreiben.

Nur so ist es den anbietenden Firmen möglich, ein zuverlässiges und bis zum Abschluss des Bauvorhabens auch einzuhaltendes Angebot zu erstellen. Alle Arbeiten, die sich durch den Bestand ergeben, müssen möglichst vollständig im Vorhinein erfasst, gemeinsam mit den anderen Fachplanern abgeklärt und beschrieben werden, um mögliche Grauzonen und damit unnötige Kostensteigerungen zu vermeiden. Stärker als bei Neubauten ist auch hier eine klare Kommunikation zwischen den Beteiligten nötig, um Missverständnissen vorzubeugen. Trotz der eingehenden Voruntersuchungen und der darauf aufbauenden sorgfältigen Vorbereitung des Bauvorhabens kann nicht alles bis ins Letzte vorhergesehen werden – nicht zuletzt, weil das für Voruntersuchungen zur Verfügung stehende Budget in einem angemessenen Verhältnis zum Nutzen stehen sollte. Daher sollten die Reserven in Form von Regieleistungen nicht zu knapp bemessen sein. Im Gegensatz zum Neubau sind beim Bauen im Bestand Unwägbarkeiten nie zur Gänze auszuschließen. Sie können aber auf ein Minimum reduziert werden, Spielräume müssen daher mit einkalkuliert werden. Da das Bauen im Bestand allen Beteiligten ein Höchstmaß an Kreativität und Selbstverantwortung abverlangt, sind auch alternative Ausführungsvorschläge von beteiligten Firmen sorgfältig zu prüfen. Da diese oft auf ganz persönlichen Erfahrungen und Möglichkeiten beruhen, war es in vielen Fällen möglich, ohne Einbußen im Erscheinungsbild oder in der Qualität zu neuen Sichtweisen und preis-werteren Lösungen zu gelangen. Naturgemäß erfordert die Mengenermittlung für die einzelnen Positionen einen erhöhten Zeitaufwand, da ja, wie gesagt, kaum eine Situation der anderen gleicht. Gleichzeitig sollten aber auch ähnlich gelagerte Situationen vernünftig zusammengefasst werden, um die Arbeiten nicht komplizierter erscheinen zu lassen als sie es wirklich sind.

So hat es sich bewährt, beispielsweise die großen Durchbrüche und Abfangungen in den Kellern als jeweils eigene Position mit einer sehr detaillierten Beschreibung der einzelnen erforderlichen Arbeitsschritte zusammenzufassen.

Grundlage einer qualifizierten Ausschreibung ist vor allem jedoch eine umfassende Kenntnis des Altbestandes und eine darauf aufbauende Planung, die auch die Wünsche und Auflagen der beteiligten Behörden möglichst frühzeitig mit einbezieht. Nur so lassen sich die dem Bauen im Bestand, und dabei besonders im denkmalgeschützten Bereich, oft nachgesagten „Überraschungen" und damit verbundenen Kostensteigerungen vermeiden. Nur so ist es möglich, einen gerechten und rechtlich fundierten Interessensausgleich zu erzielen. Einen Interessensausgleich zwischen den Unternehmern einerseits, die sich ein möglichst vollständiges Bild der Arbeiten vor Angebotsabgabe

2) Keller im Haus Schöndorfer Platz 11
Foto Stefan Zenzmaier

machen müssen, und der Bauherrschaft andererseits, für die Kostensicherheit selbstverständlich oberste Priorität besitzt.
Beim Projekt Schöndorfer Platz ist es den Architekten letztendlich gelungen, ein für alle Beteiligten zufriedenstellendes Endergebnis zu erzielen und durch gemeinsame Anstrengung und große Flexibilität auch der anderen Beteiligten die anfangs veranschlagten Kosten einzuhalten.

Handwerker und Firmen

Beim Umgang mit historischer Bausubstanz sind auf Seiten der ausführenden Handwerker hohe Flexibilität und vor allem auch sicheres Wissen um traditionelle Materialien und Handwerkstechniken gefragt.
Nicht immer war es für die Firmen leicht, im eigenen Unternehmen einen Mitarbeiter zu finden, der sich noch auf die Ausführung von Kalkputzen versteht, nicht jedem Zimmerer sind die traditionellen Holzverbindungen bekannt, den Kräfteverlauf in einem Gewölbe hat nicht jeder, der Stemmarbeiten durchführen möchte, im Gefühl, und traditionelle Anstriche mit Kalkfarben sind fast durchgängig längst von modernen, hoch deckenden und sicher zu verarbeitenden Systemlösungen verdrängt worden. Im Zuge des technischen Fortschritts sind inzwischen andere Maßnahmen gang und gäbe – die im Neubau sicherlich ihre Berechtigung haben, im Umgang mit historischer Substanz jedoch fehl am Platze sind, da sie auch aus technischer Sicht zu Problemen führen können.
Auch zwingt der stärker werdende Preisdruck immer mehr Firmen dazu, einen Teil der Arbeiten von angelernten Mitarbeitern oder Subunternehmern ausführen zu lassen. Eine Situation, die zu einer Personalstruktur führt, die sich vom Bild eines traditionellen, ortsverbundenen Handwerksbetriebs immer weiter entfernt.
Für die Bewältigung von besonderen Aufgaben bei der Sanierung historischer Bauten kommt es oft sehr stark auf die ganz persönliche Erfahrung und Einfühlungsvermögen des einzelnen Ausführenden an. Die Grenzen zwischen Arbeiten, die noch von einem „normalen" Handwerker ausgeführt werden können und denen, für die ein spezialisierter Restaurator nötig ist, sind fließend. So gab es einerseits Arbeiten, die von einem „normalen" Handwerksbetrieb so sensibel und gekonnt ausgeführt wurden, dass sie beinahe restauratorische Qualitäten erreichten. Andere Arbeiten, die zunächst bei den Regelgewerken ausgeschrieben worden waren, mussten dann jedoch vom Restaurator ausgeführt werden, da das in Vorversuchen erzielte Ergebnis trotz redlichen Bemühens nicht den hohen Erwartungen entsprach.
Von jeder einzelnen Firma mussten auch Transportprobleme bewältigt werden, wie sie auf Baustellen für Neubauten normalerweise nicht vorkommen. Durch die größtenteils bereits vorhandenen Dächer, die oft kleinen und zudem noch mit besonderer Vorsicht zu behandelnden Fensteröffnungen und die häufig sehr engen Raumsituationen im Inneren erforderte der Transport von Baumaterialien höchste Aufmerksamkeit und einen hohen Personaleinsatz: Schutt musste von Hand ausgeräumt werden, Beton konnte nur in Kübeln zum Einsatzort gebracht werden, fast jede Gipskartonplatte, jeder Balken und jedes Türblatt musste durch die oftmals engen Stiegenhäuser getragen werden. Das alles

3) WC-Anlage, Keller in Haus Schöndorfer Platz 4
Foto Stefan Zenzmaier
4) Küche im EG, Haus Schöndorfer Platz 3 (Zubau)
Foto Stefan Zenzmaier

natürlich, ohne etwas zu beschädigen oder die anderen mehr als unbedingt nötig zu behindern. Auch an die Arbeitslogistik werden durch den Altbau hohe Anforderungen gestellt. Da viele der Arbeiten vom gewohnten Standard abweichen, muss auch die Ausführung vom Handwerker zeitlich genau vorausgeplant werden. So gleicht beispielsweise kaum eine Tür der anderen; daher können Bauteile kaum vorproduziert werden. Der ausführende Tischler kann erst Maß nehmen, wenn die Vorarbeiten weit genug vorangeschritten sind, und muss diesen Moment auch genau einhalten, um seinerseits zeitlich nicht in Verzug zu geraten. Bei einem naturgemäß eng gesteckten Terminplan fällt dies nicht immer leicht.
Nach mancher anfänglichen Überraschung und mancher Scheu vor dem Ungewohnten hat sich jedoch letztendlich jeder der Beteiligten bemüht, sich in die Besonderheiten des Bauvorhabens hineinzudenken und die für ihn neuen Aufgaben zu lösen.
So hat jede der beteiligten Firmen dazu beigetragen, dieses Projekt zu einem erfolgreichen Abschluss zu bringen.

Die Bauleitung

Stärker als der konventionelle Neubau fordert der Altbau von allen Beteiligten besonderes Einfühlungsvermögen in die Besonderheiten eines historisch wertvollen Gebäudes, Improvisationstalent und Kooperationsbereitschaft – also Eigenschaften, die zunächst nicht jeder mitbringt. So hatten einige der Beteiligten anfangs kaum Erfahrung im Umgang mit einem historischen und zudem noch denkmalgeschützten Gebäude:
Manch einer geht davon aus, Bautechniken, die er aus dem Neubau mitbringt, direkt auf den Altbau übertragen zu können, mancher unterschätzt den Aufwand, der durch die Individualität der einzelnen Bauteile entsteht, und einem anderen fehlt jedes Verständnis dafür, warum gerade auf dieser Baustelle gewissen Dingen so viel Aufmerksamkeit geschenkt wird. Der anfängliche Kampf gegen rosafarbene Spraymarkierungen beispielsweise wird erst dann verständlich, wenn man weiß, dass sich diese später so gut wie gar nicht mit einem Kalkanstrich überdecken lassen.
Aufgabe der Bauleitung ist es, all diese individuellen und manchmal widerstrebenden Kräfte zu bündeln und zur Erreichung des gemeinsamen Ziels zusammenzuführen. Gemeinsames Ziel heißt hier, dieses komplexe Bauvorhaben innerhalb des vorgegebenen Zeitrahmens an den Bauherrn bzw. Nutzer zu übergeben und dabei selbstverständlich das zuvor festgelegte und zugesagte Kostenbudget einzuhalten.
Dabei ist man, ähnlich wie schon in der Planungsphase, zwingend auf die Kooperation der anderen Fachbauleitungen angewiesen. Der Begriff „Fachbauleitung" bedeutet in diesem Fall neben den sonst üblichen Bauleitungen für die Gewerke Heizung, Lüftung, Sanitär- und Elektroarbeiten auch die eigene fachbezogene Bauleitung für die restauratorischen Gewerke Stein-, Holz- und vor allem Stuckarbeiten. Hier war es durch die Sensibilität der Arbeiten notwendig, alle anderen Gewerke so zu koordinieren, dass die Restauratoren ungestört ihre Arbeiten ausführen konnten, die z. B. im Fall des polychromen Stuckraums insgesamt drei Monate in Anspruch nahmen.

Die Ausführung

5) Dachgeschoß Haus Schöndorfer Platz 3
Foto Stefan Zenzmaier
6) Lampe, Entwurf Architekten Scheicher
Foto Stefan Zenzmaier

5   6

Insgesamt kommt der Koordination mit anderen Fachplanern bzw. den einzelnen Firmen eine wesentlich höhere Bedeutung zu, als dies bei Neubauten im Allgemeinen üblich ist. Alles ist wesentlich beengter, die Abhängigkeiten sind höher, und schnell entstehen Behinderungen, auf die mancher gern verweist, wenn er mit seiner Arbeit dem Zeitplan hinterherhinkt. Die nicht immer normkonformen Situationen in einem mittelalterlichen Gebäude tun ihr Übriges. Hauptaugenmerk musste daher vielfach darauf gelegt werden, den gesamten Baufortschritt voranzubringen und sich nicht in vergleichsweise Nebensächliches zu verzetteln. Dieses konnte im Nachhinein immer noch repariert oder ergänzt werden.

Die Sanierung dieses denkmalgeschützten historischen Gebäudeensembles unterlag aufgrund der gebotenen Wirtschaftlichkeit im Grunde denselben marktwirtschaftlichen Regeln wie andere Bauvorhaben auch. Daher war es sicher nicht in jedem Fall möglich, den jeweils optimalen Spezialisten mit der Durchführung der Arbeiten zu betrauen. Dies hätte, trotz der großzügigen Förderungen, letztendlich in einem nicht mehr realistischen Zimmerpreis seinen Niederschlag gefunden.

Trotzdem zeigt das Endergebnis, dass es möglich ist, gemeinsam Beispielhaftes zu Wege zu bringen. So konnten die Häuser am Schöndorfer Platz zeitgerecht und im Rahmen der prognostizierten Kosten an die Bauherrschaft übergeben werden.

Rückfassade von Haus Schöndorfer Platz 1
Blick zwischen den Schwibbögen auf die
Franz-Ferchl-Straße
Foto Stefan Zenzmaier

Resümee und Ausblick der Planer

Hans W. Scheicher, Georg Scheicher, David Huber, Martin Weber (Architekten Scheicher)

Nach der Fertigstellung des Projekts freuen wir uns, die Gebäude den neuen Nutzern übergeben zu können und einen Beitrag zur Revitalisierung des Schöndorfer Platzes geleistet zu haben.
Die lange Beschäftigung mit diesem historischen Gebäudeensemble bedeutete für alle Beteiligten auch einen stetigen Lernprozess. Oft mussten bereits formulierte Lösungen wieder überdacht werden, da durch ein tieferes Eindringen in die Materie immer wieder neue Aspekte zutage traten, die nach neuen Ansätzen verlangten. Trotzdem konnten die meist unangenehmen „Überraschungen", von denen man sonst im Zusammenhang mit dem Umbau historischer Bausubstanz immer wieder hört, auf ein Minimum reduziert werden.
Die fundierten und gründlichen Voruntersuchungen, ein genaues Aufmaß und die damit verbundene Möglichkeit, frühzeitig aktuelle Erkenntnisse bei der Planung zu berücksichtigen, haben es uns erst ermöglicht, sachliche und fundierte Gespräche mit den Behörden zu führen und sowohl den Zeitplan als auch den frühzeitig abgesteckten Kostenrahmen einzuhalten.
Nicht zuletzt hat die Bereitschaft aller Beteiligten, sich auf neue Themen einzulassen und Problemstellungen auch von einem anderen Standpunkt her zu betrachten, zum Gelingen dieses Projektes beigetragen.
Das Planen und Bauen im historischen Bestand kann nur gelingen, wenn alle ein gemeinsames Ziel vor Augen haben, auf das jeder mit seinen spezifischen Kenntnissen und Erfahrungen hinarbeitet. Dabei verlangt die historische Bausubstanz von allen, von Bauherrn, von Behörden, von Planern und schließlich auch von den Ausführenden besondere Sensibilität.

Jedes historische Gebäude erweist sich dabei als manchmal recht eigenwilliges Individuum mit seiner Geschichte, seinen Stärken und Schwächen und seinen Besonderheiten, mit denen man im Laufe des Prozesses umzugehen lernen muss. Wir glauben, das ist uns allen gemeinsam recht gut gelungen.
Gleichzeitig hoffen wir, dass dieses Beispiel anderen Verantwortlichen und Planern Mut macht, das „Wagnis Altbau" einzugehen und damit zum Erhalt und zur Belebung unserer historischen Städte und Gebäude beizutragen.

Bibliographie

Sanierungspraxis

Arendt, Claus:
: Altbausanierung. Leitfaden zur Erhaltung und Modernisierung alter Häuser, Stuttgart 1993

Benevolo, Leonardo:
: Geschichte der Architektur des 19. und 20. Jahrhunderts. Band 1–3, München 1988

Benevolo, Leonardo:
: Die Stadt in der europäischen Geschichte, München 1993

Benevolo, Leonardo:
: Die Geschichte der Stadt, Frankfurt 1990

Böhning, Jörg:
: Altbaumodernisierung im Detail, Konstruktionsempfehlungen, Köln 2005

Bock, Hans Michael / Klement, Ernst:
: Brandschutz-Praxis für Architekten und Ingenieure, Berlin 2006

Brändle, Evemarie / Wittmann, Franz Xaver:
: Sanierung alter Häuser, München 1996

Bruschke, Andreas (Hrsg.):
: Bauaufnahme in der Denkmalpflege. MONO-DOCthema 02, Stuttgart 2005

Bundesdenkmal Wien (Hrsg.):
: Architekturoberfläche. Arbeitshefte zur Baudenkmalpflege, Wien 1997

Dettmering, Tanja / Kollmann, Helmut:
: Putze in Bausanierung und Denkmalpflege, Berlin 2001

Deutsche Burgenvereinigung e.V. (Hrsg.):
: Praxis Ratgeber zur Denkmalpflege Nr. 1. Holzfenster. Sechzehn Argumente für die erhaltende Instandsetzung, Braubach 1991

Deutsche Burgenvereinigung e.V. (Hrsg.):
: Praxis Ratgeber zur Denkmalpflege Nr. 3. Historisches Mauerwerk. Empfehlungen zur handwerklichen Sicherung, Braubach 1993

Deutsche Burgenvereinigung e.V. (Hrsg.):
: Praxis Ratgeber zur Denkmalpflege Nr. 4. Wirtschaftliches Instandsetzen von Baudenkmälern. Finanzierung und Planung, Braubach 1997

Deutsche Burgenvereinigung e.V. (Hrsg.):
: Praxis Ratgeber zur Denkmalpflege Nr. 5. Erhaltendes Instandsetzen von historischen Putzfassaden. 12 Fragen und Antworten, Braubach 1995

Deutsche Burgenvereinigung e.V. (Hrsg.):
: Praxis Ratgeber zur Denkmalpflege Nr. 6. Brandschutz in historischen Bauten, Braubach 1991

Deutsche Burgenvereinigung e.V. (Hrsg.): Praxis Ratgeber zur Denkmalpflege Nr. 7. Altbau und Wärmeschutz. 13 Fragen und Antworten, Braubach 1991

Deutsche Burgenvereinigung e.V. (Hrsg.):
: Praxis Ratgeber zur Denkmalpflege Nr. 8. Schimmelpilze. 11 Fragen und Antworten, Braubach 1991

Deutsche Burgenvereinigung e.V. (Hrsg.):
: Praxis Ratgeber zur Denkmalpflege Nr. 9. Bauphysik des historischen Fensters. Notwendige Fragen und klare Antworten, Braubach 2001

Deutsche Burgenvereinigung e.V. (Hrsg.):
: Praxis Ratgeber zur Denkmalpflege Nr. 10. Denkmalpflegerische Grundbegriffe, Braubach 2003

Eckermann, Wulf / Preißler, Hans Albert:
Haustechnik. Planung und Ausführung technischer Installationen in historischen Gebäuden, München 2000

Gerner, Manfred:
: Kalkulationshandbuch, Sanierung historischer Holzkonstruktionen, Stuttgart 2002

Gerner, Manfred / Gärtner, Dieter:
: Historische Fenster. Entwicklung, Technik, Denkmalpflege, Stuttgart 1996

Gerner, Manfred:
: Handwerkliche Holzverbindungen der Zimmerer, Stuttgart 1992

Griep, Hans Günther:
: Dachsanierung, München 2002

Gunzenhauser, Caspar:
: Baukonstruktionen in Holz, Leipzig 1911, Nachdruck 1999

Hegger, Manfred / Auch-Schwelk, Volker / Fuchs, Matthias / Rosenkranz, Thorsten:
: Baustoffatlas, München 2005

Hugues, Theodor / Steiger, Ludwig / Weber, Johann: Naturwerkstein, München 2002

Institut für Bauschadensforschung:
: Kongress zum Thema Mauertrockenlegung und Mauerverfestigung. Planung, Ausführung, Überwachung. Vortragsunterlagen, Wien 2002

Klein, Ulrich:
: Bauaufnahme und Dokumentation, München 2001

Koepf, Hans / Binding, Günther:
: Bildwörterbuch der Architektur, Stuttgart 1999

Martin, Dieter / Krautzberger, Michael:
: Handbuch Denkmalschutz und Denkmalpflege, München

Neddermann, Rolf:
: Kostenermittlung im Altbau, München / Unterschleißheim 2005

Opderbecke, Adolf:
: Der innere Ausbau, Leipzig 1911, Nachdruck 1998

Pehnt, Wolfgang:
: Karljosef Schattner. Ein Architekt aus Eichstätt, Stuttgart 1988

Rau, Ottfried / Braune, Ute:
: Der Altbau, Renovieren Restaurieren Modernisieren, Leinfelden-Echterdingen 2004

Reichel, Alexander / Hochberg, Anette / Köpke, Christine: Putze, Farben, Beschichtungen, München 2004

Sasse, H. R. (Hrsg.):
: Baustoffhandbuch der Altbausanierung, Instandhaltung Instandsetzung Modernisierung, Darmstadt 1980

Schmuck, Friedrich:
: Farbe und Architektur, Eine Farbenlehre für die Praxis, München 1996

Schild, Erich u.a.:
: Schwachstellen, Bauschadensverhütung im Wohnungsbau. Band I: Flachdächer, Dachterrasen, Balkone, Wiesbaden und Berlin 1977

Schild, Erich u.a.:
: Schwachstellen, Bauschadensverhütung im Wohnungsbau. Band II: Aussenwände und Öffnungsanschlüsse, Wiesbaden und Berlin 1982

Schild, Erich u.a.:
: Schwachstellen, Bauschadensverhütung im Wohnungsbau. Band III: Keller, Drainagen, Wiesbaden und Berlin 1977

Schild, Erich u.a.:
: Schwachstellen, Bauschadensverhütung im Wohnungsbau. Band IV: Innenwände, Decken, Fussböden, Wiesbaden und Berlin 1980

Schild, Erich u.a.:
Schwachstellen, Bauschadensverhütung im Wohnungsbau. Band V: Fenster und Aussentüren, Wiesbaden und Berlin 1980

Schittich, Christian:
Bauen im Bestand. Umnutzung, Ergänzung, Neuschöpfung, München 2003

Scholz, Wilhelm:
Baustoffkenntnis, Düsseldorf 1987

Schröder, Christoph:
Die Schule des Tischlers, Weimar 1885, Nachdruck 1999

Thomas, Horst (Hrsg.):
Denkmalpflege für Architekten und Ingenieure. Vom Grundwissen zur Gesamtleitung, Köln ²2004

Waiz, Susanne:
Auf Gebautem bauen. Im Dialog mit historischer Bausubstanz, Wien/Bozen 2005

Weisner, Ulrich:
Neue Architektur im Detail. Heinz Bienefeld, Gottfried Böhm, Karljosef Schattner, Bielefeld 1989

Wesche, Karlhans:
Baustoffe für tragende Bauteile, Band 4: Holz, Kunststoffe, Wiesbaden und Berlin 1988

Hallein und die Region

Buberl, Paul/Martin, Franz:
Die Denkmale des politischen Bezirks Hallein (Österreichische Kunsttopographie Bd. XX), Wien 1927

Bundesdenkmalamt (Hrsg.):
Atlas der historischen Schutzzonen in Österreich I., Städte und Märkte, Graz 1970

Euler, Bernd/Gobiet, Ronald/Huber, Horst R./Juffinger, Roswitha (Bearb.):
Die Kunstdenkmäler Österreichs. Salzburg, Neubearbeitung Wien 1986

Euler Bernd/Andreas Lehne (Red. Bundesdenkmalamt): Kunstwerk Stadt. Österreichische Stadt- und Ortsdenkmale, Salzburg 1988

Fuchsberger, Hermann:
Bauhistorische Analysen als Grundlage für Bauplanungen und Baumaßnahmen in der Halleiner Altstadt, in: Hausbau im Alpenraum – Bohlenstuben und Innenräume (Jahrbuch für Hausforschung 51), Marburg 2002, S. 339–351

Gebhard, Helmut/Keim, Helmut (Hrsg.):
Bauernhäuser in Oberbayern 2 (Bauernhäuser in Bayern Bd. 6, 2), München 1998

Gruber, Franz:
Chronologisch-statistische Beschreibung der Stadt Hallein und ihrer Umgebung. Ein Beitrag zur Heimatkunde, Salzburg 1870

Habersatter-Lindner, Eva-Maria:
Methoden der Funktionsfindung zur Sanierung eines Altstadtbereiches am Beispiel Hallein, Pfannhauserplatz, Ms. Diplomarbeit am Institut für Baukunst, Denkmalpflege und Kunstgeschichte der TU Wien, Wien 1984

Hederer, Kerstin (Hrsg.):
Die Landschaft als Spiegelbild der Volkskultur: Hausforschung, Heimatpflege, Naturschutz, Volkskunde in Salzburg (Festschrift für Kurt Conrad zum 70. Geburtstag), Salzburg 1990

Kanzler, G. J.:
Die Stadt Hallein und ihre Umgebung, Hallein 1912

Kaufmann, Sepp:
Das Halleiner Heimatbuch, Leoben 1954

Klaar, Adalbert:
Die Siedlungsformen von Salzburg (Forschungen zur deutschen Landes- und Volkskunde Bd. XXXII, Heft 3), Leipzig 1939

Klinger, Johannes:
Architektur der Inn-Salzach-Städte, Rimsting ²2006

Koller, Fritz:
Hallein im frühen und hohen Mittelalter, Diss. Salzburg 1974

Koller, Fritz:
Hallein im frühen und hohen Mittelalter, in: Mitteilungen der Gesellschaft für Salzburger Landeskunde, Bd. 116, Salzburg 1976, S. 1–116

Landkreis Traunstein (Hrsg.):
Profane Baudenkmäler im Landkreis Traunstein, Traunstein 1996

Moosleitner, Fritz:
Hallein – Portrait einer Kleinstadt, Hallein ²1989

Österreichischer Ingenieur- und Architektenverein (Hrsg.): Das Bauernhaus in Österreich-Ungarn und in seinen Grenzgebieten, Wien 1901–1906 (Tafelband), 1906 (Textband)

Penninger, Ernst/Stadler, Georg:
Hallein. Ursprung und Geschichte der Salinenstadt, Salzburg 1970

Penninger, Ernst:
Die Straßennamen der Stadt Hallein. In: Mitteilungen der Gesellschaft für Salzburger Landeskunde, Bd. 110/111, Salzburg 1970/71, S. 297–364

Penninger, Ernst:
Hallein in alten Ansichten, Zaltbommel 1985

Reinisch, Rainer:
Das Altstadtensemble. Beispiele Inn-Salzach-Städte, Stuttgart 1984

Salzburger Landesausstellungen:
Salz. Katalog zur Salzburger Landesausstellung in Hallein 1994, Salzburg 1994

Sattler, Bernhard/Ettelt, Bernhard:
Das Bürgerhaus zwischen Inn und Salzach, Freilassing 1979

Schlegel, Walter:
Ein Beitrag zur baulichen Entwicklung von Hallein, in: Österreichische Zeitschrift für Kunst und Denkmalpflege, XXXV. Jg., Wien 1981, S. 22ff

Schuster, Max Eberhard:
Das Bürgerhaus im Inn- und Salzachgebiet (Das deutsche Bürgerhaus Bd. V), Tübingen 1964

Schütz, Wolfgang/Sattler, Bernhard:
Die Inn-Salzach-Städte. Zauber bürgerlicher Baukunst, Freilassing 1967

Stadtgemeinde Hallein:
750 Jahre Stadt Hallein, 1230–1980, Festschrift, Hallein 1980

Wagner, H. F.:
Topographie von Alt-Hallein, in: Mitteilungen der Gesellschaft für Salzburger Landeskunde, Bd. 55, Salzburg 1915, S. 1ff.

Wimmer, Sebastian:
Hallein und Umgebung, Hallein 1883

Zillner, Franz Viktor:
Zur Geschichte des Salzburgischen Salzwesens. In: Mitteilungen der Gesellschaft für Salzburger Landeskunde, Bd. 20, Salzburg 1880, S. 1–64

Planungs- und Projektierungsarbeiten haben folgende Firmen durchgeführt:

Architekten Scheicher.	Architekt
Dr. Hermann Fuchsberger – Büro für Bauforschung und Denkmalpflege	Projektsteuerung
KRAIBACHER ZT GmbH	Statik
ETS Planungsbüro für Elektrotechnik Claus Salzmann	Elektroplaner
Ing. Gerhard Heiling Ges.mbH	Heizung, Lüftung, Sanitär
RR INGENIEURBÜRO FÜR BAUPHYSIK DIPL. ING. REINER ROTHBACHER	Bauphysik
GPS Großküchenplanung Strutz Ges.m.b.H.	Küche
FLEISCHMANN Vermessung ZT	Voruntersuchungen
IBD–Wahl-Fuchsberger	Bauforschung

Das Projekt haben folgende Firmen ausgeführt:

EMBERGER & HEUBERGER Bauunternehmen · Zimmerei · Haustechnik	Baumeister- und Zimmererarbeiten
SCHATTAUER Ges. m. b. H. & Co. KG	Heizung, Lüftung, Sanitär, Dachdecker
RED ZAC ELEKTRO EBNER	Elektro
KRANZ TISCHLEREI	Fenster
WOHN SO SOMMERER Ges.m.b.H	Parkettböden

A. Hirscher Tischlerei	Türen
METALLBAU - SCHLOSSEREI SCHRATTENECKER Ges.m.b.H.	Stahlbau
GRUNDTNER METALLBAU	Portalbau
MARMOR KIEFER	Naturstein
KONE	Aufzugsanlagen
ENZINGER – Werkstätten für Denkmalpflege	Stuckrestaurierung
Preis & Preis	Holzrestaurierung
erich reichl gmbh – steinmetzmeister - restaurator	Steinrestaurierung
VOGLAUER hotel concept	Möbel

Das Revitalisierungsprojekt „Schöndorfer Platz" wurde durch folgende Firmen unterstützt:

LEUBE BAUSTOFFE

Erdal

BRAUUNION ÖSTERREICH

MG Mörtinger-Grohmann

Rifer Advent